施雅风 年谱

苏 珍 施建平 顾人和 主编

《施雅风年谱》编委会

科学出版社

北京

内 容 简 介

　　本书是一部记载中国科学院资深院士施雅风生平、思想和业绩的编年体著作。年谱以其生前日记、文献、照片和档案资料为依据，生动而翔实地记述了施雅风自公元 1919 年至 2011 年的 92 年生命岁月中的主要活动，并由此折射出将近一个世纪以来的社会历史变迁。施雅风少年时代就立志当地理学家，其壮志凌云，日后终成大业；青年时代因忧患国运民生而走上革命道路，他冒着极大风险，参加了中国共产党的地下组织，在党组织的领导下，积极投身革命工作；新中国成立后他开创中国现代冰川研究，推动我国现代冰川学、冻土学、泥石流、寒区旱区水文、冰芯与环境、冰雪灾害、第四纪冰川等领域的研究，把中国冰冻圈科学的研究推向国际地球科学前沿。本书再现施雅风始终在科学前沿冲锋陷阵的人生道路缩影。此外，年谱还为广大读者提供了大量珍贵的冰冻圈科学史的资料和照片。

　　本书可供地球科学工作者、相关科研院所和大专院校学生以及社会大众阅读参考。

图书在版编目（CIP）数据

施雅风年谱 / 苏珍，施建平，顾人和主编. —北京：科学出版社，2019.4
　ISBN 978-7-03-060710-2

　Ⅰ.①施…　Ⅱ.①苏…②施…③顾…　Ⅲ.①施雅风(1919-2011)－年谱
Ⅳ.①K826.14

　　中国版本图书馆CIP数据核字（2019）第040913号

责任编辑：杨帅英　张力群 / 责任校对：何艳萍
责任印制：肖　兴 / 封面设计：黄华斌

斜 学 出 版 社 出版

北京东黄城根北街16号
邮政编码：100717
http://www.sciencep.com

三河市春园印刷有限公司 印刷

科学出版社发行　各地新华书店经销

*

2019年4月第 一 版　　开本：787×1092　1/16
2019年4月第一次印刷　　印张：20
字数：470 000

定价：238.00元
（如有印装质量问题，我社负责调换）

施雅风

（1919 — 2011）

《施雅风年谱》编委会

主　编　苏　珍　施建平　顾人和

编写组（按姓氏汉语拼音顺序）

黄茂桓　康世昌　李传金　李世杰

李玉政　刘潮海　蒲健辰　任贾文

沈道齐　施建成　施建生　宋　瑶

苏婷婷　谭明亮　王苏民　张景光

赵井东　郑本兴　周尚哲

● 序 一

　　施雅风先生是我国杰出的地理学家、冰川学家、中国科学院院士，中国现代冰川学、冻土学、泥石流等科学的开拓者和奠基人。岁月流逝，山河永存！施先生已离开我们近八年了。在纪念他百年诞辰之际，深深缅怀一代宗师的人生经历和他所做出的卓越成就与贡献，为他那崇高的爱国情怀，对科学的执着、奉献与创新精神所敬佩。

　　施雅风先生始终忧国忧民，1947 年在南京他参加了中国共产党的地下组织，冒着极大风险，把主要精力投入了革命工作。施老在南京解放前夕保护原中央研究院研究所和相关人才，为他们留下来做出了贡献。施老是地理所的一位老成员，1950 年中国科学院地理研究所筹备处成立时担任所务秘书，他参与创办《地理知识》（现名《中国国家地理》）杂志，并为该刊撰写了发刊词等文。施老 1953 年任中国科学院生物学地学部副学术秘书，20 世纪 50 年代参与全国第一次科学远景规划的编制和中国自然区划的研究。从 1958 年起开拓了中国现代冰川研究，1960 年组建了中国科学院兰州冰川积雪冻土研究所（筹），领导和开辟我国冰川、冻土学、泥石流、干旱水文研究等新领域，并积极领导和推动青藏高原的科学考察，先后任兰州冰川冻土沙漠研究所副所长和兰州冰川冻土研究所所长。曾任中国科学院兰州分院副院长、中国科学院地学部副主任，中国地理学会副理事长、理事长、名誉理事长，英国皇家地质学会名誉会员，国际冰川学会、国际冻土协会理事，国际第四纪研究联合会名誉会员，国际山地学会顾问等。

　　我和施老接触多是 20 世纪 70 年代以后，青藏高原考察和我在院部的工作。在与他几十年的交往过程中，我深感施老不仅是一位伟大的杰出科学家，也是位优秀的研究所所长和许多重大研究项目的组织者和学科帅才。

　　首先，施老作为一位科学家，不墨守成规，具有不断开拓、不断创新的精神。他善于把科学研究和国家发展的需要与目标结合起来，开辟新的学科研究领域和扶植新学科生长点。施老开辟、倡导和推动了我国现代冰川学、冻土学、泥石流、寒区旱区水文、冰芯与环境、冰雪灾害、第四纪冰川等方面的研究，系统地发展了中国冰川学理论和实践。施老组织领导了一系列冰川科学考察和研究，阐明了中国现代冰川特征、区域分异，填补了中国冰川科学的空白，完成的《中国冰川概论》和《中国冰川与环境——现代、过去与未来》两部专著标志着中国冰川研究和理论体系的成熟。施老组织领导的《中国冰川目录》的系统编制工作，历时 24 年，完成《中国冰川目录》12 卷 22 册，获得了近 5 万条冰川 30 多项参数的系统信息，摸清了中国冰川资源家底，使中国成为世界各冰川大国中唯一全面完成冰川编目的国家。该成果对于全面认识中国冰川资源现状、变化和趋势具有重要的科学意义和应用价值，获国家科技进步奖二等奖。在施老的领导和推动下，他创建的兰州冰川冻土沙漠研究所为我国寒区旱区环境与工程研究奠定了坚实基础，已成为国内有科研实力、有国际影响力的研究机构，兰州已成为中国地球科学研究的三大基地（北京、南京和兰州）之一和国际冰川冻土研究中心之一。中国冰川学在国际上占有一席之地，而且有些方面在国际上领先，这与施老多年的贡献是分不开的。

施老对我国冰川研究锲而不舍的同时，不断地开拓创新和扩大其研究范围，在全球气候变化、海平面上升等方面也有出色的贡献。施老与刘东生先生首先提出开展"青藏高原隆升及其对自然与人类活动影响的研究"，作为领导者之一组织了其后的一系列考察研究活动，完成了系列性的总结，将青藏高原研究推向了新的科学高度，对我国青藏高原研究领先于世界水平起到了重要作用，其成果荣获国家自然科学奖一等奖。

20世纪80年代，随着国际上全球变化研究的兴起，气候变化对区域环境的影响也被广泛重视。施老学识渊博而具有敏锐的科研洞察力，在全球变化研究方面也提出了许多有见地的学术观点，完成了多项有影响的成果。他主持的"中国气候、湖泊与海平面变化及其趋势和影响"项目完成系列专著5本，是中国全球变化研究较为全面、系统化的研究成果，获得中国科学院自然科学奖一等奖，为提升中国气候环境变化研究水平做出了重要贡献。

20世纪末，施老针对我国西北地区近十几年出现的气候及环境变化情况，敏锐地觉察到西北干旱区气候可能正在发生重大转折性变化。为此，他不顾年逾80多岁的高龄，亲自到新疆考察，并组织专家研讨，于2002年提出"中国西北气候由暖干向暖湿转型"的科学推断，在学术界和国家决策层面上都产生了较大的影响。

施老发展和丰富了中国第四纪冰川研究，他最先确认中国西部山区小冰期与末次冰期遗迹，并通过深入考察，广罗证据，与合作者共同提出多次冰期划分意见，明确地提出了古冰川存在的范围和冰期环境，在其代表性著作《中国东部第四纪冰川与环境问题》中纠正了已被认为是"定论"的中国东部中低山区存在古冰川的误解。施老还组织力量对中国以西部高山为主的第四纪冰川研究进行了系统研究和总结，出版了《中国第四纪冰川与环境变化》专著，得到国内外著名学者的高度评价，成果获国家自然科学奖二等奖。

第二点就是施老的研究工作始终以国家需求为首要出发点，这是值得我们科学工作者很好学习的。施老在从事地理研究工作时感觉冰川对水文等方面的影响，他虽已人到中年，仍奋起研究一个全新的科学领域——冰冻圈，创建冰川学研究。不管是泥石流、冻土、冰雪灾害及古气候研究，还是气候变化、环境的研究，施老都是从国家需求出发，抓住科学问题进行研究。施老的很多工作，为我们国家经济发展做出科学的指导。他还写了一些关于科学咨询报告直接上报中央，很多报告得到了国家的重视。施老先后组织和领导了一系列具有开创性和基础性的研究工作，对我国干旱区水资源合理利用、寒区道路工程建设起到了重要的科技支撑。其中河西水土资源合理利用、新疆水资源合理利用、冰川资源对水利水电工程影响及其合理开发利用、冰雪灾害防治技术、青藏输油管线建设、兰州—西宁—拉萨光纤工程建设、巴基斯坦巴托拉冰川前缘中巴公路修建方案、青藏公路、青藏铁路建设等方面均起到重要作用，社会经济生态效益十分巨大。鉴于施老对地方经济和社会发展做出的突出贡献，2006 年获得甘肃省"科技功臣奖"。

施老在人才培养和国际科技合作与交流方面都有着前瞻性和战略性的思考和实践，非常注意人才的培养和不同学科人才的引进，这对我国的冰川冻土学事业发展奠定了坚实的基础。经他亲自培养和选拔的著名科学家、两院院士有李吉均、程国栋、秦大河、姚檀栋和丁德文等，还有一批国内外知名的科学家。施老言传身教，鼓励了几代人的成长。

施老对年轻人是真正教导，我每次有问题向施老请教，他都是非常耐心地、仔仔细细地讲，使我深受教育。施老为人正直、刚正不阿，面对各种各样的社会舆论敢于提出自己的意见，完全不顾个人得失。他对一些不良现象，敢于仗义执言，狠狠地批评，疾恶如仇的高尚品质，也给我们树立了很好的榜样。

总之，施老兢兢业业，潜心学术研究，卓越的领导才能，为地理学、地貌学和冰川学等科学事业做出了杰出的贡献。不愧为地理学、地貌学和冰川冻土学的一代宗师，是我们尊敬的导师、学习的楷模。我们纪念施老百年诞辰，要学习他给我们留下的不断开拓创新、严谨求实和与时俱进的优秀学风、勤奋刻苦、谦虚谨慎和平易近人、为人谦和、胸怀宽广的高尚品德，正派为人、淡泊名利、爱党爱国的高尚情操等无比珍贵的精神财富。我们要把施雅风先生的奉献精神、优秀学风、工作作风和道德情操传承下去，促进我国地理科学和冰冻圈科学事业不断迈向新的高度。

孙鸿烈

2019 年 2 月

● 序 二

施雅风院士去世后，他的学生、亲友写了不少纪念文字，今将出版《施雅风年谱》《施雅风手迹》，施公子建成教授询我是否可以写个序，我回答说义不容辞。首先，施老是我的前辈学长，我们都是浙江大学毕业生，他当年就读的是史地系，我作为晚辈，读的是地质系，我俩入学时间尽管隔了三十几年，但专业上同属一脉。此外，我到中国科学院求学、工作后，我们在同一个领域做工作，即第四纪古气候古环境研究，尽管他主要做冰川研究，我则在刘东生先生指导下做黄土研究。为此，我从学生时代起，便经常有机会向施先生请益。还有，施先生同我的老师刘先生是同龄人，他们共同领导着中国第四纪研究理事会，两人既是好朋友，又相互尊重，互称对方为先生，老师辈的良好关系也惠及我们学生辈。

由于这些渊源，我当然得写点纪念文字。

如果有人要我谈谈对施先生的印象，我脑子里首先会冒出来的词是温和的长者、勤奋的学者、真理的斗士……

第一次领略施先生的斗士丰采是在一次专业会议上，大概是 1986 年的冬天。那个时候，我已经完成了硕士学业，继续在刘先生指导下做博士论文。我读硕士时，论文的题目是水文地球化学方面的，做沙漠—黄土过渡带的地下水化学与当地居民氟中毒的关系；做博士论文时，刘先生给我定的方向是黄土—古土壤序列与冰期旋回，这是第四纪研究的主体问题了。因此，我从 1985 年秋天起，一直在苦读文献，希望对这个新进入的领域有个较全面的了解，其中中国东部的古冰川问题也在我关注的范围内。中国东部的古冰川以庐山为代表，由于电影《李四光》的广泛影响，"庐山冰川"在当时普通老百姓中也是一个耳熟能详的词汇。当年，李四光先生通过考察，把一些地质遗迹，如"漂砾""擦痕""冰川堆积物"等，解释为中国东部曾在第四纪时期发育过数次冰期，并认为同欧洲大陆的"四次冰期"可以对比。这个观点在当时也是有争议的，但新中国成立后，曾有一段时期，李四光先生的"三大学术理论"（其中之一是庐山冰川）在一些外力的推动下，竟成为神圣的教条，使很大部分国内学者深信不疑。施先生领导的团队是第一个站出来质疑或者说反对"庐山冰川"理论的，并且他从不顾及别人异样的眼光和议论，坚持深入探索，坚持用事实说话。

在那次学术会议上，坚持和反对的两派分别摆出自己的观点和证据，各不相让，有时还引起激烈的争论。我依稀记得施先生他们否定庐山冰川假设是从两条主线切入的：一是那些"冰川发育证据"并不是冰川作用造成的，比如擦痕可能来自构造作用，

漂砾不应该孤立存在，应该有多个才可认定同冰川作用有关，至于那些"冰川堆积物"，他们认为同泥石流有关，是泥石流作用下的混杂堆积；二是从更广泛的古气候变化记录入手，认为第四纪冰期时，中国东部的降温幅度远不足以导致山地冰川的出现。在那次会议上，有的老先生提出：李四光是大家的老师，我们为什么要反对老师呢？这句话从今天听起来似乎有些怪异，但回溯到三十几年前，确实是不少有较长社会经历的先生们的内心想法。李四光先生是我们第四纪专业的早期领导人，并且做了不少具体的研究工作，除东部冰川研究外，中国黄土地层的"四分法"也是他指导刘东生先生等提出的。刘先生同我们谈话时，一直到晚年，提起李先生，都是以"李老夫子"称之，尊崇之心，可见一斑。李先生当时在地学界是"神一样的存在"，这样说并不为过，更不用说质疑他老人家的理论了。面对责难，施先生引用亚里士多德的话表明心迹：吾爱吾师，吾更爱真理。

回头看来，有关中国东部第四纪冰川的争论是我国地学界少有的一段"公案"，在当时的环境下，能对李四光先生提出挑战是需要勇气的，这种勇气植根于对科学的热爱，对真理的坚持。三十几年过去了，随着研究的深入，坚持东部冰川理论的专业人士已经很少了，但我们的第四纪学界也从来没有想到过是否需要对此段"公案"有个了断，给个结论。在当年的争论中，极大部分专业内的人士都没有公开表明态度，成为了"沉默的大多数"，后来成长的新一代，包括我本人，也很少有人愿意讲讲"过去的故事"。经常有人说，我国科学家缺少质疑精神，不喜欢参与争论，这或许是不利科学进步的特质。行文至此，我不禁扪心自问：比起施先生，我们身上是不是缺了些什么？

从那次会议以后，我同施先生也慢慢地熟悉起来。由于都毕业于浙大，我们之间的话题除了专业以外，听他谈谈老一辈浙大地学人才的掌故，也是我特别喜欢的题目。当年浙大史地系，尽管规模不大，但集中了像竺可桢、叶良辅、张其昀等前辈大家，以及叶笃正、黄秉维、涂长望、施雅风、陈述彭、陈吉余等青年才俊，可谓人才济济。施先生在浙大求学数年，后来在竺可桢副院长的领导下，在中国科学院从事冰川冻土等方向的研究，对浙大地学相关的人与事是非常熟悉的，也乐意同我这样的晚辈讲讲，有时候也会同我讲起南京解放前夕，他在南京从事地下党组织的工作，如何迎接解放军渡江、如何保存中研院的财产迎接解放方面的事，使我对他的钦佩之情又进了一步。见得多了，我发觉施先生是个非常温和可爱的老头，喜欢嘿嘿嘿地笑，面带佛相……

曾经有一段时期，施先生每次同我见面，都要同我谈谈"岁差周期"。第四纪时期的260万年间，最突出的特征是冰期—间冰期旋回，即表现为气候冷暖的大幅度波动，这个变化的背后原因是天文因素造成地球轨道参数作周期性的改变，从而引起地球接受太阳辐射沿纬度和季节作周期性的变化。从深海氧同位素记录和中国黄土记录看，在第四纪晚期，主要表现为10万年准周期，由此我曾经提出过东亚季风区气候变化主要由北半球高纬地区的冰量变化控制，并进一步认为具体机制在于北半球冰盖的变化控制了西伯利亚高压系统的强弱变化。但施先生、姚檀栋等获得的古里雅冰芯记录却具有明显的 2 万年周期，同黄土记录差别很大。施先生便同我多次讨论这个"岁差周期"如何影响青藏高原的气候变化，为什么"冰量周期"对高原影响不明显。记得每次他开始同我谈这件事时，他都会笑眯眯地说："这个岁差周期……"，每当这个时候，我都会在心底里感叹：老头真有探索劲啊！

说起"老头"的称呼，是我们这些晚辈对几位地学界"超级老头"的私下叫法。比如，我的导师刘东生先生、矿床学家涂光炽先生、大气物理学家叶笃正先生、遥感专家陈述彭先生，当然也包括施雅风先生，学生辈们都喜欢在背地里叫他们"老头"。这些"老头"的共同特点是学问好、精力旺盛、永不满足，对年轻人尤其好。

施先生一辈子做了很多事，花了他大部分精力的还是我国的西部冰川研究，从他到兰州组建冰川研究队伍起，他同几代科研人员一起为中国的西部冰川编制目录，工作之艰苦、工作量之大是超乎想象的。我个人一直认为，我们做地学研究的是非常幸福的一批人，因为有大量时间亲近自然，但长期出野外时候也有危险，其中最为危险的当数冰川研究。施先生同他的团队长期在危险的环境中孜孜探索，没有深厚的家国情怀，没有对科学的无限热爱，怎么可能坚持下来呢？我个人相信，会有那么一天，我们的后辈感佩于当年施先生等的工作，会用"冰川精神"来赞美他们。

是为序。

丁仲礼

2019 年 2 月

● 序　三

　　时光荏苒，岁月如梭，转眼间施雅风先生逝世已经八年，他的百年诞辰也将到来。

　　施雅风先生是老一辈我国地理学界的泰斗，不仅因奠基和发展我国现代冰川研究而被国内外誉为中国冰川学之父，还开拓了冻土、泥石流、海平面变化等多个研究领域。

　　就中国冻土研究来说，施先生的奠基和推进作用首屈一指。20世纪60年代初，在他的带领下，中国科学院建立了冰川冻土研究室，到1965年发展成了研究所。冻土研究的体系框架、人员招聘和人才引进、基础设施建设和重大研究项目，无一不是在他的主持下向前推进。虽然他的主要研究工作在冰川方面，但他仍然亲自带队前往青藏公路沿线进行冻土考察。科学发展的核心是人才问题，因而他特别关注引进各方面人才。在他的努力下，至1966年，冻土研究室分成普通冻土、冻土力学、冻土热学、冻土物探等多个研究组，一大批青年学者聚集一起，呈现出蓬勃向上的发展势头，形成了我国冻土研究的核心基地。

　　施先生特别重视年轻人才的培养，冰川冻土研究所的青年人才培养在他的领导下成效极为显著。他亲自培养和合作培养的研究生多达数十人。特别是刚恢复研究生制度后，冻土室主要研究人员按职称还不能招收研究生，他就以他的名义招收学生，让冻土室主要业务骨干与他合作培养，以便使人才断档能够尽快弥补。他大胆使用年轻人，即使初出校门的青年也能被委任研究组和研究室的负责人，让他们尽力发挥特长，在重压中锻炼成长。

　　施先生非常重视对外交流和合作。1978年经过特别的努力他得以率团参加国际冰川学术会议，从此打开了我国冰川研究与国外交流的大门。1983年，施先生率领中国冻土代表团出席了在阿拉斯加召开的第四届国际冻土大会，这是中国冻土研究第一次成规模地参与国际学术活动。在这次大会上，中国与苏联、加拿大和美国一起发起成立国际冻土协会。施先生在大会上介绍了中国冻土研究的近况并作为中国代表参与了国际冻土协会的筹备工作。从此中国的冻土研究正式走出国门，走上了国际舞台。20世纪80年代初，不仅许多国外冻土研究专家前来访问交流，冻土室参加国际会议和向国外选派进修和留学人员也已呈常态。随着国际交流与合作的广泛和深入，我国的冰川冻土研究水平得到快速提升，国际影响和地位也得到增强。自80年代中期，我国科学家在国际冰川学会和国际冻土协会等国际学术组织都一直有任职，施先生本人也先后任国际冰川学会理事和终身名誉会员以及国际冻土协会首届理事。

　　施先生除了主持奠基冰川、冻土、泥石流等研究学科外，他自己致力研究的领域也很多，都取得了重大成果。比如天山乌鲁木齐河源冰川与水文研究、中国现代冰川基本特征、巴托拉冰川变化、中国东部第四纪冰川、青藏高原隆升、中国海平面变化、乌鲁木齐地区水资源、中国西部环境与古气候、中国西北气候暖湿化转型，等等，这些成果或者获得国家和省部级科技成果奖，或者为当地社会经济发展提供了重要科技支撑。

　　总之，施雅风先生对我国冰冻圈科学等学科的奠基和推动作用、在地球环境科学领域的科学建树以及在整个地球科学的影响是巨大而深远的。在施先生诞辰百年纪念日来临之际，有关人员编辑了《施雅风年谱》和《施雅风手迹》，这对我们缅怀和纪念施先生，传承和发扬施先生的精神非常有益。

　　愿施雅风先生的精神长存，激励后辈不断攀登科学高峰。

2019 年 1 月

● 序　四

　　2019 年 3 月 21 日是著名科学家施雅风院士 100 周年诞辰纪念日，今将出版《施雅风年谱》《施雅风手迹》。这是一种很好的纪念方式。施建成研究员邀我作序，作为长期在施雅风先生领导下工作和成长的后辈，这个任务太艰巨了，感到既荣幸又"压力山大"！

　　施雅风先生是国内外著名地理学家，是中国冰川冻土事业的开创者，后人尊称"中国现代冰川学之父"，他也是中国冰冻圈科学事业的先驱和奠基人。从 20 世纪 50 年代培养研究生起，他的门下有一大批地理科学和资源环境领域的硕士、博士和博士后人才，形成了梯队，活跃在国际和国内的科研、教育和经济、社会等多个领域，为人类福祉服务，为生态文明建设做贡献，为祖国发展建设出力流汗。这些人当中，许多成了学术领军人物，有的当选为院士，引领学科发展，培养更多专业人才。

　　施雅风先生出生在近代中国社会的重大变革时期。他出生的 1919 年，中国爆发了五四运动，青年学生们高举爱国主义的旗帜，弘扬民主、科学的精神，促进了马克思主义在中国的传播。一代青年上下求索，追求民主和科学，探索救国救民的道路，振兴中华是他们的奋斗目标。在时代风云熏陶、涤荡中成长的施雅风，好学上进，品学兼优，很快就成了这个队伍中的一员。到 1949 年新中国成立时，三十而立的施雅风，不仅成长为一位地理学家，还是一名有着三年党龄的中国共产党党员，风华正茂的他将科学和理想完美地结合到了一起！

　　新中国成立初期，百废待兴，面对祖国山河和地理学的发展，他毫不犹豫地选择了现代冰川研究，义无反顾来到条件艰苦的大西北，在祁连山、天山考察现代冰川。1959 年元旦，附有多种图件的 43 万字考察报告《祁连山现代冰川考察报告》出版了，第二年他主持建立了"冰川积雪冻土研究所筹备委员会"，并毅然把全家从首都北京搬到兰州，科学家拳拳报国之心，践行理想信念，可见一斑！

　　施先生 20 世纪 50 年代后期开创的中国现代冰川考察研究，奠定了一支新的交叉科学的基础，即今天的冰冻圈科学。从冰川考察到冰冻圈科学，从 1959 ～ 2019 年 60 年间，光阴一闪而过，他的学生、学生们的学生、……从青藏高原、南极和北极（地球三极）到云贵高原、长江和黄河，从冰川冻土积雪、气候环境变迁到第四纪冰川、海平面变化，从科研院所高等院校到生产建设各领域各部门，从国内到国外，处处可见他们的身影。追随先辈，实现理想，施雅风的精神代代相传，延绵不断。

　　施雅风先生的一生，科学成就多彩辉煌，人格魅力高雅亮丽，毋庸置疑、无须赘

述。他的另一个伟大贡献，就是提携青年，培养人才，他的精神熏陶、影响了几代学子、门生，他们继承和发扬"科学、求是、爱国、民主"的精神，在各自的岗位上为国效力，为民服务。文章延续学问，品格哺育贤达。具有这种精神的几代学人，是人类的瑰宝，是国家的财富，是实现中华民族伟大复兴的中坚力量！今天我们纪念施雅风院士百年诞辰，不仅要像他一样，活到老学到老，努力攀登科学高峰，更要学习和发扬他的精神，不断培养和造就"健康、勤奋、正派、友爱"的青年学者，为中华民族的伟大复兴和全人类福祉做出更大贡献。

　　谨此，是为序。

2019 年 2 月

● 序　五

　　转眼之间，先生已经离开我们八年之久了！但我的脑海中还依旧浮现着他和蔼可亲的面容、热情爽朗的笑声和充满激情的谈吐。我一直都有这样的感觉，先生没有走……

　　先生在科学研究中永远是一位严师。对学生，他要制订严格的学习计划，布置充足的参考文献和研究任务，需要提交每周口头和文字汇报，当面点评讨论，而且提供各种开阔视野的学术会议机会，不断提高学生研究水平；对科研人员，他组织多学科交叉的研究团队，按照各自的科学目标、研究方案和成果产出，紧抓不放。先生在生活中永远是一位挚友，他关注大家的生活，帮助解决大家的各种实际生活问题，使得大家能够专注于科学研究。正因为如此，他能够在当时贫穷落后的西北地区凝聚一批一流人才，开创独具特色的冰川学、冻土学、泥石流学、寒区水文学、第四纪冰川学，等等。先生所开创和所留下的这些科学资产正在不断发展壮大！所以先生没有走……

　　先生毕生奉献于科学研究。他最大的科学贡献是孜孜不倦地推动科学考察研究所产生的卓越成果。他在学生时代就不畏日本侵略险恶环境的威胁和当时极其艰苦的生活工作条件，开展科学考察研究，撰写毕业论文。从 20 世纪 50 年代开始，先生组织进行了一系列科学考察研究。从 1958 年开始，他率队开展了祁连山冰川科学考察研究，由此开启了中国冰川科学考察研究的序幕。从 1964 年开始，先生与刘东生先生共同率队开展希夏邦马峰科学考察研究，取得了重大科考研究成果。1966～1968 年，先生与刘东生先生再度联手，率队开展了珠穆朗玛峰科学考察研究，一系列基础资料的获得填补了我国地质地理研究的空白。从 1974 年开始，先生率队开展对喀喇昆仑山巴托拉大冰川的科学考察研究，创立了"波动冰量平衡计算方法"，成功地为中－巴公路修建提出科学实施方案。80 年代初，先生带领一大批国内外科学家在庐山地区进行科学考察研究，他上车就睡觉、下车就干活的状态让同行的青壮年科学家仰望兴叹。80 年代中期，先生组织了对乌鲁木齐河流域水资源的大规模系统科学考察研究，并在 1985 年他 65 岁高龄之际，带领我们到乌鲁木齐河 1 号冰川考察。乌鲁木齐河流域水资源考察研究为解决乌鲁木齐市缺水提出了科学解决方案，发挥了重大经济和社会效益，也对西北水资源利用和研究发挥了重要指导作用，同时将我国西北内陆河流域水资源研究提高到一个新的水平。

　　先生不抽烟、不喝酒、没有其他业余爱好，唯一的乐趣就是出野外、做科考、做研究。先生常说，冰川事业是一项豪迈的事业，是勇敢者的事业，这是他一生科学考察研究的总结，也是他对后继者科学考察研究的期望。先生所铸就和所留下的这种攀登科学高峰的探险精神和坚定不移的科学信念不断激励我们后来人！所以先生没有走……

先生一生谦虚做事，诚恳待人，乐善好施，广纳贤士，许许多多的亲人、朋友、同事、学生乃至于一面之交的人，或惠受于他的恩泽、或感动于他的美德。在先生诞辰一百周年之际，这么多的学界专家和亲朋好友，共同回忆先生生平的点点滴滴、风风雨雨，赞颂先生的慈范懿德。这是缅怀先生道不远人、恒久与我们同在的科学精神聚会。先生所留给我们科学研究共同体的科德雅风永远是弘扬科学研究正能量的动力！所以先生没有走……

第二次大规模青藏高原综合科学考察研究的帷幕已经拉开。先生无私奉献、执着追求、不畏艰险、不断创新的精神将激励着我们，在青藏高原科学事业新的征途中砥砺前行。在我们心中，先生从来不曾离开！所以先生没有走……

先生永远和我们在一起。

姚檀栋

2019 年 2 月

前　言

　　施雅风先生是我国杰出的地理学家、冰川学家、中国共产党优秀党员、中国科学院院士、中国现代冰川科学的开拓者和奠基人。

　　施雅风先生是江苏海门人，生于 1919 年 3 月 21 日。1942 年毕业于浙江大学史地系，1944 年获浙江大学研究院硕士学位。1944 年在重庆中国地理研究所任研究助理。1947 年加入中国共产党，作为地下党员参加情报收集工作，为南京解放做出了贡献。1949 年任中国科学院地理研究所所务秘书，参与创办《地理知识》杂志。1953 年任中国科学院生物学地学部副学术秘书，参与国家"十二年科学规划"和"中国自然区划"工作。从 1958 年开始，先生先后领导了西北地区和青藏高原的冰川科学考察，成果颇丰，开创和发展了中国冰川学。在他的领导下，1960 年组建了中国科学院兰州冰川积雪冻土研究所（筹），组织开展了冻土科学和泥石流灾害防御的研究。1965 年任兰州冰川冻土沙漠研究所副所长，1978 年任兰州冰川冻土研究所所长，1980 年当选为中国科学院学部委员和地学部副主任。先后兼任南京大学、兰州大学、华东师范大学、河海大学、南京师范大学等多所大学的教授、中国地理学会名誉理事长，国际冰川学会理事、国际第四纪协会与英国皇家地质学会名誉会员等。是中国科学院寒区旱区环境与工程研究所研究员、名誉所长和南京地理与湖泊研究所研究员。

一、施雅风先生是我国地球科学领域卓越的开拓者，在冰冻圈科学等许多方面取得了杰出的研究成果

　　1. 施雅风院士是我国冰川科学事业的创始人

　　施雅风先生开创和推动了我国冰川物理、冰川水文、冰芯与环境、冰雪灾害、第四纪冰川等方面的研究，系统地发展了中国冰川学理论和实践，把中国冰川学研究推向世界。

　　（1）发展和完善了冰川学理论体系

　　从 20 世纪 50 年代末开始，在极其艰苦的条件下，施雅风先生率队先后对祁连山、天山、喜马拉雅山、喀喇昆仑山等地的现代冰川进行了一系列科学考察和研究，创造性地提出了中国冰川分类理论、大陆型冰川运动机理，阐明了中国区域现代冰川变化对气候变化的敏感性及未来变化趋势，填补了中国冰川科学的空白，完成的《中国冰

川概论》和《中国冰川与环境——现代、过去与未来》两部专著，标志着中国冰川研究和理论体系的成熟。成果获中国科学院自然科学奖二等奖。

（2）摸清中国冰川资源家底——中国冰川编目

施雅风先生在1978年敏感地抓住国际冰川编目全面启动的良好机遇，组织领导了《中国冰川目录》的系统编制工作，历时24年，完成《中国冰川目录》12卷22册，获得了49206条冰川，包括名称、位置、长度、面积、储量等30多项参数的系统信息，使中国成为世界各冰川大国中唯一全面完成冰川编目的国家。成果对于全面认识中国冰川资源现状、变化和趋势具有重要的科学意义和应用价值。成果获2006年国家科技进步奖二等奖。

（3）领导推动冰雪灾害理论与防治研究，产生显著的经济社会效益

施雅风先生积极组织和推动冰川泥石流、冰湖溃决洪水、雪崩、风吹雪等冰雪灾害的研究，解决了一系列在西部建设中的相关灾害科学和防治问题。如在1974年，通过对喀喇昆仑山巴托拉大冰川的考察研究，创立了"波动冰量平衡计算方法"，其创新的计算方法和准确的预报结果，不仅在冰川学理论上取得突破，而且成功地为该段中-巴公路修建提出实施方案。先生领导推动的风吹雪和雪崩及其防治研究也取得重要成果，如天山道路风吹雪防治研究为国家创造数十亿的经济效益，成果获2003年度国家科技进步奖二等奖。

（4）发展和丰富了中国第四纪冰川研究的科学成果

施雅风先生最先确认中国西部山区小冰期与末次冰期遗迹，并与合作者共同提出多次冰期划分意见，结果被广泛引用，已成为西部山区第四纪冰川研究对比的基准。先生通过深入考察，广罗证据，明确地提出了古冰川存在的范围和冰期环境，纠正了已被认为是"定论"的中国东部中低山区存在古冰川的误解，其代表性著作《中国东部第四纪冰川与环境问题》已成为经典之作。

先生对中国以西部高山为主的第四纪冰川研究进行了系统研究和总结，发现了3万～4万年前中国全境盛行暖湿气候，出版了专著《中国第四纪冰川与环境变化》，得到国内外著名学者的高度评价，成果获2008年国家自然科学奖二等奖。

（5）高度重视科学观测试验，创建了天山冰川试验研究站

施雅风先生在中国冰川事业起步之初，就高度重视野外观测工作，并于1959年在天山乌鲁木齐河源1号冰川建立了长期定位观测站，于1965年出版了《天山乌鲁木齐河冰川与水文研究》专著，随后的成果，使中国冰川监测研究受到国际上的高度关注。天山站被中国科学院评审为首批开放台站、被科技部认定为首批国家台站、天山1号冰川被国际学术组织确定为国际十条重点监测冰川。

（6）开拓创新，敏锐地将中国中纬度山地冰芯研究推向世界前列

20世纪80年代，先生以国际合作为契机，与国际同步发展中国的山地冰川冰芯研

究。在他的推动和关怀下，中国的中纬度山地冰芯研究从无到有，迅速发展，不仅成为中国全球变化的一支重要力量，而且也成为世界冰芯研究的生力军。冰芯与寒区环境实验室从 20 世纪 90 年代初期创建到 2007 年成为冰冻圈科学国家重点实验室，是国际上冰冻圈科学研究领域具有重要影响的研究机构之一。

2. 施雅风院士是我国冻土研究的开拓者

先生 1960 年组织和领导我国首支冻土考察队，对青藏高原多年冻土开展了研究，这是填补我国冻土研究空白的重要标志。1965 年他主编的我国第一本冻土方面的专著《青藏公路沿线冻土考察》出版，这一开拓性的成果为我国后来的青藏公路和铁路建设起到了重要的科学指导。此后，我国冻土与工程研究不断发展和壮大，先生在学科方向、人才培养、软硬件环境建设等方面都起到了关键的领导作用。

3. 施雅风院士是我国泥石流研究的奠基人

先生 20 世纪 60 年代倡导并成立了泥石流研究室，开始了我国泥石流理论和防治的系统研究。他亲自组织和参与了川藏公路与成昆铁路线泥石流研究，为铁路通过西昌泥石流区提出解决方案并被采纳。在他的协调和促进下，将泥石流研究中心转移到我国泥石流频繁发生的西南地区，在成都建立了专门的泥石流研究机构，有力地推动了我国泥石流和山地灾害研究与防治水平的提升，体现了先生的前瞻性眼光和从大局出发的坦荡胸怀。

4. 施雅风院士是我国西北内陆河水资源系统研究的倡导者

伴随着中国冰川学研究的发展，以冰川水文和冻土水文为代表的我国寒区水文研究也在先生倡导下先后开展起来，并在天山站和祁连山冰沟先后建立了冰川水文和冻土水文观测系统。20 世纪 80 年代中期，组织了对乌鲁木齐河流域水资源的系统研究，将我国西部内陆河流域水资源研究提高到一个新的水平，对西北水资源利用和研究具有重要的指导意义。同时为解决乌鲁木齐市缺水提出解决方案，被采纳实施，经济和社会效益十分显著。成果获得中国科学院科技进步奖二等奖。

5. 施雅风院士是提升中国气候环境变化研究水平的主要贡献者

施雅风先生与刘东生先生首先提出开展"青藏高原隆升及其对自然与人类活动影响的研究"，项目实施后，作为领导者之一，组织了其后的一系列考察研究活动，完成了系列性的总结专著，将青藏高原研究推向了新的科学高度，对我国青藏高原研究领先于世界水平起到了关键作用。成果荣获国家自然科学奖一等奖。

先生在全球变化研究方面提出了许多有见地的学术观点，完成了多项有影响的成果。其中由他主持的"中国气候、湖泊与海平面变化及其趋势和影响"项目完成系列专著 5 本，是中国全球变化研究较为全面、系统化的研究成果，获得中国科学院自然

科学奖一等奖。针对我国西北地区近十几年出现的气候及环境变化情况，先生敏锐地觉察到西北干旱区气候可能正在发生重大转折性变化，为此，他不顾年逾80多岁的高龄，亲自到新疆考察，并组织专家研讨，于2002年提出"中国西北气候由暖干向暖湿转型"的科学推断，在学术界和国家决策层面上都产生了较大的影响。

二、施雅风先生的科技贡献产生了重要的社会影响

先生开创的我国寒区旱区科学研究始于甘肃，在惠及西部、产生国际影响的同时，也为甘肃经济建设做出了重要贡献。他先后组织和领导了一系列具有开创性和基础性的研究工作。鉴于对地方经济和社会发展做出的突出贡献，甘肃省于2006年授予先生"科技功臣奖"。

先生开创的冰川冻土事业在近60多年的历程中，为我国干旱区水资源合理利用、寒区道路工程建设起到了重要的科技支撑。其中河西水土资源合理利用、新疆水资源合理利用、冰川资源对水利水电工程影响及其合理开发利用、冰雪灾害防治技术、青藏输油管线建设、兰—西—拉光纤工程建设、青藏公路、青藏铁路建设等方面均起到重要作用，社会经济生态效益十分巨大。

先生创建了兰州冰川冻土沙漠研究所，奠定了我国寒区旱区环境与工程研究的坚实基础。在他的领导和推动下，兰州已成为中国地球科学研究的三大基地（北京、南京和兰州）之一和国际冰川冻土研究中心之一。目前以寒区旱区环境与工程研究所为代表的我国西部生态环境研究已形成集冰川、冻土、沙漠、高原大气、水土资源、生态农业和遥感信息为一体的研究体系，已成为国内有科研实力、国际有影响力的机构。作为这一事业的开拓者和创始人，先生的贡献所产生的社会效益显著，利在当代，功在未来。

三、施雅风先生诲人不倦，治学严谨，具有良好的科研道德

施雅风院士还十分关注人才的选拔和培养。经他亲自培养和选拔的著名科学家有两院院士李吉均、程国栋、秦大河、姚檀栋和丁德文等，还有一批国内外知名的科学家。先生言传身教，鼓励了几代人的成长，目前一批显露头角的年轻科研人员正活跃在相关研究领域，其中有国家基金委"杰出青年基金"获得者和中国科学院"百人计划"入选者等学术骨干。先生还关心边远地区贫困学生，用获得的奖金和自己的积蓄支持希望小学建设和颁发奖学金，并出资建立科学基金以表彰和鼓励为冰冻圈科学做出贡献的科技工作者。

先生气度宽宏、虚怀若谷、兼容并蓄、淡泊明志、宁静致远、注重大局、注重团队，

把国家、民族和学科的利益置于个人之上。在数十年的科研实践中，团结起国内一大批科技工作者和学者共同开拓创新，数十年持之以恒，创造出一项又一项优秀成果。

施雅风先生70年来如一日，兢兢业业，潜心学术研究，卓越的领导才能，为地理学、地貌学、冰川学等科学事业做出了杰出的贡献。不愧为地理学、地貌学、冰川冻土学的一代宗师，是我们尊敬的导师、学习的楷模。

施雅风先生是中国地理科学、特别是自然地理学等领域的创建者、领导者、开拓者，他有一种值得大家学习的"无私奉献、不断创新和勤恳实践的精神"。先生具有严谨求是的工作作风，为人正直的高贵品质，睿智而有远见的科学目光，慈祥而朴实的人格魅力。先生是一位始终将生活高度融入自己热爱事业的师者，是一位始终执着坚持研究工作的科学家，是一位传递优秀科学家品质的践行者！

我们要学习先生不断开拓创新、求真务实和与时俱进的优秀学风，勤奋刻苦、谦虚谨慎和平易近人的高尚品德，正派为人、淡泊名利、爱党爱国的高尚情操，把施雅风先生的奉献精神和道德情操传承下去，促进我国冰冻圈科学和地理科学研究事业不断迈向新的高度！

中国科学院西北生态环境资源研究院

2019 年 3 月

◉ 目　　录

童年及中小学生活

　　1919 年施雅风出生在江苏省海门县新河乡的一个农民家庭。父亲敦厚善良，勤劳刻苦，53 岁时积劳病逝。母亲坚强自立，勤俭持家，对孩子们的教育非常重视。兄长施成熙成才之路为施雅风树立了榜样。1931 年，施雅风进入初中，此时正值"九一八事变"，在班主任陈倬云等老师教导下，激发强烈的爱国热情和对地理学的爱好。高中就读于省立南通中学。1934 年，高中一年级时，《江苏学生》杂志以《理想的江苏学生》为统一命题，向全省中学生公开征文，施雅风投稿即被刊用，在第一次公开署名发表的文章中鲜明地提出：要想成为一个理想的学生，必须在思想方面，做到"不从恶习""不从时尚""不受诱惑""不任用感情"的"四不"；要"以爱国的精神、救世的大志成就一切"。高中二年级时，地理课本为著名地理学家张其昀编写，在学校图书馆书架的《地理学报》上，施雅风读到张先生撰写的论文《二十五年来中国地理学的进步》，由此了解到地理学是一门内容丰富的学科，又悉张先生是浙江大学新创办的史地系主任，于是决定来年报考浙大地理专业，后来如愿以偿。就从那时候起，施雅风已立下志向：今后一定要成为一个优秀的地理学家。

● 1919～1924 年

1919 年 3 月 21 日（农历己未年二月二十日），施雅风出生在江苏省海门县新河乡（现在属海门市余东镇）的一个农民家庭。父亲施登清（1879—1931），母亲刘佩璜（1878—1960）。

大约在清代道光—咸丰年间，为避战乱和天灾，高祖父施臣禄当年肩挑一担行李，携带一妻一儿，历尽艰辛，先从故乡句容徒步流亡至崇明岛，再从崇明岛迁徙到海门新河一带新涨的沙洲上，后来就在此地定居下来。祖父施志良是个乡村医生，祖父母一共生了七个儿子，两个女儿。父亲施登清在家里排行老三，早早辍学务农。成家以后，他从祖父那里分到八亩地（当地叫两千步）、两间半瓦顶芦苇墙的房屋，从此就挑起了养家糊口的担子。母亲刘佩璜，海门大洪镇人，出身书香门第，外祖父是秀才，舅父是拔贡。母亲虽未能进学堂，但也识一些字。父亲早逝后，母亲坚强自立，勤俭持家，她对孩子们的教育非常重视，循循善诱，坚持不懈，努力将两个儿子培养成大学生。

父母先后生育六个孩子，只有三个孩子活了下来。姐姐施文熙，比施雅风大15 岁，哥哥施成熙，大 9 岁，施雅风是最小的一个，深得父母的宠爱。父母常受乡里有势力的人欺负，坚定了他们要努力培养孩子上学、跳出社会底层的愿望。父母除了种麦子、棉花外，还种一些蔬菜，去新河镇卖，逐渐积累起一些资金，供施成熙、施雅风兄弟俩上学。

● 1924 年秋至 1931 年夏

1924 年秋，入新河镇乡村初小就读。

该小学只有一间教室，一个老师，四个年级的学生在同一教室上课。教室里挂着孔夫子、孟夫子的画像，学生进教室后首先向这两位圣贤三鞠躬。学生们在教室外操场上玩的时间很多，老师对学生要求很严格，如果发现学生有过错，就叫学生伸出手来，用戒尺或轻或重地打几下。

孩提时代比较调皮，常和六叔家一个同岁的孩子一道玩，学会了在河沟中游泳。有时候在身上抹满了泥巴，站在河岸上，看到人来，就大叫一声跳下河去，以此来吓唬别人。大人催促上岸回家，总是说"再玩一歇歇"而不肯上岸。

初小毕业后到麒麟镇北私立启秀高小读书。这个小学比较正规，上课也比较严格。启秀高小离施家有 4 里（1 里 =0.5km）地。那时候家里没有钟表，上学经常迟到，受到老师训斥。

一次，老师讲《三国演义》中张飞在长坂坡喝退曹兵和赵子龙单骑救主的故事，激发对历史故事的兴趣，开始看各种旧小说，印象最深的是《三国演义》《七侠五义》《薛仁贵征东》等。了解的史地常识很广，有常识博士的称号。花了很多时间迷恋于阅读课外书，对正课反而不用功了，还喜欢踢足球和游泳，又经常闹些小病。因缺课太多，以致留级一年。

在家里帮助干一些较轻的农活。例如，父亲推着一二百斤（1 斤 =0.5kg）重的独轮车，就在车前面拉绳子，这样可以加快速度。到了收割打场的时候，执柳打麦子，或提个竹篮下田拾棉花，或在放学后提水去浇灌宅旁的菜地。

父亲对孩子较为严厉，而母亲相反，对孩子非常慈爱，循循善诱，教孩子最基本的做人道理：诚实、正直、勤奋，尊敬师长和老人，不做任何损人利己的坏事。

1930 年 11 岁时，姐姐文熙出嫁。姐姐虽然识字不多，却是家里的主要劳动力。夏天她下田拔草，回家时衣衫全部被汗水湿透了。姐姐 25 岁才出嫁，姐夫陆维岩，年龄稍大，家境比较宽裕，离施家有 40 多里路。出嫁那天，姐夫带了一顶轿子和几个抬嫁妆的人来把姐姐接走了，姐姐的嫁妆就是她自己织的几十匹布和 20 多条被子。

姐姐结婚不久，父亲病倒。

● 1931 年秋至 1934 年夏

1931 年农历六月三十日，父亲去世。

姐姐出嫁不久，父亲就病了。父亲双腿无力不能下床，村里的中医治不了，后从外地请来一位针灸大夫，针灸了一两个月。最初还有些效果，能够由人搀扶着下床走一走；后来针灸也不起作用，一卧不能再起。父亲终于积劳成疾而不治，52 岁就过早地去世了。

丧事得到了七叔一家的帮助。父亲去世时没有照片，从麒麟镇照相馆请人来，把父亲扶起来半坐着，照了遗容，去世三天后入殓。按照当地的风俗，遗体入殓时应该由长子托头。但因哥哥施成熙在外地尚未赶回来，就由七叔托头，雅风抬脚，把父亲的遗体放进棺木。

父亲去世后几天，在外工作的哥哥回来奔丧。他还带来同事们送的一幡挽幛，挽幛有一扇门那么大，上面书写着"哲人其萎"四个大字。父亲的棺木在家里安放了"六七"四十二天，到"六七"日就出殡，安葬在离家西南方一里路左右自家的一块田里。

父亲去世了，姐姐已出嫁，哥哥又在外面工作，家里的田地就种不过来，因此大部分出租了。这时母子俩相依为命，更体会到母爱的亲、母爱的伟大，懂得了要多做些事为母亲分担家务。母亲不但爱家，而且心底宽厚，乐于助人。由于有母亲身教做榜样，这时雅风也能经常跟着大人参与乡里的修桥补路等一些公益事业。

1931 年秋，进入私立启秀中学初中学习。

初中时期，对施雅风影响最大的是教授国文课和地理课的级任（班主任）老师陈倬云。陈先生中等身材、前额谢顶，总穿着一袭深色长衫，教书极为认真，发的油印讲义也最多。陈老师性格温和宽容，不发脾气。对顽皮的学生，总是耐心地进行教育，很少用戒尺打手心体罚人。

施雅风关于童年的自述

入学不久，1931 年 9 月 18 日，"九一八事变"发生，日本帝国主义残暴地炮轰沈阳驻军营地，强占东三省。上陈老师的地理课，不仅领略了祖国大好河山，更多受到爱国主义教育。陈老师在黑板上画出东北地图，揭露日本早就存在的先占满蒙、后灭中国的险恶企图，激励学子们要像马占山将军那样奋起抗日，挽救危亡。在国文课上，陈老师又让阅读和背诵岳飞的《满江红》、文天祥的《正气歌》、法国作家都德在德国侵略者占领亚尔萨斯省时写的《最后一课》、广州黄花岗 72 烈士之一林觉民参加广州起义前写的《与妻书》等，极大地激发了施雅风学好本领、救国救民的爱国主义情感。

1932 年 1 月 28 日，离家乡不远的上海"一·二八"事件发生，日日耳闻日军攻打上海、十九路军奋力抵抗消息，听到长江对岸传来的炮声。老师教育学生"天下兴亡，匹夫有责"。这时，在外地工作的哥哥，每周一次将他看过的邹韬奋编的《生活》周刊寄来阅读，施雅风被邹韬奋先生歌颂抗日救亡、抨击政府腐败的言论吸引。从那时起，每天不间断地阅读当时能看到的报纸、杂志，在地图上查找有关战事和时局变化的地名、位置，盼望全国军民团结起来抗击日寇，打败日本侵略者。

上陈老师的国文课，每周五都要写一篇作文。在班上，自己作文成绩总是排在前几名，深受陈老师的赞赏。由此，对于学习国文和写作的兴趣大增，为日后工作打下了文字基础。

这时期，求知欲望也特别旺盛起来，学校图书馆中所有的历史、地理、小说等书刊等，一一都借来看。有一次借到一本张乃燕写的《世界大战全史》，该书用浅显生动的文言文描述了第一次世界大战中德国和法国、英国、俄国交战的故事。大约有两三百页的一本书，一天就看完了。第二天到图书馆还书时，管理员不信竟能如此神速看完，就随便翻出一个战争故事来考问，见施回答得不错而特别信服。

由于过分地随着兴趣阅读课外书报，正课学习成绩受到影响。初中一年级期末考试在 90 人中名次排到了第 54 名。哥哥批评说："以后考高中，即使全班人录取一半也轮不到你。家里的经济条件不允许上昂贵的私立中学，那只有去种田去"。受哥哥批评的触动，施雅风决心今后努力改正，把正课学好，一定要以优秀的成绩考上省立高中。

哥哥施成熙早年毕业于江苏省立南通中学，毕业后家里再没有能力供他继续学习了。他就考入江苏省测量人员养成所，从事土地测量工作。待有了一些积蓄后，再进入专业对口的杭州之江大学土木工程系继续学习，这样就可以少读一年时间。之江大学毕业后，先在国立同济高级工业职业学校教书，后到江苏省建设厅任助理工程师。1937 年，又赴美国留学一年，在康奈尔大学土木系学习并获得了硕士学位。哥哥的成才道路，成了施雅风学习的榜样。

由此，从初中二年级起，真正用功学习。对语文、数学、历史、地理等课程都有兴趣。特别是平面几何，经常是还没有等老师讲，自己就把习题做完了。初中毕业时，各门课成绩都在 90 分以上，其中历史 100 分、地理 98 分，总分在全班名列第二。

● 1934 年秋至 1937 年夏

1934 年，15 岁，在哥哥的帮助指引下，报考两所著名的中学，江苏省立南通中学和浙江省立杭州高级中学。报考杭州高级中学时，第一次独自一人离家远行。在江边的一个小港口乘的小木船靠上开往上海的轮船，次日黎明到上海，从轮船码头乘黄包车到火车站，然后乘火车到杭州闸口站，寄住在之江大学哥哥的宿舍里。施雅风在长江沙洲边长大，从没有看到过真实的山岭，这次旅行大开眼界。考试完后，哥哥带着游览了附近的九溪十八涧胜景，观赏钱塘江汹涌澎湃的潮汐，看到了前所未见的自然风光，也锻炼了独自外出活动的能力，增强了对地理知识的兴趣和爱好。由于考试成绩优秀，被南通中学和杭州高中都录取了。经过衡量比较，最后选择了去学费较低、离家较近的南通中学报到。

南通中学创办于清末光绪年间，起初命名为"公立中学校"，校园中有一牌坊，上有学校创始人张謇题写的校名。入校时，全校共 12 个班级，初高中每个年级各 2 个班。学校里有图书馆，有物理、化学、生物实验室，还有宽敞的校园和体育场。学校里各门课的老师都很有学问，全部是大学毕业，不仅主课老师实力强，而且音乐、图画、体育等副课老师水平也很高。资历深的月薪在 200 元以上，大学刚毕业的新进老师月薪也有 100 元。而当时，一般大学助教的月薪才 60 元。

南通中学创立时期的大门牌坊

刚进高中的第一学期，《江苏学生》杂志以《理想的江苏学生》为统一命题，向全省中学生公开征文。施雅风应征投稿，被杂志录用了，排序为第五十八，发表在该杂志第 5 卷第 4 期增刊上（1935 年 1 月出版），这是平生第一次公开署名发表的文章。在文章中提出：要想成为一个理想的学生，必须在思想方面，做到"不从恶习""不从时尚""不受诱惑""不任用感情"的"四不"；而且应该在"心中充满快乐"，在"思想的字典中既无'怕'字又没有'难'字"，要"有大无畏精神"；宣扬"入世的而非出世的"人生，以"英雄造时势"的奋斗精神来面对"国事危急"和"社会黑暗"的思想。在短文的结尾处，还为"现代的非古典的"理想学生提出了一个标准："有新鲜活泼的知识""什么东西都要科学化、合理化""以爱国的精神、救世的大志成就一切"。

1935 年 4 月至 6 月，参加江苏全省学生集中军训三个月，地点在镇江三十六标军营。所有学生编为十个中队，所有大中分队长都由国民党部队中的军官担任，每个人都配发有步枪。那时候每周有一多半的时间是在进行军事训练，经常到野外操练，有两三次实弹射击，发有《步兵操典》《阵中教务令》等书籍。有小一半的时间是上政治课，都是国民党上层人物来上大课，记得有张治中、陈果夫、陈立夫、周佛海等人。

1935 年冬天，受北京"一二·九"学生运动的影响，南通学院的大学生结队游行到南通中学门口，高呼口号，要求通中学生外出参加游行。而学校大门紧闭，不许学生外出。

1936 年秋天，傅作义在绥远反击日军，取得百灵庙大捷。施雅风参加了庆祝胜利上街游行、募捐援绥的活动，特别兴奋。但只有一两天的活动，很快就平静下来了。

高中是住校的。过集体生活，使自己学会了生活安排。高中每月的伙食费是 5 元，伙食比初中要好得多。星期天，有时会租一辆脚踏车和同学们一起去游览郊区的风景名胜。但从不到馆子里吃饭，也不到电影院或者戏院看戏消费。零用钱主要用来买书。凡是邹韬奋编的杂志和书都买来看，还曾经花了 5 元钱买了一套商务印书馆出版的《辞源》。有时钱实在不够用，就给远方工作的哥哥写信。

初中开始对地理知识的爱好，在高中地理老师何箕庵老先生的进一步启发与引导下，到了高中时代就更强烈了。当时用的课本，是由张其昀先生主编的高中地理教科书《本国地理》（上下册）。书中将全国划分为二十几个区域，把各区最主要的自然特征和人文景观联结起来，以科学、生动、优美的文字扼要叙述。何箕庵老师是张其昀先生在南京高等师范时的同学，对张其昀十分推崇，他特别嘱咐学校图书馆订购了张先生主编的《地理学报》《方志》等刊物，经常指点学生认真阅读这些学术刊物。

当时，在学校中还有一些课外组织活动。在老师指导下，兴趣相近的同学组织了很多社团组织。自己参加了"史地研究会""国际政治研究会"和"时事研究会"的活动，并被推选为"史地研究会"的干事。这时，经常写一些小文章，请老师评阅。《德意志第三帝国与欧洲政治政局》一文被老师看中，曾刊登在带有论文选集性质的《通中学生》上。

学校也很重视体育活动。高中体育老师在课上教学生做机械操和单杠、双杠、爬墙等动作。参加了有十多位"书呆子"联合组成的篮球队，下午课后到晚饭前总要在操场集合，打一个小时的篮球。虽然球技不好，也不大遵守打篮球的规则章法，但是仍然坚持天天打，同学们戏称为"老夫子篮球队"。大约经过一年的光景，体

1937年高中毕业照

1937年春假高中毕业前在南通狼山附近照相馆
与母亲哥哥合影

重从50kg增加到了60kg，平日伤风感冒等小病都没有了。

高中时期，特别喜欢翻阅地图，但对那时流行的地图将山脉画成毛毛虫似的符号、两水之间必有一山的旧观念很不满意。有一天地理老师告知上海申报馆出版了一种新式的等高线分层设色地图集，是由中央地质调查所的著名学者丁文江、翁文灏和曾世英编的。老师说："这种按照等高线分层设色的地图，能够科学地表达实际地形的差别，是中国地图史上的重大革新。"这地图集名为《中华民国新地图》，后来又出版了一种缩编的普及本《中国分省新图》，售价3元。当时每月伙食费才5元，3元钱的普及本也感觉很贵，所以就经常在学校的图书馆里翻阅。这本彩色的中国地图集更激发了施雅风深入学习地理学的兴趣。

在高中阶段，因为课外时间过多地用于阅读书报、杂志和文艺、历史、地理方面的书籍。虽然对各门功课都比较用心，但是期末考试成绩只排在中上序位。

高中最后一个学期，同学们纷纷作考大学的打算。南通中学历年考上名牌大学的比例较高。当时，北方是清华大学、北京大学联合招生，南方是中央大学、武汉大学和浙江大学联合招生。施雅风的志愿是学地理，那时张其昀先生在浙江大学史地系任系主任。尽管哥哥希望学工程，仍然坚持报考浙江大学史地系。

"七七事变"后，曾花了相当长的时间写了一篇《战时中国的生存线》，五六千字。文章阐述了抗日战争开始后，日本必然封锁中国海岸，切断中国对外交通，我国必须及早准备，开辟西南通往缅甸的交通线以取得国外的接济。把这篇文章投寄给了南通市的《五山日报》。1937年夏天，《五山日报》连续五天刊载了这篇小文章。

高中毕业，以浙江大学史地系为第一志愿，施雅风和几位同学结伴去南京参加中央大学、浙江大学、武汉大学三所高校的联合招生考试。这时候，刚刚发生了日本军队进攻卢沟桥的"七七事变"。战云密布，电台不断地播送义勇军进行曲"起来，不愿做奴隶的人们！把我们的血肉筑成我们新的长城"气氛异常悲壮。考试后回到海门老家，不久上海"八一三"淞沪抗战爆发，战斗异常激烈，邮路和轮船都中断了。

抗战流亡中的浙大生活

1937年"七七事变"发生，同年8月，施雅风被浙江大学史地系录取，后随浙大多次流亡西迁，1940年初到达贵州遵义，总算相对安定下来。在竺可桢校长领导下，浙大立"求是"为校训，发扬求真、民主、朴实、勤奋的优良学风。在史地系张其昀、叶良辅、涂长望、任美锷、黄秉维、谭其骧等知名教授的亲自教诲与指导下，施雅风受到良好的地理学专业训练。当时浙大本科实行学分制与导师制，到三年级结束时，施雅风已经学完大学4年的全部功课，并选定叶良辅教授为导师，开始撰写毕业论文。经过近三个月的野外考察，边看、边记、边思考，终于完成了一篇6万多字的题为《遵义南部地形》的毕业论文。这篇论文经学校推荐呈报教育部，被评为优秀论文。后经过精简，改名为《遵义附近之地形》，在《地质论评》（第10卷3-4期）上发表。通过毕业论文的实践，施雅风的野外观察、理论思维、独立研究以及写作能力都有了较大提高。

在野外工作中，施雅风目睹广大农民生活艰苦，几乎在死亡线上挣扎，看见国民党军队的伤兵、逃兵被毒打甚至被活埋。面对世事，悲愤满腔的感触与日俱增。1942年，在浙大"倒孔"学生运动中，施雅风见义勇为，冒着生命危险去营救同学，结识思想先进、乐于助人的中共地下党员吕东明，逐渐接受中国共产党在新民主主义革命时期的政治主张。

施雅风于1942年大学本科毕业，继而成为浙大研究院史地所研究生，在黄秉维教授的指导下，撰写并发表论文《华中水理概要》，获硕士学位。

● 1937 年秋

8 月下旬，收到哥哥的电报，告知已被浙江大学录取，嘱迅速绕道镇江经苏州去杭州上学。考虑到战争已经开始，如让老母一人在家很不放心，老母亲更是因儿子远行依依不舍，思量再三，还是毅然走了。

独自从海门乘内河小船循长江北岸河道到镇江，然后乘火车到苏州，再换乘苏嘉铁路的火车到杭州。火车走走停停，不时有日机轰炸，经过苏州站，看到被炸死同胞尸体的惨象。到浙大报到时，才知道一年级新生已经迁到天目山的禅源寺学习，于是就乘坐学校的校车前往天目山。

9 月 27 日起，浙大新生开始在禅源寺正式上课。

禅源寺内有一大厅堂，白天是学生食堂，晚上则作为学生读书自修的大课堂之用。学校还在寺院的空地上新建了一间大教室，四周装有玻璃窗。禅源寺大庙有两三百个和尚，同学们在教室上课的时候，时常听到庙堂里传来和尚们集体诵经与鼓乐齐鸣的声音。

朱庭祜教授为史地系一年级新生讲授地理学的基础课程——自然地理学，授课的内容主要依据法国地理学家马东（Emmanuel de Martonne）编著的教科书《自然地理学简编》。

体育专家舒鸿教授，一样也受到同学们的欢迎与尊敬。他早年在欧美研修卫生体育，获硕士学位，回国后曾为多所学校聘用，后应竺校长之邀来浙大任教。

王驾吾教授是一位古典文学家，专攻先秦文学史。1936 年应聘到浙大，此时正在天目山执教。缘于同乡情谊，施雅风和他多有往来，关系很亲近。驾吾先生对浙大新生中来自南通的几位小老乡很关照。他有好几次在禅源寺附近的一家小馆子里请同学们聚餐，这家馆子的招牌菜叫作"大味三鸡"。

禅源寺虽然远离都市的现代生活，学校教学设备又十分简陋，但师生们一起朝夕相处，关系特别融洽。竺可桢校长在国内首倡的大学"导师制"，也正是从那时起在禅源寺的浙大开始实行的。

浙大新生在天目山的"世外桃源"读书上课只有两个多月，抗战形势又起了急剧变化。

11 月 5 日，日军在上海金山卫登陆。

11 月 16 日，天目山的浙大师生召开大会，一致同意迅速撤离，校方并准许学生请假离校自谋出路。

11 月下旬，日军占领湖州和长兴，浙西形势危急，天目山中的一年级新生，有陷入绝境的危险，于是决定迁往建德，与学校本部会合。

　　在天目山师生大队伍转移之前，施雅风和另外两个同学奉命打前站，先大部队出发，一天步行 40km，到达中途的分水县，在那里他们受到县长及政府官员的接待，顺利安排几天以后大队伍经过时的食宿与下一步的交通问题。

　　自 11 月底起，一支由二百多浙大师生组成的队伍从天目山下步行来到分水县城，然后分批乘小木船，沿着分水江顺流而下，大约 40km 的水路，到达分水江与富春江交汇处的桐庐城，再沿富春江逆水上行 60km，于 12 月 5 日前后全部抵达建德县城。

　　到达建德复课以后不久，系主任张其昀召集全系同学在建德县城外一个小山包上集会，对学生一个个点名询问，开讲了建德的历史与地理情况，初次见到这位文质彬彬、高个子的地理学家。

浙大师生搭乘乌篷木帆船在西迁途中　　　　　　　张其昀先生

　　离家已久，带的钱越来越少，一顿饭只敢吃 2 分钱的青菜和两小碗米饭充饥。12 月 24 日，杭州沦陷，浙大开始撤离建德。

　　浙大在建德只停留了一个月。杭州沦陷后，战争局势又步步紧逼，学校再次踏上迁徙之路。

　　先从建德乘船溯兰江上行到兰溪。原想在兰溪换乘浙赣铁路的火车去江西，不料因时局动乱，铁路已告停运，于是和部分同学乘木船溯衢江上行到达浙江西南边境的常山，途中花了十多天时间。

　　从常山上岸后向南步行八九十华里，一天后到达江西玉山，再换乘浙赣线火车，1938 年 1 月到达赣江大桥畔的樟树镇。

1938 年

1月，在樟树镇看到一张南昌的报纸，登有国民政府军事委员会青年战地服务训练班招生广告，动心了。认为上前线抗日比读书更重要，口袋里的余钱也不允许继续念书了。告别同学，一人去南昌报名参加战地服务训练班，想在接受战地服务训练后到抗日前线去工作。

训练班有几百学员，大都是北平、天津、苏州、无锡流亡出来的学生，施雅风被编在江南流亡青年组成的第三中队。

2月至3月，湖南衡山，接受军事和政治训练。

4月至5月，调湖南衡阳编为农村实习总队，到衡阳东乡实习一个月。实习内容一是帮助乡公所训练一批农村青年不脱产军训；二是代乡公所调查核实户口。实习期后回衡山待命。

6月，该战地服务训练班改组为军委会政治部战地服务团第二团（又称政治工作第二大队）。

7月到安徽屯溪附近的一个村庄住下来，名义上到了战地，实际上离前线还很远。安排的工作是宣传抗日救亡，在路边村头写抗日救国拥护国民政府的抗日标语，去难民收容所演唱救亡歌曲。由于这个团体一直不上抗日前线，达不到原来的目的，又看到战地服务团内部十分腐败：军官不上前线打仗，还和女学生谈恋爱；人心离散，没有前途，陆续已有一半人员离开。

8月，接到浙大同学的来信，得知学校设置了战区学生贷金，实际上就是发给学生伙食费。信中还说学校准备西迁到广西宜山，可迅速回校复学。于是打定主意，向战地服务团请了长假，向在屯溪附近工作的表兄刘祖愈借了30元钱，于8月底离开屯溪。

9月，赶到了江西泰和申请复学。

10月，到广西宜山的浙大复学，重读一年级。经过战地服务团的这段经历，感到还是上大学读书好，从此开始安心学习。宜山昔为"蛮烟瘴雨"之乡。浙大以原工读学校为总办公室，以文庙、湖广会馆为礼堂、教室，在郊区搭建茅屋为学生宿舍。

11月19日，在广西宜山，竺可桢校长主持校务会议，会议决定以"求是"为浙江大学校训，并决定请著名国学家马一浮写校歌歌词。 12月8日确定校歌，马一浮作词，应尚能作曲。

浙江大学校歌

作词：马一浮先生

● 1939 年

2月5日，日军派出18架轰炸机在浙大宜山校区投下100多枚炸弹，造成10多间房舍被毁，有100多名学生的衣物用品遭劫。

浙大实行学分制，学的课程分为必修课和选修课两种。包括：地质学、地形学、气象学、气候学、中国气候和大气物理、自然地理、经济地理、植物地理、中国地理、亚洲地理、欧洲地理等专业课程，还有中国通史、中国近代史、西洋通史等课程。还选修过丰子恺先生的音乐欣赏、美术欣赏等课程。在此期间刻苦学习，或者在

被日军轰炸后的宜山校舍（照片来源于人民网）

图书馆自习，或者在教室听课。参加"史地学会"学生社团，任康乐干事。

11月初，大量日军军舰驶入钦州湾，11月24日，南宁沦陷。经济困难，贷金20元只够吃饭，靠哥哥接济作为零用。

1939年在广西宜山
前排左起唐禧、施雅风；后排王天心、何友谅

1939年广西宜山送别唐禧同学，史地系同班同学合影
前排左起：钱炜、王蕙、唐禧、于震天、刘操南；中排左起：吴华耀、倪周民、张效乾、赵松乔；
后排左起：施雅风、蔡钟瑞、王天心

1940 年

年初，浙大迁往贵州北部的遵义市。1 月中旬从宜山出发，2 月中旬到遵义，结束了两年多颠沛流离的西迁之路。

住进浙大在遵义何家巷宿舍。一个房间内上下铺住着十多人，非常拥挤嘈杂。每两个学生有一张书桌，两个小凳子和一盏三根灯草的桐油灯，用来照明读书写字。木板床臭虫多，因为宿舍人多，互相干扰，影响学习。

学生伙食也较差。食堂没有凳子，八个人一桌站着吃饭，一碗饭没吃完菜就没有了。米饭中的沙子、稗子很多。虽然菜少质量也差，但很少有因为抢菜吃而争吵的。

1940年　遵义县老城子弹库　浙江大学临时校本部(照片来源于网络)

开始读叶良辅先生开设的普通地质学、历史地质学、经济地质学等课程。叶先生讲课内容丰富，又循循善诱，经常指点同学们观察附近的地质、地理现象。课后常去向叶先生请教问题，他总是耐心解答。叶先生家庭经济相当困难，一家六口人。而且他长年患肺病，医药费开支又很大，所以更加困难。即使如此，逢年过节时他都邀请一批学生到他家过节。叶师母也非常贤惠，总要精心做许多点心招待。

叶先生用葛利普的《中国地层学》为基本教材，并介绍阅读章鸿钊的《中国地质学发展小史》。知道了中国地质学筚路蓝缕、艰苦创业的情况。

在地理学各分支学科中，对地形学的兴趣最浓厚。那时，地形学研究主要由地质学家兼顾。常阅读《中国地质学会会志》和《地质论评》。了解到黄汲清先生对秦岭山北坡断层地形三角面的描述，以及叶良辅、谢家荣先生关于鄂西期准平面、山原期壮年地形与峡谷期幼年河谷三个地文期的划分，还有不同学者对三峡形成的原因，是先成河、溯源劫夺河，还是叠置河的争论。

暑假，地质学讲师刘之远先生带去桐梓实习。教认岩石、认地质构造，阅读地形图、采集化石，对地质学兴趣激增。

任学生社团"史地学会"研究干事，定期请老师作学术报告。第一次在史地学会读书会上作了题为《嘉陵江下游阶地与河流发育》的读书报告。

浙大实行导师制，选择叶良辅先生做导师。

因没有经济来源，贷金只够伙食费开销，与同学办起中学生英语数学补习班补贴零用。

1940年在贵州桐梓地质实习

左起：刘之远老师、蔡钟瑞、施雅风、杨利普、赵松乔

1940年浙大史地系欢送第一届毕业生合影

前排老师：左一任美锷、左四张其昀、左五叶良辅、左六费巩、左八涂长望；三排左五施雅风、二排左二王蕙、
二排左六王天心、四排左二赵松乔

● **1941 年**

3 月，选修 20 学分的课程：德文、历史地质、大气物理、地形、亚洲地理、西洋近代史、测量。本学期主要工作是遵义区域地理和地形学。

4 ～ 6 月，叶良辅先生同意指导毕业论文，并表示不赞成地理学界一般以搜集文献资料写文章的流行作风，要求写地形学论文必须实地观察，记录丰富的地质、地形景观，包括水系发育与河床侵蚀历史，内营力和外营力的矛盾与谐调，从野外考察开始，详细记录、搜集第一手资料，以增强实际观察能力。

叶先生指点阅读地形学的论文和专著，建议多看对地质学问题有争论的著作，强调学术研究中要发扬独立思考的精神。求真是科学之精神，科学方法是求真的途径。指定以陆地测量局制作的遵义附近和遵义南部三岔河两幅地形图大约 600km^2 的地域为调查范围，商请系主任张其昀先生拨 3 个月的调查费用。

4 月初，沿遵义小湘江而上，出野外地质学考察，看了几处断层。在路旁看到一处野坟，坟旁边立满旗杆，问旁边茅屋中人，得知原来是一名红军战士阵亡于此，后为筑路工人埋葬，现被奉为神灵。

4 月 15 ～ 20 日，至遵义城西南 30 里的八里水，沿河谷而南至安澜桥绕道台地上，看见台地一带的 Mesa 地形。又沿山麓而行，看到山上冲下来的侏罗系岩石，还看到几个好的断面，住巷口镇。18 日，由刘之远先生带队，自巷口镇西行至平章镇。为了观察南面的地形，翻了两次大山，看到一处向斜的合龙处上存在的侏罗系和白垩系砂岩，所风化的土壤呈棕红色。穿午章坝而北又走了一个地层单元，自上而下分布着飞仙关页岩、玉龙灰岩、沙堡湾页岩、长兴页岩、乐平煤系、阳新页岩、艾家山页岩、晏山关页岩、娄山关灰岩等一系列地层，有几处斜面，地形平整，红土甚厚，其中大有道理。

一周后迁移到遵义城正南 40 里左右的三岔河，之后迁移到遵义城东南 30 里的深溪水。野外调查有了积累。考察回校得知宁波、绍兴、温州、福州都已沦陷，南斯拉夫亡国。

4 月 29 日，总结地形考察材料，学习地质合志和谭锡畴、李春昱著《四川西康地质志》，看了 *Nature* 上刊登关于庐山冰川的文章及李承三先生关于西康冰川的文章。

4 月 30 日，听涂长望先生演讲，他是因为对伦敦大学旁英国航空俱乐部天气预报图发生兴趣，才开始学气象，他还认为气象学近代进步多由于仪器改良结果。

5 月 2 日，好友王天心参加黑白文艺社，施雅风报名参加"大家唱"歌咏活动。

5 月 5 日，《地形与战事》一文在《中国青年》刊出，收到稿费 60 元。

5 月，准备写考察报告，分为几个部分：①调查范围与经过；②地层概要；

③构造概况；④地形发育；⑤侵蚀史；⑥土地利用等。

5 月 7 ～ 9 日，借罗盘，与刘之远老师去野外。思考：遵义附近冰川地形是否成立，如何成立。

5 月 9 日，下午听到外面放了一回警报，画了一张遵义附近调查路线图。晚上听竺校长讲近代科学精神，深感科学精神在于：①求真理，其之行在威武不屈、富贵不淫、贫贱不移；②力戒自大自傲；③虚怀若谷；④应有知之为知之，不知为不知的态度。

6 月 15 日，欢送毕业同学。

6 月 21 日，德苏宣战。

7 月，学校总考。浙大实行学分制，只要得到了规定的学分总数，就可以毕业。三年级结束时，已修完了大学的全部学分，可自由支配四年级一年时间用来完成毕业论文。

7 月 25 日至 8 月 2 日，间断野外调查。

7 月 22 日发出一篇文章《列宁格勒》，在 26 日当地报纸刊出。

8 月 3 日，去叶良辅先生那里确定毕业论文题目：遵义附近之地形。

8 月 10 ～ 25 日，在刘之远先生带领下赴遵义东南 80 里的团溪考察锰矿分布情况。在此之前，刘之远先生化验团溪农民送来的铁矿样品时，发现为高品位优质锰矿。锰矿储量在 10 万 t 左右，可解决当时迁移到重庆的钢铁厂的用锰问题，报地质部参考。还跟随刘先生到金顶山区从最老的地层一直看到最新的地层。

靠帮助补习学校学生补习功课获得微弱收入以贴补学习日用。衣服还是家里带来的，经常跑野外，鞋子袜子破得很快。袜子破了自己一补再补，鞋子破了只得去买当地手工生产的质量很差的布鞋或土皮鞋。这种鞋穿不了多久就破了，露出脚趾，觉得很是难堪。

9 月，四年级，由何家巷宿舍搬老城四方台宿舍居住。住在一个两层木板小楼上。这个小楼两个人一间，住了十多位同学。

9 月 15 ～ 18 日，遵义附近地形调查。

10 月 15 日，缴费注册，费未交清，杨炳彰担保。上学期成绩较佳者可申请上海商业银行奖学金，故请王驾吾先生作一证明书。

叶先生告知论文已获得费用及津贴在 300 ～ 400 元间，足以应用。

11 月至 12 月，赴马家河三木腰一带调查。利用新出版的贵州遵义附近的几幅五万分之一地形图，在遵义附近地区做地质地形调查。手里拿着一把地质锤，在背包里放着罗盘、高度表、地形图和笔记本等，身上带点零用钱。边做笔记，边思考着各种地形形成过程的问题。晚上就在当地找一个小客栈住宿。常常以一个临时住处为中心，向四周辐射调查，每周迁移一次住地。就这样，按照叶先生的要求，在遵义南部地区作了近三个月的详细地形调查，掌握了遵义市附近地区地质地形的大量第一手资料。

经常在野外跑，看到遵义农村生活相当困苦，缺乏棉布和食盐这两种生活必需品。市场上的盐价比四川产地高出十倍，棉花比湖南产地高出一倍。曾看到过一个穷人，只穿一件用玉米壳编的背心和一条破短裤。有一次看见两个农民抬着一个浑身泥土、正在流着血、身穿黄绿色破军衣的青年人。原来这个青年是国民党士兵，他因为得病走不动，掉了队，被押送的军官开枪打伤还没有断气，就被草草地掩埋了。这个军官走后，农民们就把他挖了出来，赶紧送他回家。还有一次，看见国民党军官用大木棒痛打一个绑在树上的逃兵，看那样子是一直要把他打到死去。为了躲避国民党的兵役，不少人采取自残的办法：用菜刀切去手指。

导师叶良辅

1941年遵义，在浙大的高中同学合影
左起：薛世茂、刘绳祖、施雅风

12月20日，在竺校长倡导组织下，召开了"徐霞客逝世三百周年纪念会"。在会上，除了竺校长自己演讲《徐霞客之时代》外，张其昀、叶良辅、谭其骧、任美锷、黄秉维等老师都作了专题报告，以后还出版了《徐霞客先生逝世三百周年》纪念专刊。

◉ 1942 年

1月2～15日，写遵义地形报告，还剩下地理中的地形因素和遵义南部地理景观部分未完成，前后一共写了一个多月，大概有4万字。

在此期间爆发了倒孔运动。因日本军队进攻香港，一批政治家和社会名流被困在那里。从重庆派去接人的专机，接回来的只有孔祥熙的夫人、女儿、老妈子，以及一条狗。孔祥熙身为行政院长，由此而激起了众怒。1月6日，昆明的西南联大、云南大学、中法大学等大中学校的师生3000余人集会，爆发了打倒孔祥熙的示威游行。

1月15日，遵义浙大何家巷饭厅门口贴出了昆明西南联大同学的来信，说他们已经上街游行，要求政府撤换孔祥熙。浙大同学也是群情激愤，纷纷议论，准备游行。当天晚上，浙大的一些积极分子聚集在所住的四方台小楼上，连夜赶写标语，制作小旗。

1月16日早饭后，同学们聚集在何家巷饭厅前教室大院，举行全体同学大会，许多同学要求上街游行，表示对政府高官贪污腐化的愤怒抗议，而街上早就布满了持枪而立的军警，对立形势十分严峻。包括竺校长在内的许多教师，极力劝阻同学们不要上街。忽然史地系的同班女同学王蕙站了出来，声泪俱下、慷慨陈词。所有同学都被她感动，决定冒险上街游行。在这种情况下，竺校长也改变了态度，他说："你们一定要上街，那么我来带头。"他这样做是为了保护学生，防止和街上的军队冲突。

同学们浩浩荡荡地开始在新老城的主要街道上游行，高喊"争取民主自由""打倒发国难财的孔祥熙"等口号。施雅风作为宣传队的成员也到新城丁字路口繁华场所的茶楼上演讲，群众都鼓掌称赞。可是茶楼的老板却要求留下姓名，一转念，签下了"刘树百"。这是已故表姐的名字，让其无法追究。

1月17日，游行后的第二天浙大恢复上课。校内出了布告，将倒孔游行为首的学生记大过一次。教育部派了一位督学来浙大，表面上是为了安抚学生，只要学生们安心上课，不再追究那次游行的责任，实际上是要查办运动指使人。

遵义时期浙江大学的何家巷校区(内设教务处、学生大饭厅、男生宿舍和部分教室照片来源于网络)

2月19日夜，浙大史地系四年级女生、"黑白文艺社"社员王蕙被诱骗到宿舍门口给抓走了。第二天，国文系学生、"黑白文艺社"第二任社长何友谅被捕。

2月21日吃早饭时听到了这个消息，急忙赶到何友谅的住处，看见房门大开，屋里的东西乱七八糟，显然是被仔细搜查过的。房东详细地讲了何友谅在后半夜被捕的经过。庆幸同班好友王天心因为几天前去了湄潭而幸免于难，王天心在"倒孔"运动中比何友谅还积极活跃，显然是国民党特务要逮捕的目标。

施雅风不敢用电话电报通知王天心，

决定亲自去一趟湄潭。因为常跑野外，不会引起别人的注意。沿着遵义到湄潭的公路步行，路上的汽车很少，第一天走了80里，住在途中的虾子场。第二天走到下午三点左右，迎面开来了一辆卡车，拦车一看，王天心正在上面。把他叫下车，悄悄地和他说了遵义发生的事情，劝他暂缓去遵义。车开到离遵义还有一小段路的时候就下车了，并和司机约好第二天清早上车的时间和地点。

为了避免遇见熟人，施雅风和王天心沿一条小路到了仙农巷叶良辅先生家中。叶先生也很同情王天心的处境，招待他吃晚饭，并安排王住在张荫麟先生（本系历史学教授）家里。在叶先生家吃过晚饭后，史地系主任张其昀先生来到叶先生家，王来不及躲闪，只得与张应付。张已经知道王可能是逮捕对象，就问他打算怎么办。王机警地回答："正没有主意，请老师指点。"张说："等会儿，你到我家中面谈。"王只好硬着头皮去了张家。后来听王天心讲，他谎称想去湖南、广西一带搜集毕业论文的资料，请张其昀先生开了一张旅途查验放行的证明，并盖了史地系的公章。因为当时张先生与蒋侍从关系密切，对他有所戒备。

第二天，施雅风就和王天心的同乡好友吴士宣一同帮助王天心出逃。王天心先到了贵阳，后来又去了桂林，改名王知伊。而浙大被捕的王蕙和何友谅，则被押解到重庆兴隆场附近的一个集中营中。王蕙在那里被关了一年多，后来经过竺校长和各方面的努力被保释出来，何友谅则惨死在集中营中。

对世事悲痛感触激增，思想变得激烈了，时常想把这个世界翻个身！

4月30日至5月10日，学校开运动会。到遵义南市调查人文地理，其中深溪水几天，南白镇几天。农民朴实得可爱，基层政治腐败，对国家前途的信念蒙上一层阴影。

王天心的同乡吕东明从湄潭来，了解王离开遵义的情况。吕是史地系职员，协助谭其骧先生编绘《中国历史地图》。聊天时发现他体温很高正患重感冒，留他在宿舍住下，抓了些感冒药。吕东明休息了一个星期病好了，朝夕相处，感到很谈得来，王天心走了之后，又添了一位好朋友。

1942年记录"倒孔运动"的日记

5 月 11 日后，写人文地理报告。

完成 6 万字毕业论文初稿。论文的主要发现是：在遵义西南一处海拔 1100m、相对地面高度 200m 被称为天台山的山顶上发现了峭平相间三种地层的古侵蚀遗迹；在另一处通过沉积砾石分布，证实了预先在地形图上识别的河流劫夺现象。论文最后，对全区地形的特征和形成历史进行综合分析，提出侵蚀阶段论：遵义南部以乌江深谷为中心，支流跟上，地面表现少年期形态的河流下蚀阶段；遵义中部广大地面上沿软弱地层发育阶地宽谷与山间盆地的壮年期阶段；遵义北部邻近海拔 1500m 的大娄山脉的峻谷深沟，处于河流上游，代表更早期的地形特征。叶先生审阅后赞赏有加，又提出一些问题，再加工修改。之后，叶先生又特地嘱一位同学以工读的名义将此文稿誊写两份。学校推荐该论文参加 1943 年全国专科以上学校毕业论文竞试，获教育部奖。在此基础上，将论文内容精简为《遵义附近之地形》，投稿《地质论评》，于 1945 年《地质论评》第 10 卷 3-4 期刊出。

6 月 12～18 日，毕业考试。

7 月，大学毕业。史地系这个班只有赵松乔和施雅风两人毕业。赵松乔留校当助教，施雅风听从叶良辅教授建议留校当研究生，继续为期两年的学习。

浙大史地研究所分史学组，人文地理组，地形学组和气象学组。史学组：由张荫麟、顾谷宜先生指导。人文地理学组：由张其昀先生指导。地形学组：由叶良辅、任美锷先生指导。气象学组：由涂长望先生指导。研究生修业期限至少两年；研究生学费杂费暂免，在修业期中每人每月给予生活费 50 元并由学校供给住宿，修业满一年成绩特优者另给奖学金，成绩不及格者停止修业。

暑假，搬到老城体育场史地研究所研究生宿舍的小楼居住。虽然还是点桐油灯，但读书环境好多了，研究生津贴除了用于吃饭外还有钱零用。

秋，吕东明考上浙大史地系。他学习勤奋，利用课余时间勤工俭学，帮助谭先生绘图。乐于助人，经常有朋友找他想办法搭乘去重庆或贵阳的便车，总是不厌其烦地奔走效劳。

经常与东明在一起聊天，交流野外调查中看到的农村情况，评说政府的专制腐败、人民生活的艰难困苦。东明解释国共两党的矛盾，还仔细地说明了皖南事变的真实情况。

9 月 24 日至 10 月 27 日，与陈述彭、杨利普、赵松乔一起参加任美锷先生组织指导的遵义土地利用调查，主要方法是利用 1940 年陆地测量局出版的五万分之一的地形图，在南起刀靶水，西到鸭溪，东抵遵义城郊，南北约 52km，面积约 1340km² 的遵义地区，实地调查水田、旱地、森林、荒地、房屋道路等在地形图上的分布范围，用红蓝等彩色铅笔在图上标出来。另外访问当地群众了解作物种植、灌溉、施肥、产量等情况。经过短期示范以后，进行分工，和赵松乔一组负责遵义南部鸭溪附近的土地利用调查；陈述彭和杨利普一组，负责遵义西部土地利用调查。最后由任先生汇总，撰写了《遵义土地利用》一文，在《地理学报》上发表。

　　冬，经叶先生与资源委员会矿产测勘处处长谢家荣先生联系，筹得一笔调查费。与高一届的杨怀仁同学结伴，用了三个多月的时间调查遵义、金沙、黔西、修文四县的地质矿产。那时天气阴湿，道路泥泞，穿着球鞋外加草鞋走路，登上了金沙境内海拔 1700m 左右的白云山。"赤水金沙至黔西大道下接赤水河，水运川盐、川布、川糖等，运销黔西北者均溯河而上，至赤水县之茅台村起岸，分由人背马驮，一部经仁怀至遵义、鸭溪，接川黔公路，营销黔中、黔北各地。大部南运金沙。此道为川黔交通线中之大道，有衣衫褴褛之人数百名，成群结队负重南行，歌声激越，为生存而奋斗，凄厉悲壮之情动人心弦"[①]。一幕幕悲壮动人的真实场景，让施雅风切身感受到底层民众生活的无比艰辛；劳苦大众努力与命运抗争的坚韧斗志，向往革命的精神世界又增添了几分激励。

　　调查结束后，杨怀仁撰写地质部分，施雅风撰写矿产部分，提出："遵义附近的矿产以煤矿为主，产于二叠纪煤系地层中。在遵义至鸭溪向斜层的北翼，煤田延长约 100km，储煤量约 6.0×10^7t，在遵义至刀靶水平行褶皱带几个背斜轴部的煤田，储量约 9.0×10^7t，但煤层较薄，最厚的没有超过 1m，除供当地人燃料所需外，难做大规模开采。此外遵义附近还有硫磺、硅砂、陶土等资源，但均不够丰富。"报告交给了资源委员会矿产测勘处，并被编为《贵州遵义、金沙、黔西、修文四县矿产调查报告（临时报告 36 号）》，油印分发参考。

24岁，大学毕业，遵义

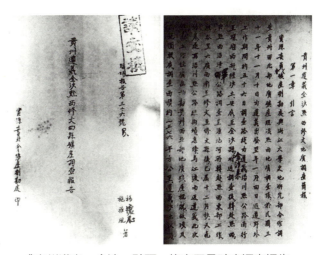
《贵州遵义、金沙、黔西、修文四县矿产调查报告（临时报告36号）》

---

① 引自施雅风《贵州遵义、金沙、黔西、修文四县矿产调查报告（临时报告 36 号）》（未刊）

1943 年

物价开始飞涨，穿的衣服基本上是抗战初期从老家带来的，已经很破旧了。因为入不敷出，曾向费巩教授借过钱，还没来得及还，费巩教授就被国民党特务秘密杀害了。

原想继续在叶先生的指导下以地形学为研究方向深入搞下去，不料物价飞涨，原有的研究生津贴难以维持生活了，叶先生对此也无能为力。为了解决生活上的困难，向曾经教自然地理学、已到资源委员会经济研究所工作的黄秉维先生求助。黄先生回信说他正组织华中区自然资源评价的研究课题，其中有一个华中水文的课题，可以做浙大研究生论文。如果承担这项工作，经济研究所可以给予助理研究员的名义，拿一年的工资，所需要的搜集资料的差旅费用还可以实报实销。

征得叶先生的同意，从遵义到重庆牛角坨资源委员会黄秉维先生处。黄先生已是研究生论文主要导师，他着重讲述了水文与经济的关系，并给一本中文的水理学教科书嘱认真阅读。

从资源委员会开了几处索要水文资料的公函后，搬到兄长施成熙的歌乐山家中居住。

施成熙是在中央水利委员会任技正，他嘱读一本英文水文学书，并借来计算尺供使用。凭借兄长的关系并有公函证明，在他办公室内抄录水利委员会的水文数据、河道变化情况。成哥常陪水利委员会领导视察工作，对相关情况相当熟悉，成了最好的专业顾问。

之后，去嘉陵江北岸的百溪中央水利实验处抄资料近一个月。

为查询从上世纪初开始的、最早的水位记录资料和地理学资料，到北碚中央地质调查所图书馆查阅图书和资料近三个月。住鱼塘湾的一集体宿舍，室友有宋达泉、卢衍豪、陆发熹等几位单身的先生。得到图书馆长王钰的允许，可入书库自由浏览借书，大开眼界。地质调查所学术风气浓厚，常去旁听每周一上午学术讨论会。还有机会听到李四光先生的讲座：地质力学中山字形构造模拟问题。

在地质调查所期间，看到一些高级科学家家里生活也很困难。看到侯光炯女儿找侯先生告知"家里已断炊"，侯先生临时从食堂借了几升米带回家煮晚饭。与地调所的年轻人在一个食堂吃饭，其中有陈康和马以思，经常见面聊天。两人后来随许德佑先生去贵州考察，被土匪杀害。在如此恶劣的环境下从事坚持科学工作，很不容易。

● 1944 年

与成熙哥讨论研究生论文内容，认为可利用地理知识丰富的特长，在水理（水文）与地理的关系上做文章。因此，将论文中心内容放在水文特征的地理环境因素上。论文主要分 4 个部分：水道分论、流量论、携沙论和水文较差研究。

对含沙量与输沙量两种相关的水文记录进行了详细的研究，将长江流域分成 19 区，把蚀积率分为 5 个大的等级和 19 个次级的地域侵蚀级别：①侵蚀最烈区，每年蚀低〉1mm；②侵蚀次烈区，每年蚀低 0.1～0.5mm；③侵蚀微弱区，每年蚀低不足 0.1mm，包括金沙江、乌江、湖南湘、资、沅水流域；④侵蚀 – 堆积平衡区，主要指枝江至大通的长江中游区域；⑤堆积为主区，以湘北、鄂南的两湖平原为主。每年地面上升 3mm 以上，尤其是洞庭湖底，每年淤高 30mm 以上。以此为内容在当年中国地质学会上作了《长江流域机械蚀积率的研究》报告，在演讲时，展示了一张挂图，图中清楚表示出长江流域各地所在的侵蚀或堆积级别。演讲完毕，博得好评，主持会议的黄汲清先生表示了口头嘉奖，受到鼓舞。

《华中水理概要》约 4 万字，系统地论述了长江中游干支流的流量、泥沙侵蚀、水位涨落和季节的变化。黄秉维先生对这一篇从原始资料统计分析和总结性的研究成果比较满意，推荐到重庆出版的《经济建设季刊》分两期发表。

6 月，回遵义完成毕业论文，研究生毕业。

毕业前夕，觉得地质调查所的工作环境很合乎理想，找到副所长尹赞勋先生，提出了想到地质调查所工作的愿望。尹先生婉言谢绝。请黄秉维先生帮忙，黄秉维先生建议到资源委员会去工作，正准备去的时候，又接到黄先生的来信，告知资源委员会不招人了。又与重庆的中国地理研究所联系，想到那里去工作。

住在成熙哥家等地理所的消息。一天，在北碚遇到了竺可桢校长，问毕业后的去向。告知已和地理所联系，但还没有消息，他说他会和地理所的所长讲讲。叶良辅先生也曾写信向地理所所长林超推荐。

1944年，遵义，研究生毕业

到中国地理研究所工作并参加革命

1944 年秋天到重庆北碚（后迁南京）的中国地理研究所任助理研究员，为浙江大学组织编纂的《遵义新志》，撰写《遵义区域地理》篇章。从事成都平原和三峡地区的调查研究。与扬利普等合作撰写的《成都平原之土地利用》发表于《地理学报》14 卷 1 期。对三峡水库区淹没损失作了较详细的分类分区统计，共同编写了《三峡水库区经济调查报告》。发表《三峡区鹞子砾岩成因探讨》（地理，1948），提出与李四光先生学术观点不同的解释。

抗战胜利后，经浙大老师涂长望先生介绍，与吕东明一起参加中国科学工作者协会，经吕介绍认识了《新华日报》社的记者李普，提出去解放区。后接受李普建议，在科技界的民主进步运动中发挥作用。在南京参加科学时代社南京分社，又组织该社会员集体加入中国科学工作协会南京分会，当选干事会成员，参加《新民报》的《科学》副刊的编辑工作。1947 年 10 月在南京由老共产党员吕东明介绍秘密参加共产党，主要精力投入了党要求的情报工作。

从科学时代社的进步青年中挑选一批人，根据他们提供的内部情况，搜集到下关车站军车过往数量和开赴地点、国防部内人事变动和派系矛盾、长江水文资料、下关电厂内人事、设备、发电等情况，并复制地形图为解放军渡江做准备。新中国成立前夕，联络由中央地质调查所、中央研究院地质研究所、资源委员会矿产测勘处、中国地理研究所、中央气象局、中央大学的地理和地质及气象等系的教授、研究员和青年科技人员，组织"地学工作者联谊会"，讨论是否去留的利弊，明确了"应变"的各种措施，联谊会上还介绍了解放区的情况和共产党的政策，对于稳定人心起了相当大的作用。

● 1944 年秋

9 月，收到地理所通知，到中国地理研究所报到。

9 月，和黄秉成一起到重庆北碚中国地理研究所工作。

地理所已迁到北碚南面 10km 的状元碑蔡家湾民房内办公。一个独家院落，四面没有邻居，离公路步行需要十五六分钟。那里没有电灯、自来水，晚上用煤油灯，用水都由小伙房供给。这个地方交通虽然不方便，但是很清静。报到时，所里还专门召开了"迎新会"，但因为经费困难，买了两把蚕豆招待大家。

地理所分为自然地理、人生地理、大地测量和海洋四个组。但只有自然地理和人生地理两个组在北碚。最初分到了人生组，由于对自然地理学兴趣很大，后换到了自然组，和周廷儒、郭令智等先生同在一个办公室。

● 1945 年

物价猛涨，所中经费已经困难到了极点，只能勉强发工资。最初地理所有员工五六十人，但是因为所里经常拖欠工资，有不少人先后离开了地理所，人员减少到 40 人左右。

研究人员没有经费外出考察，只能坐在办公室看书学习，或者整理加工先前搜集的资料。

不知道应该做些什么研究工作，去问黄国璋所长。他建议研究长江的航运问题，并嘱看一本法文书。只学过一点法文，花了很大的力气读该法文书。

虽然条件比较差，但学习空气仍然很浓厚，每个人都在认真地工作，主要是整理前几年的野外考察报告。休息的时候，去田间散步，或是玩桥牌、打羽毛球。星期天就乘公共汽车到北碚街上玩，或是到北碚温泉游泳。

看到了 R. 哈特向的《地理学的性质》。书中认为，地理学的焦点是区域差异。地理学的任务，就是对已发现的世界的区域差异的事实作出解释。把它当作一本经典读物仔细看，并做了笔记。

8 月，抗战胜利。

浙大准备搬回杭州。留校的同学陈述彭写信告知史地研究所准备编撰《遵义新志》，要用毕业论文《遵义南部地形》，并告之《遵义新志》还缺少综合性的文章。国内国际的地理学者都很重视区域研究，于是自告奋勇，撰写遵义区域地理这一章节，以便把在浙大野外调查时所认识的自然与人文现象结合在一起。从《新华日报》看到毛泽东的《新民主主义论》《论联合政府》，完全赞成共产党的政治主张。

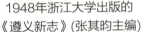

1948年浙江大学出版的　　　1945年重庆北碚蔡家湾中国地理研究所大门口
《遵义新志》(张其昀主编)　　左起：钟功甫、黄秉成、谢觉民、施雅风、陈泗桥

经浙大老师涂长望先生介绍，与吕东明一起参加中国科学工作者协会。

年底，黄国璋所长辞职到复原后的北平师范学院任地理系主任，李承三先生任代所长。

东明寒假来重庆，陪他去沙坪坝中央大学看沈容，还陪他到红岩村十八集团军办事处和《新华日报》编辑部去看他的朋友。

● 1946 年

年初，经东明介绍，认识了《新华日报》社的记者李普。和李普长谈了一次，和他讲了想去解放区的想法。他说："去解放区固然是革命工作，在国统区也有很多工作要做，你所在的科技界就是薄弱环节，应该留下来在科技界的民主进步运动中起点作用。"接受了他的意见。

1月，《科学时代》在重庆创刊，呼吁科技工作者要为社会进步、推动社会改革，为建设一个和平、民主、独立的新中国贡献力量。完全赞同，写了一篇的短文，由黄宗甄社长介绍到《新华日报》发表。

2月，为了给计划中的岷江水电站提供成都平原灌溉区的社会经济情况，黄秉维先生组织川西水力经济调查。先考察了成都平原，又考察了灌县至汶川县峡谷段的自然和经济情况，因为要在那里建个电站。参加调查的有杨利普、黄秉成、毛汉礼和施雅风四个人。

2月中旬至5月中旬，在野外工作了三个月。随后的半个多月，还单独南下考察。到了五通桥盐场，上了峨眉山，经过宜宾、泸州回到重庆。

回到重庆后，开始分头写报告，负责写成都平原的灌溉部分。得知为了资源委员会水力发电工程处工作的需要，黄先生正在组织第二项调查，即三峡大坝水库区淹没损失调查。他指定黄秉成、蔡钟瑞、吕东明、钟功甫和施雅风五人参加，要求6月份就开始工作。

因为要写报告，请求稍晚一个月参加工作。虽然得到了允许，但整理川西考察资料的时间仍然太短。只写了一篇初步整理的《川西地理考察记》材料稿上交地理所。整个川西考察报告以杨利普为主，合作撰写了《成都平原之土地利用》《岷江峡谷之土地利用》两篇文章，发表在1948年的《地理学报》上。

中国地理所准备东迁南京。

1946年北碚中山路23号，中国地理研究所旧址

1946年夏天，重庆北碚
左起：施雅风、黄秉成、蔡钟瑞、钟功甫、
陈泗桥、吕东明

7月至12月，投入到川东鄂西三峡水库区的经济调查工作，调查项目包括三峡地区的航运、灌溉、库区淹没、人口迁移、肥料制造、库区测量等问题。一起工作的还有蔡钟瑞、吕东明、钟功甫、黄秉成等人。

出发前，和黄秉维先生详细讨论了调查要求和调查方法。黄先生要求在200m高坝淹没范围内，分段调查各种土地、人口、房屋的数量，以及工商业、交通道路的损失，并估算这些损失的大致价值。沿途访问，对沿江可能淹没地区的长江干、支流步行测算，在五万分之一的军用地图上，用彩色笔标注水田、旱地、菜地、杂林、果林、草地等内容。

9月，和黄秉成、钟功甫同行离开重庆，带了简单的行李，还有高度表、罗盘、地质锤等工具，与已先去水库尾端合江至重庆之间调查的蔡钟瑞、吕东明会合，顺江东下。

先到长寿龙溪河小水电站，找到水力发电处总工程师张光斗先生汇报。他除了提出一些具体要求外，还亲自带着参观了这个中国人自己设计、施工的小水电站情况，增长了水电知识。

每到一处位于库区内的乡村，逐户统计房屋数量，约请乡、保长和其他了解情况比较多的人开座谈会，询问农村经济、租佃制度等情况。与城市调查相比要复杂一些。房屋是依靠政府管理部门的统计数据，对各县市的农、工、商、交通情况尽量搜集可以得到的文字资料，估算水库淹没损失。野外考察全靠步行，每天要走四五十里路，边走、边观察、边访问。为了工作方便，考察队还雇了两个挑夫。出发的时候正是夏天，骄阳似火。白天大汗淋漓，衣服湿透后又干了，干了又湿。一天步行很累，晚上又有蚊虫叮咬，睡不好觉。

一路考察，一路议论着中国的政治问题，东明的观点给了很大的启发。走到湖北兴山县时，那里已经离共产党的游击区很近了，开始对去那里有些担心，怕发生误会。经东明解释："解放军是讲道理的，把情况说清楚，他们是不会阻碍工作的"。这样就放心地去了。

路过湖北秭归县新滩东面，龙马溪口西面，长江北岸的一个叫鹞子的地方。那里有一处砾岩，依附在一个阶地的边缘。在大学时读过李四光先生的文章《长江峡东地质及峡之历史》，他认为那里的砾岩是由于当年这一段长江是从东向西流，和今天的流向相反，所以把东面的岩层所产生的岩砾带到西面沉积了。虽然那里的砾岩分布并不广泛，对它成因问题的探讨，引出了古代长江是否反流问题的争论。在那里考察以后，认为砾岩中的变质砾石来源于香溪支流，这个支流伸入鹞子岭以东黄陵庙背斜层变质岩区，是三峡形成以后的第四纪沉积，而不是李先生设想的第三纪初期长江上游反向西流时的堆积。之后，撰写《三峡区鹞子砾岩成因的探讨》一文，于 1948 年在《地理》杂志发表。

12 月，到宜昌，改乘船去南京。

12 月 31 日终于到达南京。在野外工作的半年，行程五千多里，调查了土地、房屋、农工商可能因修筑三峡大坝而遭受的淹没损失，填绘了沿江土地利用图。按照规划，还做了比较详细的分类分区调查。可惜没有照相机，到南京后，一起在三峡地区考察的几个同事在照相馆里照了一张合影。

1947年初，三峡考察队员在南京合影
前排左起：黄秉成、蔡钟瑞、施雅风；后排左起：吕东明、钟功甫

● 1947 年

年初，到南京苏州路 1 号中国地理研究所临时租赁的办公地址报到，才知道李承三先生已经到中央研究院地质研究所工作，由林超先生担任地理所所长。这时朱家骅担任了教育部长，地理所的经费也改由教育部拨给。

得知科学时代社发起人之一，在水利实验处工作的陈志德已和上海的科学时代总社联系，在南京开展了一些活动，立即串联朋友加入并商量正式成立南京分社，推陈志德为首，活动内容由陈志德、吕东明、张长高和施雅风四人商量决定。科学时代社没有公开登记，活动是不合法的。

春，用了近四个月的时间，对水库淹没损失作了比较详细的分类和分区统计。通过调查发现，三峡水库直接淹没损失以土地为最大，占损失总值的一半以上；其次是房屋损失。共同编写了《川东鄂西三峡水库经济调查报告》。报告大约五万字，并且附有大量统计表。因为人手不够，还专门请了一个临时工抄写。报告复写了三份，全部交给了黄秉维先生。黄先生为这份调查报告写了序言，并把报告交给了委托单位——水力发电工程处。

内战爆发了，南京的经济情况日趋恶化。国民政府批准暂停三峡工程国内外的一切工作。提交的报告原来保存在资源委员会全国水力发电工程处。

根据这次野外考察收集的资料，撰写了《关于三峡工程的评论》。科学时代社每两周搞一次不公开但也不秘密的学习座谈会，学习和讨论当时的时事政治。

春夏之交，涂长望、梁希、潘菽（代表科协）和吕东明、陈志德、张长高、施雅风（代表科学时代社南京分社）在梁希教授家商议，决定促成科学时代社南京分社成员全部参加科协，以取得合法活动机会。经动员，南京科学时代社 30 多人参加科协。

夏，内战规模越打越大，通货膨胀非常快，人民生活极其艰苦。每月领到工资以后，赶紧去黑市兑换银元储存，一个月的工资可以兑换 10 ～ 11 个银元。从对国民党的不满，转到接受共产党的新民主主义主张。

7 月 20 日，科协南京分会成立，选举梁希为会长，许杰为副会长。干铎（中大森林系教授）、龙叔修（中大教育系讲师）、钟兆琥（资源委员会电业处）、张楚宝（中央林业实验所）、冯秀藻（中央气象局）、顾知微（中央地质调查所）、龚鸿麒（水力发电工

1947年南京苏州路，施雅风在中国地理研究所

程处）、张长高（南京水利实验处）和施雅风当选为干事。参加科学时代社和科学工作者协会工作后，政治热情高涨，渴望着直接在共产党的领导下活动。

向东明和几位比较信赖的朋友表达了入党的愿望。和东明结交时间比较长，在他那里学习党章，递交了自传，表明愿意为实现党的纲领，执行党的决定，不怕牺牲，艰苦奋斗。东明严肃地说："在科学时代社和科学工作者协会的活动虽然对革命有利，但还只是革命的同情者。如果你的申请得到党的批准，你就是一个职业革命家了，要一切服从党安排，赴汤蹈火，在所不辞，你能做到吗？" 施雅风表示："能做到！"

地理所经费仍然十分困难，没有一点调查费用，没有一个像样课题，每个人自己选择一些收集资料编写性质的工作做做。收集、补充三峡地区的很多历史资料，并尝试着用唯物史观去研究历史发展的区域变化。

8月，中国地理学会和其他几个学会在上海联合召开年会，参加了这次会议，并在会上宣读了论文。来往的路费都是自己掏的，在上海也是借住在朋友处，不能报销。

秋，陈志德经过党组织的同意去美国留学，施雅风被推选为南京分社负责人。主要任务就是为《科学时代》杂志写稿、发行和募集出版经费。一次上海编辑部寄来一份急函，需要一张苏联著名科学家季米里亚捷夫的照片做杂志的封面用，在苏联新闻处办事人员的热情帮助下，找到了照片。

10月，东明通知："党组织已批准你入党，候补期为半年。"因为形势严峻，所以就免去了向党旗宣誓等入党仪式。入党后吕告知是在党的情报系统工作，任务是搜集与军事有关的国民党内部情报。

在东明的具体策划和指导下，从科学时代社的进步青年中挑选一批人，联系的第一批有：孙宗裳（下关车站）、吴士宣（下关电厂）、何惧（国防部兵工署应用化学所）、邹树民（国防部史政局）、耿一民（中国银行）等；以后又增加张叶明（国防部雷达所）、冯秀藻、束家鑫（中央气象局）、顾知微（中央地质调查所）等；听到共产党需要他们提供所了解的内部情况，都愉快地接受了。

形势险恶，科学时代座谈会停止。

● 1948 年

年初，地理所从苏州路迁到山西路78号，在中英庚款董事会旁边的一栋楼房内，办公条件远比苏州路好，房间宽敞多了。办公楼后加盖了简易平房，单身职员就住在那里。

南京山西路中英庚款董事会旧址

通过对川西和三峡区的两次野外调查，深入农村实际，真切体会到封建制度下地主对农民的残酷剥削和国民党统治的专制腐败。学习了恩格斯的《自然辩证法》、毛泽东的《实践论》和《矛盾论》，"实践、认识，再实践、再认识，循环往复以至无穷""研究问题忌带主观性、片面性和表面性"等名言对思想有重大影响。撰写了《川东鄂西区域发展史》一文。一般地理学在解释社会现象时，强调自然地理环境的作用。但是地理环境的影响并不是决定性的，因为社会的变更和发展要比地理环境的变更和发展快得多。提出"社会发展的循环性，只能从社会内部关系中去搜求。"。

春，因从事地下情报工作，科学时代社改推吴磊伯为南京分社的负责人。

东明调上海工作，更换第二位地下党领导人王荣元，接头的暗号"刘树百介绍我来看望你"。约每周会面一次，每月交党费银元 1 元。他作风缜密、爱护同志。一次以看电影的名义在杨公井电影院门口见面，实际上并没有进电影院，只是沿街漫步，边走边谈。谈话结束后，他又将那场电影情节讲述一遍，以便被别人问及电影内容可应变回答。

参与组织科技工作者协会公开演讲，梁希老先生讲《科学与政治》，预先通知南京市各方面的科技工作者参加。梁先生德高望重，整个礼堂座无虚席。他在演讲中大声疾呼："科学离不开政治，科学好比植物，政治好比土壤，植物得土壤才生长，科学得政治之力才发扬。"借此说明科学工作者必须为建设好的民主的政治局面而贡献力量，梁先生讲话获得热烈的掌声。

经涂长望联系，在《新民报》上开设《科学》副刊。副刊的编辑部设在大石桥附近的伍学勤家中，每周三晚上集中讨论一次。在这个副刊上，以笔名"蒲良"发表过一些文章，如《达尔文的进化论的时代基础》《科学、技术、工业三界的团结与合作》《科学与青年》《战后英国科学研究费用大增》《过阴历年怀阳历法》等。

在《地理》杂志发表《三峡区鹞子砾岩成因的探讨》，提出了与李四光先生学术观点不同的解释。

在中国银行任文书科长的耿一民急急来找，他在银行电台截获了一份银行董事长宋子文发给蒋介石的密电，要迅速将密封电文交给党组织。上交以后不久，组织上传话："电文已转党中央，得到党中央的表扬，耿一民处已另派同志直接联系。"

夏，《新民报》因为多次发表不利于国民党的文章被查封，《科学》副刊因此停刊。

端午节，经大学同学沈文彩介绍与沈健及沈家人见面，沈健 22 岁，思想单纯，在蚌埠淮河复堤工程局任会计，彼此印象很好，开始通信。

1948年南京沈健全家合影
前排左起：母亲黄志澄、父亲沈观可；后排左一沈健

搜集到下关车站的军车过往数量和开赴地点、国防部内的人事变动和派系矛盾、下关电厂内人事、设备、发电等情况；国防部兵工署应用化学所的何惧，把自己一台灵敏度较高的收音机交给了党组织，供收听、记录解放军电台用。

在搜集情报的同时，把所了解的解放战争进展情况、国内政治斗争形势讲给提供情报的同志们。在组织许可的范围内，带一些用薄纸小字复写或者油印党的文件供学习。其中有 1947 年底毛泽东发表的《目前的形势和我们的任务》《中国人民解放军宣言》等。

秋，王荣元去解放区，领导人更换为尚渊如同志。当时国民党有可能要大规模搜捕革命人员，为此进行了气节和保密教育。

从国防部史政局工作的邹树民那里，和在国防部二厅工作的竺可桢的长子竺津那里搞到两套同一内容的丛书，里面翻印了共产党的《整风文献》《论联合政府》

《论党》和对解放区情况的报道等。见到这些来自延安解放区的红色文献，大家喜出望外。

沈健有强烈的追求进步思想，比较合拍。知她回宁，必约她看电影或游景点，由熟悉走向恋爱。深秋，在玄武湖游览中定情相爱。经组织批准，可以相爱结婚。未告知自己共产党员身份，恐牵累家属，决定等国民党政府垮台后再结婚。

冬，参加中国科协的一个座谈会，编辑《科学工作者》会刊的朱传钧问是否能搞到一些长江水文资料的图件，供"那边"应用。心照不宣，从地理所和成熙哥所在的行政院水利委员会，搞到了一批有关长江水流量、流速、航道的资料交给了朱，后来才知道朱属于二野情报系统。

为应付双方家长，与沈健登报订婚，沈送一只手表作为纪念。

● 1949 年

年初，淮海战役结束，大局已定，"走"还是"留"，成为科教界许多人面临的选择。施雅风在南京组织了"地学工作者联谊会"，人员是中央地质调查所，中央研究院地质研究所，资源委员会矿产测勘处，中国地理研究所，中央气象局，中央大学地理系、地质系、气象系的教授、研究员和青年科技人员。在一起开过两三次会，讨论了去留的利弊。发言的人多数认为留为上策，明确了应该采取的各种措施，联谊会上还介绍了解放区的情况和共产党的政策，对于稳定人心起了相当大的作用。

2月，介绍何惧入党。去杭州看望在合作金库工作的沈健，并一同看望叶良辅先生。嘱沈健把账本、存款等保存好。还看望了浙大的系主任张其昀先生。

留与走的分化基本上明确，准备留南京坚持的人员组织起来，主要任务是团结所有在南京的职工，保护设备财产，继续向国民党政府索要生活费、维持费，购置粮食和其他生活用品，作长期坚持的打算。

地理所林超所长是广东人，准备迁所广州。周立三先生决定留下来，一致推选周先生为领头人。要求留下相当的图书、资料和设备，成立南京工作站。组织"应变"，商议：①周先生负责向教育部留守处争取早发工资和其他应得费用；②郭传吉购买粮食，防备解放军围城以后断粮；③施雅风负责沟通情况信息，通过收听邯郸等地电台广播，了解战事动向；④每天办公室碰头商定突发事件处理办法。

4月，尚渊如传达，军警特务有可能在撤退前进行大搜捕，紧急通知所有联系的同志，销毁或藏妥有关革命的资料文件，提高警惕。

　　为让解放军顺利渡江，中央气象局的冯秀藻每 3 天提供一次有关长江上的天气和风向、风力的预报，连续 3 个月没有间断。地下党情报部门要设法搞到一套南京附近地区大比例尺地形图供解放军过江使用，中央地质调查所收藏的地图比较全，找到在那里工作的顾知微，他冒着被发现的危险，悄悄地借出地图，自备药水，蓝晒了好几十张，等着地下党领导的通知。哪知道解放军渡江进展迅速，国民党不战而退。

　　4 月 23 日晚，解放军从浦口渡江进城，24 日早晨到鼓楼中山北路一看，大街上很多解放军战士抱枪席地而坐。他们秋毫无犯、绝不扰民的情况，和前天国民党军队撤退时强拉民夫运物的狼狈相形成鲜明的对比。南京解放。

　　4 月 28 日解放军南京市军事管制委员会成立，刘伯承任主任，宋任穷任副主任。

1950～1953年在中国科学院地理研究所（南京与北京）任所务秘书。参与发起与筹备出版《地理知识》活动，南大地理系主任李旭旦任主编，施雅风写发刊词，第一期费用由大家捐款筹集。《地理知识》出版发行后，迅即得到地理学界的欢迎和好评。1953年1月北京召开的中国地理学会第一届会员代表大会，选出竺可桢、徐特立、孙敬之、周立三、周廷儒、李旭旦、施雅风等17人为理事，竺可桢为理事长，孙敬之为书记，侯仁之为《地理学报》总编辑，施雅风为副总编辑，李旭旦为《地理知识》总编辑。同年3月，从南京调至北京，从事中华地理志和中国地形区划研究。升职地理所副研究员。撰写了"大别山区一剖面""青海湖及其附近地区自然地理（着重地貌）的初步考察"等论文。与周廷儒、陈述彭合作的《中国地形区划草案》，在五大地形基础上，首次将山地分为高山与中山两类，确定中山海拔在500～3000m间，以流水侵蚀为主，一级地形区分出东部区、蒙新区和青藏区；该文作为一章编入罗开富主编的《中国自然区划草案》（科学出版社，1956年）中，后在苏联翻译成俄文出版。

1954～1959年兼任生物学地学部副学术秘书，参与地学方面学术组织工作。1955年2月与孙敬之一起参加苏联地理学会第二次代表大会，1956年参加全国第一次科学技术长远规划编制工作，任地学组秘书。在57项任务中主要参与撰写第一项中国自然区划与经济区划和地理学科规划。在此期间，做了大量的组织工作，为今后多学科团队共同合作的组织协调能力打下了基础。

为地貌区划研究要求区分出冰川作用范围，1957年6月参加祁连山西段地质考察队，攀登至海拔4500m高度的冰川边缘。北坡有冰川水源充足，南坡没有冰川，考察队连做饭的水都找不到；南北坡的强烈对比引发进一步研究冰川水源的愿望，回京后书面报告中国科学院得到竺可桢副院长及秘书长裴丽生同意，批准成立专门冰川考察队，聘请苏联专家指导，并责成施组织这个考察队。

● 1949 年春

5 月 1 日晚上，参加了解放军和南京地下党员的会师大会，有 3000 多人参加。在那里看到了很多原来认识，但过去又不便问明的地下共产党员，大家欢聚一堂，有说不出的高兴。大会上，刘伯承、邓小平、陈毅、宋任穷等领导同志讲了话，最后地下党市委书记陈修良和同志们公开见面了。

5 月，军管会的文教接管委员会派出军代表和联络员到各单位宣布接管，对旧中央文教科研单位，除了中央大学改称南京大学，指定负责人外，维持解放前留在南京的人员组织状况，宣布人员一律留用，发给生活费用，等待北京中央的指示。

6 月，中共中央正式决定由陆定一负责筹建中国科学院，恽子强、丁瓒协助。

7 月，作为组织干事，扩大科学工作者协会南京分会，组织成立科协地理组，筹备面向地理工作者，兼备知识性和普及教育的刊物。模仿《世界知识》刊物，提议该刊名称《地理知识》，得到大家认可。推选南京大学地理系主任李旭旦教授为主编。费用由大家捐款筹集，以科协地理组名义向军管会申请批准、登记。

党组织关系暂放在南京市委中教支部，在六中学习。

原中国地理研究所人数较少，教育出版系统计划接收中国地理所。希望中国地理所能够划归科学院领导，推举周立三先生为首，联合在南京的一批地理学者 15 人（周立三、刘恩兰、徐近之、李旭旦、任美锷、李海晨、朱炳海、宋铭奎、杨纫章、楼桐茂、施雅风、程潞、吴传钧、赵松乔、高泳源等），联名给竺可桢先生写信强调了地理研究的重要性。竺先生非常支持在科学院建立地理学研究机构。

在周立三主持下讨论确定地理所近期工作：①积极参加南京市人民政府组织的城乡经济关系调查；②充实修改新中国成立前已基本成型的几篇研究论文。专门向军管会申请了一笔不大的出版经费，吴传钧主要负责，编辑出版了《地理》杂志六卷二、三、四合期。《川东鄂西区域发展史》在《地理》杂志发表。

9 月，叶良辅先生逝世，施雅风撰《悼叶良辅先生》一文（后发表于《地质论评》杂志 1949 年 14 期）。

10 月 19 日，中央人民政府委员会命郭沫若为第一任中国科学院院长，陈伯达、李四光、陶孟和、竺可桢为副院长。

11 月 1 日，中国科学院正式成立。

1949～1950年的施雅风

11 月 17 日，竺副院长亲自到南京中国地理所了解情况，并决定建立中国科学院地理所筹备委员会。

12 月，党员身份公开。在南京的科学院系统、图书馆、博物院、地质调查所的党员成立起一个支部，被任命为党支部书记。组织同事们学习共产党中央的各项文件政策和毛泽东主席的著作，学习为人民服务的精神，扬弃旧社会的旧思想。

● 1950 年

1 月 1 日，《地理知识》创刊号出版，撰写发刊词，刊出 6 篇短文和若干讯息，自筹"折实"，印 600 份。上海亚光舆地学社主动表示要出资承印，扩大发行，解决了《地理知识》长期出版之大问题。

2 月 20 日，农历年初二，与沈健结婚。两家人合在一起吃了顿饭，然后雇三轮车接沈健回家。南京的好友前来贺喜，请他们签名留念。凌巧东明携爱人匡介人由上海来南京旅行结婚，家里空房正好用上。两家好友，欢天喜地。

4 月 6 日，中国科学院办公厅副主任恽子强，秘书处长黄宗甄等人到南京接收原中央研究院的各个单位，也同时接收了中国地理研究所。

4 月 23 日地理所迁到北京东路九华山大院，在已经空出的原中央研究院数学研究所小楼办公。

1950年1月1日，《地理知识》发刊词

1950年2月，施雅风和沈健结婚照

5 月，科学院宣布成立地理研究所筹备处，任命竺可桢副院长为筹备处主任，副主任由当时在上海华东工业部的黄秉维先生兼任。

1950年南京九华山下中国科学院地理研究所筹备处办公楼旧址

每月要到主编李旭旦先生家里开 1 ～ 2 次编委会，分头突击撰稿，以满足《地理知识》定期准时刊出的需要。第三期起外来投稿增多。

接到中共中央办公厅来信赞扬《地理知识》，索要已出版的各期。后来得知是时任中央宣传部副部长徐特立同志意见，他说《地理知识》显示了中国地理学界热忱要求进步、改革的愿望。

6 月中下旬，地理所筹委会在北京举行第一次会议。因所筹备处主任和副主任都不能经常在南京，周立三先生具体领导，所内分为普通地理、制图、大地测量三个组，普通地理组由周立三主持；大地测量组由方俊主持，制图组由曾世英主持。地理组工作主要为南京附近土地利用调查（已由吴传钧等开始工作）、黄泛区地理调查（由徐近之等主持）。竺先生提出为查清黄河泥沙的主要来源，应开展黄河山西、陕西间土壤侵蚀的调查，拟定由罗开富等主持。接着铁道部向科学院提出了 9 条规划中铁路带有工程地质和经济调查性质的勘测任务，每线 2 人，要求地理所派出 18 人参加。制图组任务则定为编制中国百万分之一的地形图。

施雅风被任命为所务秘书。因没有行政人员，什么事情都管，包括：管理所里的行政后勤工作；协助周立三先生处理科研业务工作；参加科学院南京地区党支部的各种活动，常常工作到深夜。

9 月，竺副院长到南京开第二次筹委会，听取已经开展和准备开展的工作汇报。竺先生将他收藏的《百衲本二十四史》一共 860 本送给地理所。以后他又决定把上海王氏所藏两千多种方志共两万多册全部买来，放在了地理所。

11 月，半脱产去党校学习社会发展史两个月，一个星期学习三个半天。

冬，按院部指示，主持开展"忠诚老实"运动。

⊙ 1951 年

春，竺副院长在北京主持召开了地理研究所筹委会的第三次会议，推荐地理学家黄秉维出任所长。

中国科学院地理研究所在南京正式成立，有人员 40 多名，黄秉维任地理研究所副所长、代所长，周立三任副所长。

6 月，大女儿建生在南京出生。

11 月中旬，竺副院长再次到南京，检查本年度各研究项目的进展与初步成果。

冬，继续"忠诚老实"运动。向党交代清楚个人的政治历史情况以及和国外的关系。以对党完全信任的态度，毫无保留地讲清楚了自己政治上参加过什么组织，有过什么差错。并带头在会上坦率陈述，给大家树立了榜样。整个学习在所内进行得比较顺利。

⊙ 1952 年

春，《地理知识》的版面扩大为 30 多面 8 万多字，迫切需要专职编辑人员，商调程鸿到地理所。

参加"思想改造"运动和"三反""五反"运动，为地理所、物理所九华山区负责人。

7 月，程鸿接替地理所所务秘书和《地理知识》编辑。

7 月 23 日，地理所召开科技人员座谈会，讨论黄河、铁路、汉水、地图、测绘等方面的工作计划。

7 月 25 日，接院部令到北京。

7 月 27 日，竺副院长介绍苏联科学院地理所副所长沙伊奇柯夫将来华工作，准备合作编《中华地理志》。需给予协助。要做几个工作：①帮助翻译；②提供资料；③准备座谈会；④陪同参观。

沙伊奇柯夫带来了苏联科学院院长涅斯米扬诺夫给科学院院长郭沫若的信，建议苏联科学院和中国科学院合作编撰《中华地理志》。

8 月初，院长会议讨论同意开展这项工作。

8 月 15 日，与孙敬之讨论《中华地理志》编写。

8月17日，讨论地理志提纲（竺可桢、孙敬之、周立三、施雅风等），后经竺可桢副院长同施雅风、周立三商讨了初步计划并向郭院长汇报后，请示文委及政务院。

8月20日起至11月，陪同沙伊奇柯夫在北戴河、天津、济南、南京、上海、杭州、绍兴等地，陆续考察了近三个月。根据沙伊奇柯夫与地理学者座谈时所发表的意见，综合整理而成《沙伊奇柯夫论地理学上的几个基本问题》一文，此文先后发表在《地理学报》（1953年第1期）和《科学通报》（1953年第2期）上。

筹备原中国地学会、中国地理学会两会合一后的中国地理学会相关事务。

9月18日，处理中国地理学会的急办事务：①申请入会和会员标准的宽严问题，明确个人会员和团体会员（各地理系及地理机构），永久会员已取消，应明文通知或在代表大会上商量决定；②以往靠中华全国自然科学专门学会联合会补助账目的报销和交接；③预算；会务通知；新会员录；总会工作人员补助经费；代表大会筹备经费及其他费用。9月26日，参加院党组扩大会议，听取院党组副书记丁瓒同志报告。

10月，参加竺副院长主持的地理学会第一次代表大会筹备会议第一次会议，会议决定由孙敬之、周立三和施雅风具体负责会议的筹备工作。通知各地区选出参加会议代表，报经中华全国自然科学专门学会联合会批准。

《中华地理志》编写计划得到政务院文化教育委员会的批准后，竺副院长召集了近20位院内外地理学家参加座谈会，拟出中苏合作编撰《中华地理志》的方案。

11月，中华地理志编写计划由院长会议讨论通过。会议决定由竺副院长担任总编辑，自然地理与经济地理两册分别由罗开富和孙敬之主编，施雅风作为秘书负责业务组织工作，并主要负责地形部分的编写任务。预计两册篇幅共100万字，在3年内完成。会后随即着手调配干部、落实协作和拟定具体实施步骤。

12月，召开地理学会第一次代表大会筹备会议第二次会议。

1952年，沈健，南京玄武湖

1953年，施雅风，北京

● 1953 年

1月，中国地理学会第一次代表大会召开，到会的代表有30多人，连同来宾和列席的会员超过了50人。这是新中国成立后地理学界举行的第一次全国代表大会，主要议题是地理学如何为国家经济建设服务、讨论中华地理志编写大纲和选举地理学会的理事会。大会选出竺可桢、徐特立、孙敬之、侯仁之、周立三、周廷儒、任美锷、李旭旦、李春芬、陈尔寿、王德基、施雅风、丁锡祉等17人为地理学会理事，推选竺可桢为理事长，孙敬之为书记，侯仁之任《地理学报》总编辑，施雅风为副总编辑，李旭旦任《地理知识》总编辑。

中国科学院地理研究所在南京正式成立，有人员40多名。

成立《中华地理志》编辑部，并以编辑部为主体设立了地理所北京工作站。工作站最初设在东四附近干面胡同的一所房子内办公。

3月，从南京正式调至北京，从事《中华地理志》和中国地形区划研究。妻子沈健同时调北京中科院院部，分配在计划局生物组做服务工作。住地安门附近一处25m²的三间小房内。

从地理所抽调罗开富、张荣祖等来京；并在竺可桢主持下召开四天的区划讨论会，参加者有气候、生物、地形、水文、土壤各专业的编写负责人张宝堃、吴征镒、郑作新、施雅风、陈述彭、罗开富、文振旺等。会议决定一方面分头收集整理全国性资料；另一方面首先从区域入手，先编写华北区。

升职地理所副研究员。

为《中华地理志》编写作地形区划考察，地形小组由周廷儒、陈述彭和施雅风三人组成。考察目的：补充材料，对证材料，丰富知识；方法：短时间内较大区域，火车、汽车和步行；重点考察资料缺乏的大别山区和湘西地区。周廷儒先生受学校课程制约，前半段考察由施、陈二人进行。

8月3～8日，与陈述彭南下，由北京—济南—潍县（潍坊）—青岛—济南—蚌埠，考察华北平原、胶济线、津浦沿线各地景观、地形高度、山、丘、谷、沟、平原各类地形变化及组合及土地利用情况。

8月9～26日，蚌埠—合肥—巢县—佛子岭—霍邱—大别山界岭—汉山—罗田—武汉，与陈述彭二人花费8天步行穿越大别山，对大别山的地形特征、土地利用、土壤侵蚀的危害性有极其深刻的印象。考察前认为大别山是秦岭延长过来的江淮分水岭，必是崇山峻岭，而实际穿越地带，山地高度虽达1000m，谷地高度200～400m。若干东北—西南走向谷道横截山地，作为长江与淮河的分水岭高度低于500m。岭北淮河支流的河道切割较缓，而岭南的长江支流切割较深，土壤侵蚀、植被破坏程度远强于北坡。施撰文、陈绘图，撰写了《大别山区一剖面（自安徽霍山至湖北罗田的路线考察资料）》的论文，此文发表在《地理学报》（1954 年第 2 期）上。

8 月 27 ～ 29 日，武汉，去中南地质局调查中南矿产资源，会合周廷儒。

8 月 30 日至 9 月 2 日，武昌—长沙—常德—桃源—沅陵。从常德到沅陵，经历了冲积平原、红土浅丘平原、第三纪（古近纪和新近纪）红岩丘陵、山地等各种不同地形景观。

9 月 3 ～ 4 日，沅陵。与沅陵第一中学老师座谈，并去沅陵水文站调查沅江水文情况。沅陵位于湖南省西北部，沅水中游，处武陵山东南麓与雪峰山东北尾端交汇处，境内山峦重叠，溪河纵横，地形复杂。属黔阳，曾是湘西地区的政治、经济、文化中心。湘西过去号称十万土匪，虽经清匪反霸，土匪仍有出现。晚上找一小店睡下，被解放军和公安战士叫起，拿出中国科学院的介绍信，被误认为是"中国科"—学院的间谍，第二天经院里电报证实，当即道歉放人，设宴压惊，并安排住军区招待所。

9 月 4 ～ 17 日，沅陵—怀化—芷江—黔阳—洪江—邵阳—新化—长沙。

9 月 23 ～ 30 日，桂林—南宁—凭祥—南宁—钦州—北海。着重考察喀斯特岩溶地形，协助陈述彭测量绘制桂林七星岩喀斯特洞穴地形图。

大别山北坡淠河支流上的五柱峡，深切
于黑色石英岩中（自峡外向南望）

佛子岭附近地形图(陈述彭绘制)

1953年大别山佛子岭附近
考察野外笔记

10 月 3 ～ 20 日，北海—合浦—湛江—江门—广州—株洲—北京。

近 3 个月野外考察收获：①对华中南区由抽象模糊到具体，如桂林峰林地貌；对红岩、海滨台地有了了解。②补充了一批编写材料，如大别山，湘西。③发现了一些问题供未来深入研究，如沅江流域。纠正过去只是依据地质报告与西南地区的狭隘经验，以代替各地实际地形考察的片面性。缺点：准备不够。

《中华地理志》编辑部根据院部要求迁入中关村，成为中国科学院在中关村的第一批研究机构。

● 1954 年

2 月 15 ～ 20 日，与《中华地理志》编写组成员（参加人：李文彦、孙磐寿、罗开富、邓静中、曹婉如、胡序威、李涛、方文、李慕真、丘宝剑、罗来兴等）一起学习苏联地理学理论，讨论我国地理学研究的有利条件和不利条件，自然地理与经济地理的联系，及地理学方法论。

2 月 21 日，听教育部副部长董纯才报告讲中华教育方针与政治思想教育。

2 月 26 日，去北大地理系做报告：《学习苏联地理学考察途径的一些体会》。

3 月 6 日，参加黄土地形调查座谈会，出席者：地理所、北京大学、植物所、古生物所、北京师范大学等 15 人。黄秉维、罗来兴报告，讨论 1954 年黄土调查计划。

3 月 18 日，中华地理志经济地理组会，孙敬之报告。

3 月 24 日，黄秉维先生总结报告及汉水工作讨论。二女儿建平在北京出生。

3 月 30 日，列席编译局各学报联席会议，听杨局长报告，讨论地理学报一年来的工作和改进。

4 月，准备地形分区方案及黄土高原草稿。

5 月，《地理知识》的第五卷第五期，被定为宣传新中国工业地理发展的专辑。施雅风临时代理地理学会书记（秘书长），并不了解保密规定和界限。看了稿件后，认为绝大部分资料是报刊上发表过的，且通过邮局发行不能延误，没有进一步请示就决定印刷出版了。被国家计委发现，紧急通知要求将发出的刊物全部追回。这时得知已经有少量刊物流入外国驻华使馆，由此被认为是泄密事件。与很多人一起一份一份报纸去翻阅，查找文章中可能涉及的秘密资料的来源，结果发现除一两处外，绝大多数资料都出自报刊中公布过的资料。但是国家计委有关领导认为："虽然个别内容不算泄密，但经过综合整理，全面暴露，仍为泄密。"按照规定，因此事件，科学院党组给予施雅风党内严重警告，主要编辑和有历史问题的撰稿者蒙受更严重的打击。此后有相当长的一段时间，没有人敢写，也没有地方发表反映新中国工业地理的文章。中央宣传部科学处发过一个内部通知：要求吸取《地理知识》泄密事件的教训，鼓励地理学者多从事农业地理的研究，少涉及工业地理的问题。

6 月，中国科学院组建学术秘书处并筹备建立物理学数学化学部、生物学地学部、技术科学部和哲学社会科学部。

院学术秘书处调施雅风兼任学术秘书筹备学部工作，主管具体工作的学术秘书处副秘书长武衡约施谈话，约定每周在院部工作四天，地理所工作两天。为了多点研究时间，将在中关村所内时间安排在周六、周日和周一连续 3 天。实际上院里周六周一经常开会，一个电话打来必须参加。

在学术秘书处主要处理地学方面的杂务，对于重要学术活动，担任联络或秘书工作。如对兰州、西安地震烈度的讨论，黄河水土保持与流域规划的座谈会，协助竺副院长起草参加全国水利科学实验研讨会上的讲稿。

秋，关于自然地理分区的讨论，经丁锡祉、王德基、李孝芳、朱莲青、周廷儒、林超、罗开富、施雅风整理归纳，施雅风总结，撰写《中国自然地理分区讨论总结》。

与周廷儒、陈述彭共同提出了3个大区、29个基本区的《中国地形区划草案》。三大区为：东部湿润地形区（下分16区）、蒙新干燥地形区（下分6区）与青藏高寒地形区（下分7区）。在翁文灏提出的五大地形（平原、盆地、高原、丘陵、山地）基础上，首次将山地分为高山与中山两类，确定中山海拔在500～3000m间，以流水侵蚀为主。该文作为一章编入罗开富主编的《中国自然区划草案》（科学出版社，1956年）中，该书后在苏联翻译成俄文出版。

10月，与熊毅、侯学煜一起陪同科学院院长顾问，苏联著名土壤学家В.А.柯夫达考察河北和山东沿海地区盐碱土，了解盐碱土界线和地下水位的关系。

● 1955 年

1月29日，受院里委派，将与孙敬之一起参加苏联地理学会第二次代表大会。出国前向领导汇报出国准备并请示苏联方面一直未提及联合编《中华地理志》一事，武衡秘书长说：可请教自然区划与流域规划的问题，《中华地理志》不必谈。竺副院长谈：①注意介绍黄河情况和西藏情况；②注意用航空测量、花粉分析工作，一去就提出要参观的日程，争取参观天山工作站，参观土壤所用同位素进展。

1月31日至2月2日，北京—伊尔库茨克—莫斯科，提出希望参观的地方与请教的问题。

2月3～10日，参加苏联地理学会第二次代表大会。孙敬之作《中国地理学发展概述》。会议场面很大，有1000多人参加。国外代表20多人，主要来自中国、波兰、捷克、东德等社会主义国家。

2月11～15日，会后参观苏联科学院地理所、莫斯科大学地理系、地球物理观象台、列宁格勒的大学和研究机构等。

访苏期间，了解了苏联地理学会组织和职能、大学地理系教育情况、地理研究工作情况和地理出版情况。了解苏联地理学科体系后启发很大，苏联地理学者把地理学分为两部分，自然地理和经济地理。这两部分又各有研究一般规律的"普通地理"和研究特定地区的"区域地理"。之后撰写大会纪要，在科学通报与地理知识刊出。

春，参与起草学部成立大会上生物学地学部主任的报告。报告不仅讲了科学院内 20 个生物、地学单位的情况，而且覆盖了全国生物、地学发展研究情况，存在的缺点，指明了生物学、地学的基本任务，经过竺副院长最后定稿，在学部成立大会上宣读。

6 月 1～10 日，中国科学院学部举行成立大会，开幕式在北京饭店新楼礼堂举行，有几百人参加。周恩来总理和当时负责领导中国科学院的陈毅副总理到会讲话，郭沫若院长致开幕词，并作关于中国科学院工作的报告。吴有训副院长、竺可桢副院长、严济慈主任、潘梓年副主任分别代表物理学数学化学部、生物学地学部、技术科学部和哲学社会科学部作工作报告。竺可桢副院长在报告中提出 5 项重点工作，即石油地质勘探、重要建设区域的地震问题、自然区划和经济区划、黄河中下游水土保持与灌溉调查及华南热带资源的调查研究等。竺可桢兼任生物学地学部主任，副主任 4 人，常委 22 人。施雅风被任命为副学术秘书，参与地学方面学术组织工作。

6 月 11 日，举行生物学地学部第一次常委会（地学方面 9 人：李四光、竺可桢、尹赞勋、侯德封、许杰、杨钟健、黄汲清、涂长望和武衡），确定学科组长与重点工作负责人。

6 月 29 日，参加地理分区和《中华地理志》会议，竺副院长、侯学煜、张宝堃、罗开富、文振旺、黄秉维、郑作新等人到会。决定两个月完成分区工作，由地形、水文、气候、土壤、动植物组重新规划，地理所起草稿件，约请苏联专家参加。

7 月 2 日，参加国际地球物理年委员会第一次会议，竺副院长、陈宗器、赵九章、诸圣麟、赵忠尧、叶笃正、施雅风、朱岗昆等参加。决定参加气象、地磁、太阳物理、经纬度测定各项。

7 月初至 8 月初，接受二机部任务，要了解青海湖地震、水文、地质情况。经过青海省地方政府的协助，与陈梦熊（地质部）、李维质（水利部）、易仕明（中央气象局）考察青海湖近一个月。考察的区域主要在青海湖南岸的湖滨平原，也到了海心山和布哈河下游。除根据任务规定写出考察报告外，撰写了《青海湖及其附近地区自然地理（着重地貌）的初步考察》，阐述了青海湖的自然特征、地貌演化历史，指出青海湖湖面正在收缩变小。

8 月 29 日，向竺副院长汇报青海湖考察情况。

中国科学院学部成立大会(照片来源于网络)

青海湖地区科学考察中与勒沟争旦区长一家合影
后排右一陈梦熊，右三施雅风(照片由陈梦熊之子陈泽行提供)

8月31日，列席学部第三次常委会，讨论研究人员升级、派代表参加1956年召开的国际地质大会、国际地理大会和国际生理大会的问题。

9月4日，竺副院长约谈1956年与苏联5项合作工作如何准备事宜。请辞《地理学报》编辑获准。

9月6日，开地理学会理事会，竺副院长、孙敬之、侯仁之、陈尔寿、施雅风等到会。讨论地理学发展计划及有关大学地理教育、研究项目和会务事项。

10月26日，列席生物学地学部第五次常委会，为11月间院计划会议作准备。

11月12日，列席生物学地学部第六次常委会，讨论主任分工，通过了5个所的学术委员会，商谈1956年科学奖金的评议工作。

11月16日，列席生物学地学部学科小组长会议，讨论学科小组工作简则，对当前小组活动的要求。

11月19日，举行地球物理与地理小组会，由涂长望委员主持，到会赵九章、黄秉维、涂长望、吕炯、张宝堃、朱岗昆、顾功叙、陈宗器、施雅风等。讨论自然区划工作，决定设置气候组。

院里决定将《中华地理志》自然地理方面的工作改为自然区划，经院常务会议讨论生物学地学部提出的《中国自然区划工作进行方案》，同意组织"中国科学院自然区划工作委员会"。

12月5日，儿子施建成在北京出生。

12月6日，竺副院长约黄汲清、徐杰、施雅风谈地质古生物小组事。

12月29日，中国科学院自然区划工作委员会成立，竺可桢为主任委员，涂长望、黄秉维为副主任委员，施雅风和侯学煜被任命为学术秘书。

● 1956 年

1月，家由地安门搬至中关村2号楼两大间带厨房卫生间，生活大为改善。

1月7日，地球物理所1956年工作计划和远景规划会议。到会竺副院长、顾功叙、陈君衡、赵九章、张文佑、钱伟长、傅承义、施雅风。

1月17日，各学部主任受命向中央领导讲中国科学发展情况。与过兴先分头准备生物学、地学初稿，突击一天，后经竺副院长修改成稿。1月21日竺副院长在中南海怀仁堂向毛泽东主席等中央领导和与会代表做科学报告。

1月30日，张稼夫副院长召集讨论生物学地学部远景规划，竺副院长、范长江同志、何长工副部长、许杰、黄汲清、童第周、尹赞勋、武衡、过兴先和施雅风参加，计划分22个小组提出学科的方向中心问题，2月3日集中分6个组讨论。

1月31日，中央政府在怀仁堂召开了以新中国第一个中长期科技规划《1956～1967年科学技术发展远景规划》为主题的动员大会，会上宣布成立以范长江为组长的"十人科学规划小组"。在竺副院长领导下，生物学地学部委员和工作人员，全力投入规划工作中。

2月3日，生物学地学部在西苑大旅社召集在北京的学部委员和高级研究人员，按小组集中讨论提出研究项目或中心问题。

2月中旬，以学科为主提出了将近200个项目，院外的10多个产业部门也提出了1000多个项目。为了集中问题，同时解决国家经济建设任务对跨学科工作的要求，提出了"任务带学科"或"以任务为经，学科为纬"。

2月下旬，范长江等领导同志和各学部都集中到西郊宾馆工作，每个学部占了一栋楼。生物学地学部参与规划的科学家有100多人。在科学院担任总顾问的苏联专家拉扎连柯，始终参加规划。

3月上旬，总顾问拉扎连柯汇总各学部提出的中心问题，提出了近50项任务，没有包括基础学科发展问题，引起了部分科学家的不满。这件事汇报到周总理那儿，总理说：任务带学科，那些任务带不动的学科怎么办？所以规划又增加了一项"若干基本理论的研究"任务。后来经过讨论和征求产业部门的意见，规划的任务又有增加，最后确定为57项任务。

在57项任务中施雅风主要参与撰写第一项中国自然区划与经济区划和地理学科规划。参加了起草地理学规划说明书工作。说明书详细阐明了任务和课题的要求与措施，包括建立科研机构、培养干部和国际合作等内容。

5月，与黄秉维一起陪同苏联科学院地理所所长格拉西莫夫野外考察一天。

6月4日，西郊宾馆。竺副院长约谈，地理所应把气候、地貌两组建立起来。后参加地理组讨论学科规划，决定五个重点学科为自然地理、经济地理、地貌、气候和制图。参加人：竺副院长、侯仁之、周廷儒、任美锷、李承三、朱晓寰、施雅风等。

6月7日，竺副院长、尹赞勋、童第周两位副主任讨论生物地学12年内应设的新研究所和室。过兴先、施雅风同时到会。

6月中旬，规划基本完成。

6月12日，地理学会理事会，定8月20～23日开学术讨论会，王均衡、孙敬之、施雅风筹备。

6月14日，毛泽东主席和其他国家领导人邀请参加规划拟制的全体人员在怀仁堂后照相留念。

夏，中宣部科学处约集各省宣传部管科学的同志来京，了解科学规划要点。受于光远同志委托，作自然资源考察研究规划报告。之后，写了《中国自然资源考察研究》的科普小册子。

因工作太忙，经竺副院长同意，调南京工作的沈玉昌接替自然区划中地貌区划主要负责人工作。

10月18日，陪同苏联科学院地理所副所长、中苏合作新疆综合考察苏方负责人穆尔扎耶夫考察新疆。1956年成立的新疆综合考察队，以查明新疆自然条件与资源情况，提出新疆生产力发展与布局方案为目的，是《十二年科学技术远景规划》的重要任务之一。穆尔扎耶夫新疆之行为今后的科学技术合作做准备。从北京起飞，路经太原、西安短暂停留，下午3点到达兰州。访问西北分院；与原中国地理所同事、后创办兰州大学地理系的王德基教授通电话；在兰州饭店见到黄河中游水土保持考察队同志；晚上地理所李秉枢、吴传钧来访。10月19日，换机经酒泉、哈密到乌鲁木齐。

10月20日至11月11日，陪同穆尔扎耶夫与科学院新疆综合考察队座谈；计委负责同志介绍新疆农业资源、气候资源、水利资源；访问八一农学院和新疆学院（现新疆大学）；兵团司令员陶峙岳亲自陪同去石河子考察；去石河子、炮台、奎屯、玛纳斯、吐鲁番和天山山地实地调查，多次与李连捷队长讨论新疆队工作计划，商定苏联方面要来哪些专家参加考察。

11月12～13日，乘飞机经兰州返回北京。两次从空中鸟瞰华北与西北大陆，尽可能地观察记录地貌变化，之后写了科普文章《从北京到乌鲁木齐（在飞机上看到的地面景象）》。

11月15日，在科学院第三会议室讨论新疆综合考察计划（出席人穆尔扎耶夫、李连捷、周立三、刘东生、施雅风等）。计划分自然组、水利组、农牧组、经济地理组、地貌组、土壤组和植物组，1957年主要集中在玛纳斯流域地区开始工作，制定地区发展规划，提交工作总结。

冬，陪同穆尔扎耶夫、阿尔曼德去南京等地参观考察。

11月中下旬，生物学地学部召开科学家座谈会，会议由尹赞勋主持，李四光、侯德封、杨钟健、裴文中、黄秉维、刘东生、施雅风出席，具体商议成立中国第四纪委员会有关细节。

陪同由中苏合作考察黄土高原而来华工作的苏联专家阿尔曼德访问地理所。

黄河水土保持工作计划座谈。

12 月，地理所工作总结，制订 1957 年工作计划。

12 月 15 日，列席生物地学部扩大会议，讨论增补学部委员名单。

12 月 25 日，听苏联专家列别杰夫作地貌方面的报告。

12 月 26 日，苏联专家罗卓夫谈区划问题。之后讨论中苏 1957 年自然区划合作的具体计划：①来华苏联专家及分工；② 1957 年 1 月提出区划说明书提纲，10 月写出说明书初稿，10～12 月广泛讨论；③ 1958 年补充修正并出版。

12 月 28 日，参加第四纪学术会议筹备工作会议，刘东生汇报筹备情况，地质所领导、苏联专家萨莫伊洛夫、列别杰夫参加并提出意见，讨论了会上宣读的论文及会议日程；初步决定刘东生总负责，分业务组织、展览、论文、秘书四个组，施雅风、张宗祜分工业务负责组织以及第四纪研究委员会的组织规程和工作任务。

1956年部分地理学家和苏联专家在南京合影
前排，施雅风(右二)、徐近之(右四)、苏联地理学家穆尔扎耶夫(右七)、周立三(右八)、
阿尔曼德(右九)、任美锷(右十)、赵松乔(左一)

● 1957 年

1 月 2～6 日，列别杰夫谈地貌分类与地貌区划，讨论中国地貌分类系统。听沈玉昌谈福建江西两省地貌类型及列别杰夫建议，讨论地貌形成的外营力条件，对地貌形成构造条件进行初步分析。

1 月 10 日，第四纪委员会筹备会议。

1 月 15 日，院务常委会讨论成立中国科学院第四纪研究委员会。李四光为主任，杨钟健、侯德封为副主任。

2 月 6 日，参加中国地质学会第二次代表大会，听张伯声关于《黄土与黄河》、

刘东生关于《老黄土》、贾福海关于《三门峡地质》的学术报告

2月8日，讨论四川地貌区划。

2月11～12日，参加第四纪研究委员会成立大会。

2月中下旬，生物学地学部组织新构造方面会议，徐煜坚、陈国达、黄汲清作报告。黄汲清先生展示了解放前在河西、新疆考察时的手绘图件，指点有哪几种构造运动，佩服黄先生的野外观察的精细与思考的敏捷。

2月28日，生物学地学部在组织地球物理方面会议，听顾功叙先生作华北平原物探报告，张文佑、傅承义等参加。

3月4日，听杜润生同志传达毛主席在最高国务会议第十一次会议上《关于正确处理人民内部矛盾》的报告。

5月13日，遵竺副院长嘱，与过兴先合作修改学部报告。

5月23日，中国科学院第二次学部委员大会召开，经过各学部学部委员推荐，自然科学方面遴选增聘了18位学部委员。

5月27日，生物学地学部一分为二，成立生物学部和地学部。

夏，参加拟定地貌分类分区方案研究，分工负责地貌形成的构造条件和外营力分析、若干区域的地貌区划说明及地貌样图的编制。在研究地貌构造条件时，结合大地构造单元，引入了新构造运动因素；在分析外营力时，着重于气候、水文条件及古气候地貌痕迹。

6月18日，为地貌区划研究需要，与郑本兴、唐邦兴二位同志去西北考察，北京至兰州的火车上与谢家荣、尹赞勋先生相遇。

到兰州后，参加兰州地质室主任陈庆宣率领的祁连山西段地质考察队。考察队计划经甘肃河西走廊，并翻越祁连山西段进入青海柴达木盆地。

6月28日至7月4日，玉门—安西—肃北马鬃山镇，穿越了马鬃山干旱剥蚀丘陵地区。

7月4～9日，桥湾—敦煌—阿克塞，登阿尔金山。

7月10～20日，阿克塞—肃北—党河谷地。

7月21日，和郑本兴、唐邦兴二人，一名蒙古族警卫，骑着马和骆驼离开地质队，直奔雪山而去。走了一天还没靠近雪山，找了个蒙古包住下来。

7月22日，赶到大马厂沟雪山脚下，开始沿着溪沟乱石爬山，直到下午5点多，登上了党河南山北坡马厂雪山的一个小冰川，并一直登到海拔4500m高度的冰川边缘。起初看到的雪是黄色的，再往上走，就看见了米粒般的粒雪和晶莹的冰川冰，爱不释手。只停留了1小时左右，不得不启程返回。等到达山下的蒙古包时，已经是深夜12点了。

7月23～29日，由清水沟营地至河口子营地，因宿营地无水，集中水壶中水

煮了面条，草草就睡；第二天固守待水，一部分骆驼返回清水沟运水。

7月30日至8月9日，穿祁连山西段肃北至鱼卡间平行高山和宽谷区。

8月10～21日，先到大柴旦，访问地质部青海石油普查大队（632队）总工程师朱夏，应朱要求，郑本兴留下参加632队专题队的考察和地貌制图研究。施雅风与唐邦兴横穿柴达木盐沼盆地到西宁，考察所得资料撰写在《中国地貌区划》一书中。

考察中发现，祁连山北坡有冰川水源充足，南坡没有冰川，有大片寸草不长的戈壁和干旱的荒漠，考察队连做饭的水都找不到。南北坡的强烈对比引发进一步研究冰川水源的愿望。

9月1日由宝鸡去四川考察。

9月5日，接地理所电报"家人病危"，从成都飞回北京。到家得知岳母大人因食物中毒不幸身故，妻子沈健与一孩子住在医院中，随即出院。岳父大人从南京赶来，会同办了丧事。岳母是为帮助带3个孩子才来北京的，哪知出了这件事情，长时间感到自责与悲痛。

10月5日，参加竺副院长主持的综合考察各队联席会议，施雅风在会上发言建议河西走廊与祁连山冰川另建专门考察队。指出："第四纪古冰川在我国研究的较多，而现代冰川学在我国是个空白点，人们几乎不掌握高山冰雪资源、物质平衡与冰川生活历史的资料，冰川所在人迹罕至的高寒自然条件与冰川活动可能产生的一些危险，使多少人望而却步，不敢去碰。高山冰雪利用工作的进展，不仅有着重大的经济意义，还将带动着一系列学科的发展，甚至新学科的诞生。而首先是新型的冰川学，其中包括冰川水文、冰川气象、冰川地貌与地质、冰雪结晶与构造研究等；其次是由于冰川考察研究而连带产生的高山学，研究在高山的特殊条件的自然资源和气象、地貌，植被、岩石风化、冻土、泥流等。""任务带学科，高山冰雪研究能为地理学科开辟广阔的前途。"书面报告得到中国科学院竺可桢副院长及秘书长裴丽生同意，批准成立专门冰川考察队，聘请苏联专家指导，并责成施雅风组织这个考察队。

1957年9月，全家合影
前排左起：建平，建成，建生；后排左起：沈健，岳父沈观可，施雅风

开创中国冰川冻土泥石流科学研究事业

中国是山地冰川大国，但冰川研究一直处于空白状态。1958年在兰州成立高山冰雪利用研究队，在中国科学院的领导下，联合数十个单位，组织领导7个队同时考察祁连山冰川，考察工作得到苏联科学院冰川学家道尔古辛（Л. Д. Долгушин）的指导。根据考察结果，推算祁连山平衡线（雪线）的海拔在4200～5200m之间，高山带年降水量为300～700mm。经过实地勘察的10个冰川区计有940条冰川，覆盖面积共1207.76km^2，估算储水量为3.32×10^{10}m^3，年融水量约有1.0×10^{9}m^3，人工黑化促进冰川消融的温度下限为−5℃。集体完成的43万字的《祁连山现代冰川考察报告》于1959年初出版。1959～1960年起，开展天山冰川考察，组织6个队同步进行，当时因受浮夸风影响，虽然取得不少科学资料，但也遭遇很多挫折。

1960年，国家经济极端困难，人员精减，机构组合无常，在此风雨飘摇时，如一撒手撤回北京，刚建立起来冰川冻土事业也有解体可能。施雅风没有动摇，坚信困难是暂时的，既然从事了一项有重要意义的事业，就要坚持下去。1960年7月毅然举家搬迁到兰州定居。1961年中央公布了调整、巩固、充实、提高八字方针和科学技术十四条，在取得中国科学院和北京地理所领导同意后，1962年将机构缩改为地理所冰川冻土室，确定以冰川、冻土与干旱区水文研究为长期方向，施被任命为室主任，自此稳定下来。

自1962年起，集中力量在乌鲁木齐河上游新建天山冰川站，开展一系列基础性的冰川观测与研究工作，及冰川水文、冰川制图、冰川地貌以及河流水文研究，训练了科研队伍，出版了《天山乌鲁木齐河冰川与水文研究》

专著，使得研究水平有了显著提高。积极调进曾留学苏联学习冻土和冰川的研究骨干周幼吾（女）、童伯良、谢自楚等，首先开展青藏公路沿线冻土考察。发现连续多年冻土带自昆仑山至唐古拉山南侧，宽约600km，地温一般 $-5 \sim -2℃$，冻土层厚 $100 \sim 180m$，为全世界中低纬度冻土层最发育处。主持出版了我国第一本冻土学专著——《青藏公路沿线冻土考察》。结合当时实际需要，在祁连山木里地区、西藏土门格勒地区建立临时性的冻土观测实验站，并开展东北北部的冻土考察，取得了相当宝贵的第一手资料。

与谢自楚合作，撰写《中国现代冰川的基本特征》（《地理学报》，1964），将中国现代冰川分为海洋性（暖渗浸成冰为主）与大陆性（冷渗浸成冰为主）两大类，前者位于西藏东南部，后者分布于阿尔泰山至喜马拉雅山北坡，又可再分为亚大陆性与极大陆性，受到广泛引用，次年被中国科学院授予优秀成果奖。

1964年，施雅风与刘东生共同主持喜马拉雅山脉海拔8027m的希夏邦马峰登山科学考察，大大丰富了对高山冰川的感性与理性认识。如低纬度极高山区在太阳光强烈辐射下特殊的成冰作用、辐射差别消融与冰川运动相结合所形成的异常美丽的冰塔林景观；在希夏邦马峰北坡5900m高处发现高山栎化石，证明上新世以来地面升高了3000m以上，又找到第四纪四次冰期演化的地貌学证据等。同年8月，在北京科学讨论会作《希夏邦马峰科学考察》报告，受到各国学者的好评和重视。与刘东生合作撰写的《希夏邦马峰地区科学考察初步报告》中英详细摘要刊印在提交北京科学讨论会的论文集中，中英文稿全文刊登在当年的《科学通报》上。

1963年，至川藏公路波密县境的古乡"冰川爆发"危害最严重处考察，撰写《西藏古乡地区的冰川泥石流》一文（发表于《科学通报》1964年第6期），并决定由冰川室和西藏交通厅于1964年联合组队深入研究。1964年希夏邦马峰考察刚结束，施雅风立即到古乡泥石流考察队短期工作，考察得知该处是典型的海洋性温冰川，消融特别强烈，冰川融水冲击陡坡松散物质形成了泥石流。特地邀请上海科教片厂殷虹同志带领摄制组到现场摄制了《泥石流》彩色影片，"泥石流"从此家喻户晓。

1965年8月，成立冰川冻土沙漠研究所，任业务副所长，主持所务。

1966年初，受命组建西南泥石流考察队，考察西昌地区的泥石流对成昆铁路规划定线影响，认为稀性泥石流与洪水会对铁路带来风险，建议成昆铁路仍按原定设计修建于安宁河西岸，但部分线路桥位要适当下移，增加净孔高度和若干护路设施，这个改进方案为筑路指挥部接受。实践证明，这一建议是正确的。

● 1958 年

1 月 14 日，竺副院长约裴丽生秘书长、黄秉维、施雅风等谈中国自然区划紧急措施，7～8 月间将有专家来讨论，4 月前必须写好个自然区划初稿，必须脱产集中搞 6 星期，沈玉昌、施雅风、侯学煜要抽出时间。

3 月 19 日，北京饭店讨论自然区划。竺副院长、黄秉维、钱雨农、刘慎鄂、马溶之、宋达泉、施雅风、沈玉昌、文振旺、张乃凤、张宝堃参会。黄秉维作报告介绍自然分区近况，自然区划讨论进展与进度。

4 月 7 日，参加在北魏胡同竺副院长主持的湖沼学讨论会议，参加者：学部尹赞勋、薛攀皋、林镕，水产局一人，水利研究院谢家泽，华东水利学院徐芝纶和兄长施成熙，水生所伍献文等 3 人，地理所郭敬辉、施雅风。会议暂定以武汉水生所和南京华东水利学院为基础，成立一个站，指定伍献文、饶钦止、施成熙、徐芝纶等 9 人为湖泊委员会委员，提院务常务将计划讨论通过。

5 月 8 日，参加地学部会议，竺副院长主持讨论古生物所五年计划。

5 月 28 日至 6 月初，与地理所朱景郊、王宗太、郑本兴共赴兰州。计划在科学院已经成立的青海甘肃综合考察队中，建立一支冰川分队，用三年的时间进行祁连山冰川考察，了解开发高山冰川水源的可能性。6 月初，中国科学院西北分院筹委会①副主任刘允中带着去拜访甘肃省委第一书记张仲良。张仲良要求用半年的时间，基本查清祁连山冰川资源的分布和数量，为以后大规模开展冰雪融化，增加河西灌溉水源创造条件。并承诺要什么条件提供什么条件。当时中国地学界研究冰川的人很少，资料也不多，同时缺乏起码的冰川学科训练，心里没有底。想到这是发展中国冰川学很好的机会，当地政府十分支持，又能邀请苏联专家作业务指导，如果能够全力以赴地工作，是可以拿下这个任务的。

6 月 15 日，确定方案，提出组队方案。向院里汇报后，院里派裴丽生秘书长和地球物理所、地理所行政副所长来到兰州，听汇报并批准了计划，并决定成立高山冰雪利用研究队，从青海甘肃综合考察队中独立出来。

由于甘肃省政府的支持，很快就在兰州成立了高山冰雪利用研究队。中国科学院西北分院筹委会副主任刘允中兼任队长，施雅风、朱岗昆、张佩年任副队长，并邀请苏联冰川学家道尔古辛（Л. Д. Долгушин）指导工作，兰州分院紧急向院部要了 10 万元作为高山冰雪利用研究队野外考察的经费。

---

① 1954 年 7 月 16 日，中国科学院和中共中央西北局决定组建中国科学院西北分院筹备委员会。1956 年 4 月，根据中国科学院的指示，将西北分院筹委会从西安迁至兰州。1958 年 7 月，中国科学院决定撤销西北分院筹委会，以其为前身成立兰州分院筹委会。1959 年 2 月 2 日，兰州分院宣布正式成立

6 月 16 ~ 25 日，出队前的准备。组织了七个分队，除一个分队为定位观测的融冰化雪任务外，其他六个分队为考察分队，每个考察分队包括地貌、气候、水文和测量四个专业。共计 18 个单位参加，120 人组成。参加单位有北京地理所、地球物理所、兰州大学、西北大学，北京大学、南京大学、西北师范学院等院校的地理系及甘肃省水利局、气象局、国家体委登山队等。考察队的六个分队由施雅风负责组织领导。

6 月 26 ~ 30 日，应甘肃省发展河西经济，摸清祁连山冰川资源的要求，率领刚组建起来的考察队从兰州出发经武威、张掖到酒泉。由于考察队员大多没有冰川考察经验，需要选一个路途较近、交通方便的冰川地点进行考察训练，让队员们掌握高山冰川的基本知识和考察技能，适应高山生活。经多方联系，得知酒泉经玉门去镜铁山的公路附近有冰川雪山，于是选在酒泉柳沟泉沟口靠近公路边的一块平地上安营练兵。

7 月 1 日，率领全体考察队员成功登上海拔 5000m 的一条冰斗山谷冰川，并进行了初步考察。这一天正是中国共产党诞生 37 周年的大喜日子，建议将这条冰川命名为"七一冰川"，作为庆祝中国共产党生日的献礼。这也标志着伟大祖国现代冰川研究的开始。为此，考察队立即发电报给甘肃省委和北京的中国科学院报捷："全队经过紧张筹备，已经调集了 100 多

1958年兰州赴祁连山考察出发前
前排右二施雅风，右三道尔古辛

祁连山考察营地

1958年冰川考察队在祁连山冰川上行进，施雅风倒数第二人(道尔古辛摄)

人，6月30日到达冰川现场，7月1日安全、胜利地登上冰川。经过初步考察，冰川储水量达 $1.6 \times 10^9 \mathrm{m}^3$。为纪念党的生日，拟即以'七一'命名这条冰川。以此冰川为基地，练兵半月，然后分兵六队考察祁连山各主要冰川区，另有一队开展融冰化雪实验，当否请示。"院领导回电，赞扬考察队的业绩，同意工作部署和"七一冰川"命名。这是中国人自己发现并命名的第一条冰川，它标志着我国现代冰川科学研究的正式开始。

7月上半月，组织考察队员在"七一冰川"进行现场训练。道尔古辛现场向科考队员讲授冰川学的基本知识和科考方法，王明珠任翻译。请来国家体委登山队的史占春队长等人，讲授登山注意事项；聘请甘肃省水利厅水文总站的陈满祥工程师讲授水文测验和水文计算。在训练期间，国家测绘总局提供的祁连山地区航空相片也拿来了，于是立即分发给各个分队。为考察提供了便利的条件。祁连山考察成功很重要的因素是这两个星期的练兵打下了良好的基础。

自7月19日开始，在后来的三个月中，科考队分为六个分队开始对整个祁连山冰川进行考察。第一分队以施雅风为首，包括道尔古辛、刘泽纯、王宗太、汤懋仓、陈满祥等多人组成，工作重点除七一冰川外，还考察了托来南山的双支冰川、乌兰达吾冰川和瓦奥寺冰川等；第二分队由夏开儒、高由禧、何志超等组成，去野马山和党河南山考察，并在高由禧的主持下，在昌马堡南的大雪山老虎沟冰川建立了冰川观测站，这个站一直坚持工作到1963年初；第三分队由刘振中、朱景郊、李鸿琏等组成冷龙岭考察队，去冷龙岭考察；第四分队由李吉均、田泽生、曾群柱等组成，去黑河上游考察；第五分队由郑本兴、高国章、白重瑗等组成，去祁连山西南区考察；中国登山队科技人员支持建立的第七分队，由崔之久、王明业等组成，考察祁连山最高峻的疏勒南山。各分队派一名行政队长，配一部电台，加强行政领导

1958年7～8月施雅风(右)与队友在祁连山托来山南麓行进

1958年施雅风(左)与队友在考察祁连山冰川时奋力攀登冰川谷壁(摄影道尔古辛)

对外联系。要求各分队在 10 月 1～2 号之前结束野外考察返回兰州,然后进行总结。第六分队只在冰川上定点开展融冰化雪试验工作,不参加冰川考察活动。

施雅风同道尔古辛先随一分队在托来南山骑马考察了三条冰川,后又去了三分队一起对冷龙岭冰川进行了考察。各队工作区都在 4000m 以上,克服了高山气压低、天气严寒、装备不足、转运不便等困难,艰苦地进行工作。因登高山带来的反应,队员们食欲不佳,施雅风带头并鼓励大家多吃,以保证体力。

8 月 25 日,竺副院长到兰州,去机场迎接,道尔古辛提议地理所成立冰川室和航空地图判读室,主张在七一冰川和红水沟设站。

10 月 3 日,竺副院长从乌鲁木齐返京路过兰州,约谈融冰化雪情况。汇报了六个考察分队都已陆续从各考察地到兰,并已开始进行冰川考察总结。

10 月 13 日,北京,地球物理所融冰化雪和人工降雨汇报会,竺副院长和裴丽生秘书长参加。调查了祁连山 741 条冰川,储水约 $2.6 \times 10^{10} m^3$。祁连山岩水总量约 $1.36 \times 10^{10} m^3$,河西走廊占祁连山出水总量的大部分,估计冰川融水 $8.0 \times 10^8 \sim 1.0 \times 10^9 m^3$。飞机黑化费用浩大,疏勒河流域用水最迫切。裴秘书长认为明年计划以人工降雨为主,高山融雪继续试验,走群众路线,搞近地不搞远地。地下水要克服渗漏,减少蒸发。

10 月 21 日至 11 月底,兰州,着手写报告。到 11 月底六个考察队的报告和自撰的一篇综合性报告,连同能够统计到的简单冰川目录和图片,全部整理完成。推算出祁连山高山带年降水量 300～700mm,雪线高度在 4200～5200m 之间。经过考察的 10 个冰川区 940 条冰川,面积共 1208km²,估计储水量 $3.32 \times 10^{10} m^3$,年融水量约 $1.0 \times 10^9 m^3$。通过实验,还发现人工黑化冰川促进消融的温度下限为 -5℃,集体总结性的 43 万字的《祁连山现代冰川考察报告》,送科学出版社,出版社很重视。

12 月 8 日,北京,参加地貌讨论会。

12 月 9 日,参加竺副院长主持院地理务虚会,到会裴丽生秘书长、黄秉维、李秉枢等,为即将召开的地理学会会议作准备。

12 月 15～18 日,出席在和平宾馆召开的地理学会会议。16 日作《让高山冰川为改造西北干旱气候服务》的报告。

12 月 18 日晚,参加地理学会扩大理事会。

● 1959 年

1 月,在兰州参加人工降雨融冰化雪会议,参加会议并发言者有:兰州分院刘允中院长、顾震潮、某书记、定西地委同志等。在会议上通过对 1958 年冰川考察进行了总结。

2 月，春节后，由北京返兰州。

3 月，在兰州高山冰雪利用研究队支部小整风。

受 1958 年的成功和"大跃进"思想的影响，参与拟定 1959 年继续跃进的计划。计划在祁连山北麓的甘肃河西地区，组织 6 个县的队伍，大规模地开展群众性的融冰化雪运动，提出人工增加冰川与河冰融水 $2\times10^7 m^3$ 的高指标，这个任务具体由朱岗昆副队长负责。冰川考察方面，对祁连山哈拉湖和洪水坝河区冰川进行考察和实验研究，还计划在新疆天山开展大规模地填补空白性冰川考察，考察由施雅风负责组织实施。

中国科学院为了加强对高山冰雪利用研究队工作的领导，在中国科学院党组下成立高山冰雪利用领导小组，由赵九章、卫一清、李秉枢等同志组成。

高山冰雪利用研究队在兰州建立工作站，主持祁连山区的冰雪研究工作。在乌鲁木齐设立工作站，在自治区水利厅与中国科学院新疆分院领导下支持天山等地区的冰雪研究工作。套用 1958 年祁连山考察模式，也从大学和新疆水利、气象部门调集人员分六个队开展工作，并建立了天山冰川观测站。

4 月，《祁连山现代冰川考察报告》（中国科学院高山冰雪利用研究队；施雅风主编）由科学出版社出版。这是我国第一本现代冰川学专著，初步查明了祁连山冰川资源状况，由此揭开了现代冰川学研究的序幕。

4 月至 5 月中旬，参加天山、祁连山冰川考察和融冰化雪的野外队陆续出发。由吴申燕主持的天山冰川考察，于 4 月初组织了六个冰川考察分队，还在乌鲁木齐河源建立了天山冰川观测站。参加天山冰川考察的主要人员有王宗太、刘振中、许世远、田泽生、牟昀智、朱景郊、张炽勋、李鸿琏、袁建模、王志超等。大家在天山冰川站进行一段时间的培训后，各分队就分赴各自考察的冰川区展开工作。祁连山群众性融冰化雪试验，由朱岗昆主持，参加的主要科研人员有：高由禧、苏从先、杨颂禧、汤懋苍、刘光远、白重瑷、陈满祥、曾群柱、董光荣、王树基、覃正富等，于 5 月初在永昌、武威、张掖、酒泉等地组织群众上山，为春旱缺水进行人工增加融冰化雪水量。祁连山冰川考察，还派出了以李吉均为首的祁连山哈拉湖区考察队和以夏开儒、刘泽纯等组织的洪水坝河区考察队。

6 月 9 日，在北京向竺可桢副院长汇报工作。祁连山融冰化雪，从 5 月 15 日起三天内下水 $2.6\times10^6 m^3$，地点在永昌、武威、张掖、酒泉，约 2000 群众工作，在祁连山野马山和珠龙关设立的两个冰川和融冰化雪观测试验站。新疆八里坤也有群众做融雪，天山冰川考察原定 1 个队，现扩至 6 个队。晚上，竺副院长宴请前一日到京的道尔古辛等两位苏联专家，由施雅风、尹赞勋、李秉枢作陪。

6 月中旬，同道尔古辛等两位苏联专家到兰州。

6 月 17 ～ 23 日，同道尔古辛等两位苏联专家从兰州—酒泉—金佛寺—大草滩—营地（海拔 3970m）—上冰川考察。

考察途中(施雅风，中)

冰雪中的考察队员们

6 月 24 日至 7 月 6 日，同道尔古辛去野马山站 12 号冰川（现称大雪山站老虎沟 20 号冰川）考察。该站位于祁连山西端北坡，距玉门镇 160km。12 号冰川长 10.1km，冰川面积 21.9km²，是祁连山最大的山谷冰川。站上距老虎沟冰川约 1.5km 路程，距老虎沟口 18km 是没有公路的。谷地里布满大小不等的卵石和漂砾，汽车走在上面非常颠簸，大家不顾路途的劳累，第二天就上冰川考察，道尔古辛带来了地面立体测量设备和接杆式手摇冰芯钻，以及测量冰川温度的电阻温度计。首次在老虎沟 12 号冰川开展了冰川制图测量和冰川温度的测量工作。6 月 30 日在海拔 4500m 的冰舌中部选点打钻，5m 深处的冰层温度 –10℃。这次考察冰川时，一位同事的墨镜丢了，施雅风把墨镜借给他戴，当天是阴天，想没有太阳照射应该问题不大，哪知道第二天早上眼睛睁不开了，像针刺一样疼痛。道尔古辛告知这是雪盲，休息几天就会好的，休息了五天才好。

7 月 14 日，开会讨论，野外工作进展及下一步工作安排。

7 月 15 ～ 18 日，连同野马山站人员共 23 人，乘车从酒泉出发，至土达坂北坡海拔 2300m 以上草地搭帐篷住宿。16 日由马匹驮运仪器、行李，人员步行至七一冰川末端 4130m 处安营。17 ～ 18 日，在道

1959年天山乌鲁木齐河源1号冰川(道尔古辛摄)

尔古辛的指导下，对七一冰川进行了冰川运动、冰层温度、冰层剖面等进行了考察观测。这次在七一冰川上打钻取得了 9.5m 深，由于钻孔底部出现融水，只取得了 9m 深的冰川温度资料。

7月24～25日，在新疆乌鲁木齐河源天山冰川观测站，听取了天山各分队冰川考察情况的汇报，道尔古辛对天山冰川观测站的观测项目提了一些建议，增加了一些观测项目，还将一起来的苏联专家曾布林诺夫留在观测站协助站上测图工作。

7月底至8月中旬，同道尔古辛去西天山木扎尔特冰川考察，这里是天山最大冰川分布区。随王宗太率领的第一分队骑马从北坡夏塔出发，沿夏塔河谷南上，多次穿越冰水河道，总有险象环生。这里曾是汉唐至清历史时期中西交通的通道，只要翻越河源的冰川就可以到达南坡，冰面上的路程约 10km 左右。在这冰川上考察进行中，由于道路艰险，冰裂隙、冰崖、冰面湖、塌陷坑、冰面河等热融喀斯特形态多有分布，多次迷失路径或相互联系不上，从上午一直到天黑时才走出木扎尔特冰川到达营地。以后又考察了河谷地质地貌与道尔古辛返回乌鲁木齐。

9月2日，在北京中关村地理所，向竺副院长汇报新疆冰川工作，估计已走到的冰川面积有 1422km^2，储藏 8.6×10^{10}m^3 水。天山冰川在退缩，在乌鲁木齐至库尔勒公路上，最高处达海拔 4200m，路在冰斗中走直至冰川之上。明年工作安排应注意野外台站的建设和预报水文和雪灾研究。

9月11日，陪同竺副院长去地球物理所晤赵九章，谈《十年来地球物理》稿。

9月18日，在地理所开地理学会理事会，到会者竺副院长、孙敬之、黄秉维、李秉枢、周廷儒、瞿宁淑、施雅风、王均衡。决定明年一月在北京开地理学会和地学部召集的学术会议，讨论自然分区、综合考察等工作。讨论中印边境问题，由地理学会名义向报界发布一个谈话。

10月10日，患阑尾炎住院，原定于第二天在科协作《天山冰川及应用》报告推迟。

10月30日晚，参加竺副院长、裴丽生秘书长主持的水土保持会议。到会有熊毅、席承藩、过兴先、黄秉维、李秉枢、施雅风、方正三、马溶之等。决定成立一个水土保持小组，配合全国水土保持委员会工作。

秋，各野外工作结束，各分队进行了野外总结，编写了天山考察报告，看后觉得不如前一年祁连山的报告，就决定先在内部油印交流。这次考察对天山冰川分布、发育条件和特征有一定了解，但自己负责的综合报告也未完成。

冬，院机关党员开展"反右倾"运动，施雅风因过多考虑出版学术著作，被部分党员认为是"只专不红"，是"右倾"表现。因此，没有时间总结野外的工作，无法加工修改《天山冰川考察报告》。

12 月 15～16 日，前门饭店地理会议预备会议，汇报冰雪、冻土工作，谈东北、西藏的积雪冻土问题。

● 1960 年

1 月 8 日，在院京区机关党员批判党内"右倾"思想大会上，党组书记张劲夫总结说，"施雅风有严重的思想错误，但工作积极，所以组织上不给处分。"对于领导的处理出乎意料，有勇气继续在兰州主持冰川工作。

1 月 12 日，院常务委员会开会讨论基础理论科学规划问题，成立兰州冰川积雪冻土研究所筹备处。

2 月 5 日，西颐宾馆竺副院长主持的地学小会，到会尹赞勋、李璞、叶笃正、顾功叙、赵九章、施雅风、尤芳湖、陈璧如等。讨论三年理论学科规划和八年学科规划。

3 月 4 日，中国科学院通知。经国家科委批准高山冰雪利用研究队与中国科学院兰州地理室合并成立中国科学院冰川积雪冻土研究所筹备委员会。为院直属研究所，研究所所址设于兰州。

4 月 2 日，中国科学院冰川积雪冻土研究所筹备委员会在兰州成立。筹委会由施雅风负责业务组织，李为祥负责政治行政。

冰川积雪冻土研究所筹备委员会成立后，有职工 150 人（其中高研 2 人，大学毕业生 16 人），除已设野马山、天山两个高山定位观测站外，又设冰川积雪水文气象学科组；冻土、地貌、第四纪地质学科组；测绘、图书、编译情报等室。调周幼吾（莫斯科大学地质系冻土专业毕业）来所，任冻土组组长。

在开展科研方面：继续补点调查，结合具体需要，进行专门问题研究，如公路穿越冰川问题，利用古冰碛堤修建水库问题。在哈密北部开展融冰化雪工作，在考察研究的基础上写出《天山冰雪水资源利用意见书》，提供水利部门做参考。在帕米尔、昆仑山地区亦开始进行试探性的考察和观测工作。配合甘肃省在河西继续进行融冰化雪等。

由于甘肃旱情特别严重，物资缺乏，生活困难。省里发出文件动员全党全民抗旱。省委根据个别人员没有根据的大话，规定在河西开展人工融冰化雪，增加水量 $2 \times 10^8 \mathrm{m}^3$，作为抗旱的主要措施。勉强组织力量，由河西地方政府领导，带领民工进入祁连山地区工作了四个月。除了在冰川和河冰加速冰雪消融外，还采取开通山区小湖、疏干沼泽、防治渗漏等种种措施，增加出山的水量。但那时候实际观测资料很少，对增加水量的估算，比 1959 年的工作要粗糙，也更主观。

　　原来承担融冰化雪主要任务的地球物理所的人员，不愿意加入兰州冰川积雪冻土研究所。作为兰州冰川冻土事业的学术领导人和所中唯一的高级研究人员，如果在这个时候撒手回了北京，冰川冻土事业就有解体的可能。施雅风相信困难是暂时的，是可以克服的。既然从事了一项有重要意义的事业，就要坚持下去。所以再三权衡之后，决定把全家搬到兰州。

　　6月21日，竺副院长约谈冰川工作。

　　7月初，全家迁往兰州，小儿子施建成留北京香山附近的幼儿园全托。

　　夏，同李吉均等去老虎沟12号冰川了解站上工作情况，并对冰川进行补点考察。一天施等五人去冰川粒雪盆观测考察，从上午八点半出发，沿途穿过消融冰丘区和积

离开北京去兰州前三姐弟合影

雪过膝的粒雪盆。当行至冰裂隙区时，只听前边嘎喳一声，在前边的李吉均一只腿已快陷入裂隙中，幸亏他反应灵敏，急速将身体向前卧倒在冰面上才脱险。后来绕过裂隙在深厚雪层中蹒跚前进。这次跋涉至粒雪盆，虽然劳累惊险，却取得了雪层剖面的宝贵资料。大家拖着疲惫而饥饿的身体，回到站上时，已是次日凌晨1点多钟了。

　　组建冻土考察队去青海热水煤矿做冻土调查，由周幼吾和富有野外考察经验的杜榕桓负责，对热水地区自然条件、冻土分布及矿山开采中的冻土问题有所了解。之后，为配合青藏铁路修建，冻土队负责青藏公路西大滩—昆仑山垭口段的冻土工程地质调查，揭开了青藏高原冻土研究的历史篇章。

　　秋，妻子沈健原来在科学院生物学部工作，到兰州后安排在一个单位当会计。

祁连山老虎沟12号冰川

　　冬，正值全国经济困难时期，甘肃生活条件非常艰苦，经常吃不饱。甘肃省出现不少饿死人的事件，农村里饿死人的事情更多。到了兰州以后不久，沈健就开始浮肿，后来两个孩子也检查出来都是肝肿大。冬天暖气不热，不得不穿着皮大衣、脚蹬毛靴在晚间工作。伙食又差，也买不到零

食吃，生平唯一一次靠抽烟提神。

国家宣布大精简，兰州分院宣布筹委会人员编制为 78 人。全国困难时期，新疆情况比较好，经商定由筹委会调给新疆分院 18 人，天山冰川站也交给新疆管理。许多业务人员思想出现不稳定，表现情绪低落，人心浮动，加之生活困难，许多人反映吃不饱等，这对专业队伍的组建是十分不利的。施雅风把全家从北京迁到兰州的举动，起到稳定人心作用，为广大科研人员做出榜样。

母亲在南京兄长施成熙家去世，享年 82 岁，因在北京开会，未能奔丧。

● 1961 年

2 月，人员精简以后又开始机构精简。兰州分院决定把冰川积雪冻土研究所筹备委员会与兰州地球物理所合并，改称中国科学院地球物理冰川冻土研究所。在研究工作上由以往的以野外考察工作为主，进而转向以室内研究工作为主。中央公布了"调整、巩固、充实、提高"的八字方针与科学技术政策，鉴于当时生活困难时期的实际情况和中央政策，强调所中人员在家读书。

2 月以后，负责冰川积雪冻土方面工作。抓住充实基础这一机遇，开拓进取，去京积极活动，得到竺可桢等院领导和北京地理所领导的支持，想把机构调整为北京地理所领导下的冰川冻土室，以冰川、冻土和干旱水文研究为长期方向。接着还采取了以下几方面措施：①充实力量，当时兰州的编制特别紧，不能进人，找到院主管人事郁文副秘书长同意给研究室 5 个北京编制，想调进一些骨干力量。②提倡读书学习，把所有冰川冻土方面的业务人员组织起来，进行业务学习，为了让业务人员掌握冰川冻土基本知识和国际动态，经常举办讲座，并编辑了《冰川冻土资料》和《冰川冻土译丛》两种内部油印刊物等。③建立实验室，首先创造条件建立地面摄影测量、冻土力学和热学方面的实验室。④争取改善工作人员生活供应标准。

5 月初，同黄茂桓从兰州到新疆哈密庙尔沟平顶冰川，与新疆地理所胡汝骥率领的考察队会合，一起考察了冰川；然后去乌鲁木齐天山冰川站考察，并了解冰川观测研究情况，后黄茂桓留站工作，单独返回乌市。通过补点考察和对天山冰川总结，了解到天山冰川区年降水量 500～1000mm，雪线海拔 3600～4400m，冰川总面积 4865km^2，储水量 1.8×10^{11}m^3。

5～7 月，与铁道部高原铁路科研所合作，由周幼吾、杜榕桓和高原铁路科研所的宋锐负责，开始青藏公路沿线冻土研究考察。在风火山和西大滩—昆仑山垭口两地区进行冻土调查，在格尔木完成了 18 万字的冻土考察报告。

7 月 19 日，中共中央发出《关于自然科学工作中若干政策问题的批示报告》，同意聂荣臻《关于当前自然科学工作中若干政策问题的请示》和国家科委党组、中国科学院党组《关于自然科学研究机构当前工作的十四条意见（草案）》（简称《科研十四条》）。批示强调："做好知识分子工作，很关紧要"。对待知识、知识分子问题上的片面认识和简单粗暴作风必须纠正，在学术研究工作中，必须坚持"百花齐放、百家争鸣"的方针。

7月22日，听分院秘书长杨峰传达省地三干会议精神，检查当时领导张仲良"大跃进及浮夸"错误，汪锋任甘肃省第一书记。

9月23日，参加杨澄中先生传达院扩大会议关于贯彻《科研十四条》的精神，鼓励科学技术人员走又红又专的道路。在科研工作方面《科研十四条》提出，科学研究机构的根本任务是出成果、出人才；红是拥护社会主义，过去白专道路的批判是错误的。

1961年下半年，主要看书学习，了解国际上冰川冻土研究动态，仅学习笔记就记了三大本。施雅风用工资高价买了鸡蛋煮熟后发给大家，鼓励青年人利用野外任务少的时机努力学习。

根据冰川研究需要，增加有关干旱区水文研究项目。

冬，参加上海地貌专业会议，随即与兄长施成熙去南通看望大姐施文熙。

1961年，小儿子建成回兰州团聚时全家合影
前排左起，建平、建成；后排左起：沈健、建生、施雅风

1961年，施雅风(左)与姐姐施文熙(右)、哥哥施成熙(中)会面于南通三余镇

● 1962 年

2月15日，中国科学院决定地球物理冰川冻土所分开，成立中国科学院地理所冰川冻土研究室，任命施雅风为室主任，编制108人，其中冰川研究组48人，冻土研究组12人。根据国家科学技术规划中所承担的任务，确定了以冰川学、冻

土学与干旱区水文研究为长期从事的主要方向。

由于冰川冻土室成立后研究力量不足,需要引进专业人才。经请示院领导同意,利用当时留学生归队及各单位精简的机会,给研究室调进一批业务骨干,其中有谢自楚、王文颖、李械、童伯良、董光荣等人。

2月至3月,与兰州大学地理系、新疆水土生物资源研究所合作在乌鲁木齐河流域对冰川水文进行较深入的研究,包括成冰作用,冰川温度、运动、辐射和热量平衡、积累与消融,冰川水文,冰川制图,冰川地貌以及河流水文,地表水与地下水转化关系等。参加人员有谢自楚、黄茂桓、白重瑗、刘光远、谢维荣、王文浚、李械、陈琴德、曹梅盛等。决定由谢自楚带队3月初去天山站工作。

派周幼吾率冻土组吴紫汪、孙兴柏、顾功树等3月初出发调查青藏公路沿线冰锥、冻胀丘等现象,并抽人到土门格拉煤矿调查建立长年观测站的可能性。

昆仑山垭口的冻胀丘

青藏高原沿线清水河附近的冰锥

经过两年的青藏公路沿线冻土考察,发现连续多年冻土带自昆仑山至唐古拉山南侧,宽约达600 km,地温一般 −5℃至 −2℃,冻土层厚 100 ～ 180m,为全世界中低纬度冻土层最发育处。

4月11日,在一次学习贯彻《科研十四条》的所长会议上发言,回顾几年来的工作,有成绩也有缺点,开展了过去不敢想不敢做的现代冰川研究,也有浮夸现象,在科研基础不扎实的情况下工作面铺得过大。根据《科研十四条》精神,向领导提出对1959年"反右倾"批判进行复查的请求。

4月,主持新疆博格达山北坡及天山站进行冰川地貌考察及测图工作等。参加人员有郑本兴、李吉均、任炳辉、楼桐茂、苏珍、米德生、陈建民、孙作哲等。决定由郑本兴带队,5月初出发进行野外考察。

6月11日,与竺副院长讨论冰川积雪冻土研究计划。

秋,继续组织对新疆天山北坡综合性冰川学和水文学考察研究。

8月中旬至9月中旬,赴新疆与博格达北坡进行地貌考察和测绘人员会合。野

在天池旁举行婚礼的曾群柱与杨针娘(照片来源于中国国家地理网)

外人员已对博格达北坡现代冰川进行了考察，并对各支沟地貌作了详细考察，填绘了五万分之一地貌草图。会合时野外人员正在考察三工河地貌，测绘河谷阶地纵横剖面图。听汇报后，带领大家投入了对天山及其附近的地质地貌考察。根据博格达古冰川作用特征，将这里更新世三次冰期从新到老命名为天池、天山和天台冰期。

9月13日，农历中秋节，提前完成了考察工作，在天池边修整放松，遇到同在天池搞水文工作的杨针娘等水文队员。冰川考察队的曾群柱与杨针娘是一对恋人，作为介绍人的施雅风提议在美丽的天池旁给这一对情侣举行婚礼，大家非常兴奋，施作为证婚人题对联一副："如天池湖水，幽娴洁净；似博格达峰，矫健妖娆"[①]。

9月15～18日结束博格达山野外工作到乌鲁木齐休整，并讨论去天山冰川站进行冰川地貌考察和测图事宜。

9月19日，与郑本兴、任炳辉、张祥松、苏珍、王文颖、米德生、陈建民、孙作哲乘嘎斯63敞篷车从乌鲁木齐去天山冰川站工作。

9月20日至10月中旬，地貌组进行面上考察，测绘组开展测量1号冰川平板图。国庆节前部分地貌人员返兰，仅留苏珍随施雅风进行冰川地貌考察。

11月至12月，进行野外考察总结，听取汇报。

中国科学院院部通知，1959年的"反右倾批判"是错误的，院党委决定撤销批判，家里的住宿条件也得到改善。

● 1963 年

年初，经中国科学院计划局批准，地理研究所冰川冻土研究室编制为114人，全年工资总额为90 999元。

当国家经济稍有好转后，为了业务人员身体健康并能及时完成野外任务，施雅风多次打报告申请增加野外人员副食和食用油的定量标准、以及野外伙食补助，由于得到科学院和地方政府的支持，从1963年以后的野外考察中，野外人员的生

---

① 参见《冰川夫妻：曾群柱—杨针娘》（刊于中国国家地理网2010年第12期）

活标准和生活补助得到大大的改善。

4 月 22 ～ 23 日，主持召开了第一届冰川冻土学术会议，提交论文主要涵盖乌鲁木齐河冰川研究和青藏公路沿线冻土研究。除此之外，还对西北高山区冰川分布、大陆性冰川特征、冰川融水对河流的补给作用、第四纪冰川遗迹和历史演变、高山区冰川以外的多种水资源利用和大气环流与高空气象因子预报山区洪水等多方面进行了探讨。根据会议论文，编辑《天山乌鲁木齐河冰川与水文研究》和《青藏公路沿线冻土考察》两本专著。

冰川冻土学术会议之后，施雅风与谢自楚合作，全面研究考察资料与中外文献，撰写《中国现代冰川的基本特征》，将中国现代冰川分为海洋性 (暖渗浸成冰为主) 与大陆性 (冷渗浸成冰为主) 两大类，前者位于西藏东南部，后者分布于阿尔泰山至喜马拉雅山北坡，又可再分为亚大陆性与极大陆性，发表于 1964 年《地理学报》，受到广泛引用，次年被中国科学院授予优秀成果奖。

撰写《五年来的中国冰川学、冻土学与干旱区水文研究》一文 (科学通报，1964)，指出：五年来的工作，大体经历了两个阶段：1958 ～ 1960 年为第一阶段。这个阶段从无到有，在中国科学院的领导下，组织包括研究单位、高等学校、甘肃、新疆、青海三省区水利厅、气象局等数十个单位协作，在苏联专家的指导帮助下，以春聚秋散临时工作队方式开展工作，查明祁连山、天山冰川分布和数量。随后又与铁道部高原铁路研究室合作，开展青藏高原冻土考察，成绩显著，影响深远。但当时从协作单位临时调用的研究技术人员，缺乏稳定的骨干力量，水平不易提高。

1963年首届冰川冻土学术会议在兰州举行(施雅风，二排左七)

1961～1963 年为第二阶段，在连续几年自然灾害和物质条件很困难的情况下，党提出了调整、巩固、充实、提高的方针，工作方式相应转变，精简了队伍，充实了研究力量，增加了专业设备，加强了定位观测和个别地区的深入考察，调整了野外与室内工作的比例。提倡国外文献的阅读，使干部水平有了较快的提高，冰川冻土室第一次学术会议中提出论文多篇。在冰川学方面初步形成一条比较完整的阵线：普通冰川、冰川物理、冰川水文、冰川气候、冰川地貌与制图等方面都有了一定基础。在冻土学方面，普通冻土有了相当进展以后，正创造条件开展冻土的定位观侧和工程冻土研究。在干旱水文方面，首先是对一山区多种水利资源与径流形成问题、水文预报问题作进一步的研究，并准备条件，开展山麓地带地表水与地下水相互关系研究。

5月18日，应甘肃省要求，从即日起开展对祁连山石羊河上游冰雪水资源考察。决定派出李械，王文颖负责的考察队，参加者有许世远、罗德福、苏珍、周伯诚、王平、刘景璜、王中隆、冯经世等。还决定在唐古拉山南麓海拔 5000m 的土门格拉煤矿地区建立冻土定位观测站，派出由童伯良、王自俊负责，有郭东信、陈肖柏、王家澄、黄以职、张家懿、白重瑗、谢应钦等人为主要队员进行建站考察和观测。

7月24日至8月12日，同杜榕恒、童长江，由司机刘梓惠开一吉普车离开兰州，经西宁—格尔木—纳亦台—昆仑山垭口（海拔 4750m）—不冻泉—五道梁—风火山—沱沱河—温泉—到达土门格拉冻土站。一路上进行地质地貌、冰川、冻土和青藏高原形成考察。在五道梁、唐古拉山几百千米冻土带的简易公路路面上，亲眼经历夏季热融、冬季冻胀的凹凸不平，俗称"翻浆"，都是冻土做的"怪"。

8月13～27日，在土门格拉（海拔 5000m）冻土站检查工作，这里冬季最低气温可达 −40℃，永久冻土层可达百米之厚。站里已分别开展了冻土测绘、气象、植物、水文等方面的调查研究，设立了五个冻土观测场和一个气象观测场。同站上工作人员进行了座谈，访问了周围协作单位，并对站区周围冻土及去拉萨沿途进行了考察。设立该站，是承担矿区开采过程中的冻土问题研究和井下安全措施的设计工作。

8月27日至9月13日，离开土门格拉到达拉萨，28日西藏自治区政府交通处徐松荣总工程师随即会见，说川藏公路波密段，常有冰川爆发，冲毁公路，能否想一个治理的办法。9月7日与交通处肖昭明工程师、杨宗辉工程师，漆惜峻技术员及杜榕桓同志连同司机 6 人冒雨离拉萨，当日宿百巴运输站，8日经林芝在通麦宿于一工程队，9日由通麦到古乡冰川东侧工程分队，10日涉水过古乡冰川下急流，搭军车至波密县城所在地扎木，11日过波斗藏布江进入林区，12日由扎木乘车冒雪考察牛达（嘎）沟，当日回扎木。13日扎木休息一日，并约道班两人座谈，同时初步观测了泥石流谷口形成的堆积扇。堆积扇扇宽 1.5～3.5km，长

2km，束狭了从东往西的波斗藏布江，形成一湖泊冲积扇，石块累累。测量 1953 年冰川泥石流暴发形成的一块最大的花岗片麻岩巨石，长 20m，厚 8m，计算其体积达 1500m³，重约 4000t。1963 年春泥石流形成的一块较小体积 364m³，重约 940t。未见过泥石流灾害现场的人很难想象，多大的推力能把这样重的石头推那么远。

考察结束后，拟定了立项报告，以川藏公路（然乌至林芝段）和古乡沟冰川泥石流为基地，由中国科学院地理研究所冰川冻土研究室与西藏自治区交通厅合作，决定次年组织泥石流综合考察与观测研究，立项报告报至中国科学院和国家计委。

古乡冰川泥石流形成的花岗片麻岩
巨石(《泥石流》科教片电影截屏)

西藏波密县古乡沟口冰川泥石流堆积

由此，开拓了一门新学科"泥石流及治理"的科学研究。与杨宗辉、谢自楚、杜榕桓合作，撰写《西藏古乡地区的冰川泥石流》在第二年《科学通报》发表，这是我国第一篇泥石流论文。

1963 年，还撰写《西北地区的冰川作用及有关交通问题》《人工促进冰雪消融，以增加西北地区河流径流量的可能》《西北高山冰川的现代特征与历史演变》等文章均为油印稿发表。

● 1964 年

1 月 4 日，北京民族饭店，竺副院长召集冷冰、李龙云、施雅风谈今年体育总会接洽科学院配合登山队对希夏邦马峰科学考察一事。施表示冰川队可以按照登山队计划参加考察。

1 月中旬，根据要求，着手组织队伍，编制初步方案。

1 月 17 ～ 18 日，去地质所参观实验室，约刘东生参加希夏邦马峰科学考察。刘东生表示如果能参加此次考察，会对开展第四纪研究有很大好处。立即告知国家体委，后得到国家体委的批准。

1月21～22日，中国科学院希夏邦马峰科学考察队组成，考察队分四个专业组：现代冰川组、地质组、地貌组和测量组。共有研究人员14人，中国科学院施雅风（队长）、刘东生（副队长）；中国科学院地理研究所冰川冻土研究室谢自楚、郑本兴、黄茂桓、米德生、季子修；地质部地质科学研究院熊洪德、张明亮；北京大学王新平、崔之久；北京地质学院张康富；国家测绘局周季清、于吉廉。

1月24日，因泥石流考察组队等问题先回兰州，在京考察队员在刘东生的带领下，随国家体委希夏邦马峰登山队出发前往西藏，外地考察队员陆续从各地前往拉萨集中并集训。

为了能圆满完成希夏邦马峰考察任务，将平日不大好的牙全部拔除，安装满口假牙。

2月，应西藏自治区交通厅合作要求，组建一支冰川泥石流考察研究队，任命杜榕恒为队长，李鸿琏为副队长。考察队由冰川、地质地貌、水文、气象、地面立体摄影、测量等专业，约十多人组成。对于大多数参加者来说，泥石流研究是一个新的研究领域，指示情报图书部门大力配合收集国内外各种资料，利用出差机会在北京买了《泥石流及其防治法》（［苏］M.A.维利康诺夫）等书给青年科研人员参阅。指示冰川泥石流队4月中下旬出队，在出队前思想上要做好充分准备，强调多学科多兵种攻关的重要性和搞好学科间的协作和团结，加强出队前的体能训练等。这一期间，还检查和安排了祁连山石羊河上游冰雪水资源考察队的出队准备和野外考察观测研究等事项。

3月5～17日，同李鸿琏、黄茂桓乘司机刘梓惠开的吉普车离开兰州，沿青藏线前往拉萨，在离开兰州时因连下两天雪，路滑车较难行驶，过了西宁路面无雪。一路上边考察边赶路，于17日下午到达拉萨。

3月18～24日，同黄茂桓经日喀则，于21日赶到定日，为了适应高原缺氧的环境，22～23日在定日周边考察，3月24日由定日到海拔5300m登山科考大本营，与各专业组会合。

3月25日，为科考队取得初次登山经验，安排冰川组谢自楚与季子修随登山队先走一步，当到达5800m的第二号高山营地时，谢自楚就出现严重的高原反应而躺倒，使科考队只有改变计划，先进行适应性练习，在大本营附近展开考察工作，考察附近的古冰川堆积物和冰缘地貌。经过一个星期在大本营周边的考察，队员们基本上都有所适应，各专业组便按要求各组分头进行考察活动。

4月初至5月初，测量工作者以大本营为基地，测出希夏邦马峰主峰及其附近山峰的高程。4月6日，施雅风、刘东生、黄茂桓、郑本兴、张明亮、王新平7人登上海拔6190m的冰碛山顶，对希夏邦马峰北坡的地质、地貌、冰川分布有大致了解。

地质地貌工作者在海拔 5300m 和 5800m 营地进行地质和古冰川遗迹的考察，北京地质学院教师张康富在海拔5900m的现代冰川侧碛上找到一块化石交刘东生先生，后经测定为现代生长在海拔三千多米处的高山栎。冰川工作者沿野博康加勒冰川（现称达索普冰川）上到海拔 5800 m 以上进行冰雪的考察，还在海拔近 6000m 的地方打钻测温，那里不但寒冷，而且越往上走，缺氧问题也越突出。每走 20 多步，就因为气喘得厉害不得不停下来，休息一会再走。就这样反反复复，900m 的高差整整走了 6 个小时。一天要工作近 10 个小时，有的地方工作也十分危险，一路上很容易看到宽阔的冰雪裂缝，随时都有可能遇到冰崩和雪崩的危险。有一次施雅风想走近路，在经过一个冰坡时没站稳，滑下去几十米，十分危险。

冰塔林是北纬 30℃ 左右的喜马拉雅山和喀喇昆仑山部分大型山谷冰川上特有的一种特有的景观冰面消融形态，穿行在北坡的冰塔林中，走在阳光照耀下的银白世界里，就像进入仙境一样。在冰塔崖壁之间，还错落分布着冰川融化后形成的冰面湖、冰面河、冰碛丘及冰川融洞。在冰洞内，因为光线反射作用，洞壁上形成了蓝、绿、紫、褐等不同色彩的花纹；冰沟和冰洞之间还有冰桥相连，冰桥下面悬挂着冰钟乳。置身其中，完全忘记了海拔五六千米的高度。施雅风由衷赞叹：冰川事业真是一项豪迈的事业，是勇敢者的事业啊！这句话后来成为一句名言，成为中国现代冰川学界后来人的座右铭。

5 月 2 日，中国登山队攀登希夏邦马峰成功，登山队员在凯旋归来的途中仍在海拔 7700m、7300m、6900m 等高处观察了雪坑，并采集了冰、雪样品和岩石标本。科学考察队地形测量组由登山队员配合，测得希夏邦马峰顶准确高度为海拔 8012m，并测制了峰顶到大本营的路线地形图。

5 月 8 ～ 12 日，沿中尼公路到聂拉木地区考察。13 ～ 15 日，由日喀则，经江孜到拉萨。在十分艰苦的环境中整个科考队团结奋战，取得了很大的成绩，顺利完成了科考任务。

1964年希夏邦马峰考察在冰洞前
施雅风(左三)、季子修(右一)

希夏邦马峰冰洞内
施雅风(右一)

希夏邦马峰地区冰桥　　　　　　登山队回到拉萨受到热烈欢迎(郑本兴提供照片)

　　5月15～23日，在拉萨进行野外初步小结，完成《希夏邦马峰地区科学考察初步报告》。在测量方面，进行了希夏邦马峰高程、经纬度测定，并绘制希夏邦马峰到大本营的路线地形图。冰川方面，沿野博康加勒冰川（现称达索普冰川）考察收集了当时最高海拔的冰川温度、成冰作用、冰结构等资料；考察了低纬度极高山区在太阳光强烈辐射下特殊的成冰作用、辐射差别消融与冰川运动相结合所形成的异常美丽的冰塔林景观；攀登到海拔6200m，认识了最高峰冰川发育特征。地质方面，首次在定日南苏热山发现了含有大量腕足类、苔藓虫、三叶虫、瓣鳃类和珊瑚类等化石的早石炭世、二叠纪以及三叠纪的地层系统，特别是在晚三叠纪的地层里采集到西藏鱼龙化石标本，鱼龙化石是本次考察中发现的世界鱼龙化石海拔最高的产地。地貌与第四纪地质方面，在对北坡古冰川沉积进行了野外观测和室内岩石学分析，从冰川沉积物的孢子花粉分析研究了古气候的变化，划分了三次冰期，特别在5700～5900m采集到第三纪晚期（新近纪）地层中高山栎化石，为喜马拉雅山近期上升和古气候演变提供了有力的证据。

　　5月24日至6月7日，科考队员分批离开拉萨，大部分队员返京。

　　6月8～11日，同雷玉钧、谢自楚、季子修等乘吉普车前往波密古乡考察泥石流。

　　6月12～27日，古乡泥石流工作点在波密县城以西37km处，沿2800～4300m海拔高程建起三处营地，三个气象站、两个冰川水文站、一个冰川站，测绘组则布设了三角控制网。首先了解了泥石流科学考察队的工作生活情况和困难；泥石流不同于一般河流水文，不易观测；地形过于陡险，但为了获取资料又不得不冒险去干；雨水过多，终日衣服湿透。18日由大本营到1号营地，一天之内走了相对高差1500m的险峻高山。23日，冒雨涉渡泥水激流、攀登陡岩从2号营地经过古冰川与雪崩堆积区，到达现代冰川的冰舌。看到这里冰川消融非常强烈，冰融水量丰富。顾不得休息，啃几口大饼，与大家一起在3号冰川打下了第一个钻孔。顺沟返回营地时，流水迅急，沟壁不时出现崩坍，亲眼目睹了冰川泥石流的形成，一次大崩坍，引起大量泥沙、石块崩入沟中，与湍急下流的融水搅拌，深沟一度被阻塞，接着就出现了泥浆石块搅拌的泥石流体，获得了许多第一手资料。

6月28日至7月3日同雷玉钧、谢自楚、季子修等离开古乡泥石流考察队，经昌都、甘孜、泸定，于7月3日到达成都。

7月12日，同谢自楚、季子修乘火车由成都到达北京。

7月13日，下午，参加在民族饭店召开的希夏邦马峰科学考察汇报会议，由刘东生作考察报告。参加者：竺可桢、张文佑、乐森㷍、张席禔、黄秉维、李秉枢、尹赞勋、施雅风、登山队邬宗岳等。边读报告边讨论，为即将召开的北京科学讨论会报告作准备。

7月15日，参加由竺可桢副院长在院第三会议室召开的西藏科学考察问题座谈会。到会还有尹赞勋、侯德封、谷景林、李秉枢、刘东生、郭敬辉等，讨论1965年进藏考察办法。指定施雅风、郭敬辉、谷景林、王跃华、张日东五人下午讨论定出办法。

1964年8月，中国科学院院长郭沫若(右三)接见希夏邦马峰科学考察部分队员刘东生(右二)、施雅风(左四)、崔之久(左三)

7月27日，在李四光部长办公室、汇报希夏邦马峰科学考察工作，由施雅风和刘东生分别介绍工作情况。施雅风除介绍希峰冰川考察情况外，还介绍了泥石流。

7月31日，任中国科学院地理研究所学术委员会委员。

8月3～4日，参加为北京科学讨论会准备的报告会。

8月10日，向中国科学院院部领导汇报冰川冻土研究室工作问题。

8月19日，北京科学会堂新礼堂试讲《希夏邦马峰科学考察》论文，同时播放20多分钟科学电影。竺可桢副院长等出席。

8月21日，北京科学讨论会开幕。亚洲、非洲、拉丁美洲、大洋洲的44个国家和地区367位科学家出席，朱德委员长、陈毅副总理均到会。

中国科学院郭沫若院长接见希夏邦马峰考察队
部分队员
崔之久(左一)、施雅风(左三)、郭沫若(左四)、
刘东生(左五)

1964年施雅风在北京科学讨论会上作《希
夏邦马峰科学考察》报告

8月29日，北京科学讨论会地质古生物组专业会议，作《希夏邦马峰科学考察》报告，受到各国学者的好评和重视。与刘东生合作的《希夏邦马峰地区科学考察初步报告》中英详细摘要刊印在提交北京科学讨论会的论文集中，中英文全文刊登在当年的《科学通报》上。

8月31日，北京科学讨论会闭幕。

9月2日，参加地学部座谈会。

9月下旬，在兰州接到国家科委管地学口（十局）的电话，应施雅风的要求，上海科学教育电影制片厂同意派人员，1965年随考察队赴西藏拍摄《泥石流》电影。

10月初，天山冰川站从1960年起一直由新疆分院地理所管理，因该所方向有所调整，提出把天山冰川观测站仍交回冰川冻土研究室。派谢自楚等前往办理交接手续，并任命该站由张金华负责。

10月14日，接来兰州参加中国地理学会干旱区地理学术会议的竺可桢副院长。

10月20日晚，与杜榕桓一起，向竺可桢副院长汇报西藏泥石流。

10月下旬，北京，应周廷儒先生邀请，在北师大新一阶梯电化大教室为北师大地理系全体师生作《希夏邦马峰科学考察》报告，报告长达4小时左右，报告中有科考纪录片放映。

10月30日至11月4日，参加第二届全国第四纪学术会议，作《中国西部山地晚更新世玉木冰期探讨》的报告。

应甘肃省上要求，科研单位的干部要分三批下到农村参加"四清"。经研究决定先保希夏邦马峰和泥石流两项工作继续进行，石羊河冰雪水资源考察和东北冻土考察两项工作被迫叫停，人员下去参加"四清"。

● **1965 年**

3 月 8 日，北京饭店，参加院党组扩大会议。

3 月 11 日，竺副院长召集会议，讨论张劲夫副院长提出写近代科学发展史的科普文章。参加会议的有：施汝为、柳大纲、关肇直、施雅风、童第周、赵仲池、严敦杰及科学出版社相关编辑等，决定了十一个题目和其负责单位。

4 月 13 日，中国科学院以（65）院计研字第 214 号文通知，经国家科委以（65）科七字 341 号文批准，将地理所沙漠室迁兰州，与地理所冰川冻土室合并改建为"中国科学院冰川冻土沙漠研究所"，进行冰川、冻土、干旱水文和沙漠的研究。该所成立后，计划管理由计划局归口，学术上受地学部领导，日常业务受西北分院督促检查。沙漠室迁兰州后，该室的人员编制划归冰川冻土沙漠所。同时，撤销治沙队的名称。

4 月中旬，继续派出以西藏川藏线波密地区考察为主的冰川泥石流考察研究队，该队在去年的任务项目中增加桥位设计内容，充实了各专业组人员，增加了物探、桥梁工程、植物等专业，并通过国家科委落实由上海科学教育电影制片厂拍摄《泥石流》影片一事。由火车运送考察队人员、车辆、物资到成都，再沿川藏公路进入古乡工作。

4 月 30 日，北京，竺副院长约谈关于地理所沙漠室当年 6 月迁往兰州，成立冰川冻土沙漠研究所事宜，同时约谈的还有朱震达。

5 月 8 日，北京，上午，院第三会议室，竺副院长召集会议，讨论 1967 年体委登珠穆朗玛峰及与体委联合科考的计划，到会有秦立生秘书长、李秉枢、于强、张文佑、施雅风、刘东生等人。决定由体委和科学院联合组织科学考察队，院内相关各所积极参加，会议认为科学考察以测绘、冰川地貌和地质为主。

下午，北京体育馆南一楼会议室，参加体委赵希武司长召集的珠穆朗玛峰登山与科学考察会议，科学院参加会议的有：竺副院长、李秉枢、林鎔、刘东生、施雅风等。施提出科学考察要做一个计划，应像登山队员一样对科考队员给予更多的生活照顾。

5 月 28 日，北京，参加地理学会理事会，到会竺副院长、黄秉维、周廷儒、李秉枢、于强、赵松乔、沈玉昌、施雅风等，讨论即将在冬季召开的自然地理区划会议的准备工作。

6 ～ 7 月，主编的《天山乌鲁木齐河冰川与水文研究》与《青藏公路沿线冻土考察》专著，由科学出版社出版。如果说，从 1958 ～ 1960 年间，中国的冰川考察研究，还只是初步偏重于冰川形态描述的话，那么，乌鲁木齐河源冰川与水文的考察研究，已经发展到对冰川物理特征各要素的观测以及从冰川到河流，到渗入地下水形成、转化和消失规律的研究。在先后对祁连山、天山、喜马拉雅山、喀喇昆仑山等地对冰川考察的基础上，施雅风与谢自楚合作把中国冰川类型划分为海洋型、亚大陆型和极大陆型的概念，被大家广泛接受和引用。《青藏公路沿线冻土考察》是我国第一本有关冻土方面的专著，该书对高原冻土分布及分区特征、冰缘地貌、冻土区地下冰、冰的结构和化学以及植被等专题，进行了系统总结，标志我国冻土学研究成长起来。这一开拓性的成果为我国后来的青藏公路和铁路建设起到了重要的科学支撑。此后，在我国冻土学研究的不断发展和壮大过程中，施雅风没有直接参与冻土学的具体研究中，但在学科方向、人才培养、软硬件环境建设等方面起到了关键的领导作用。

6月30日至7月7日，前往青海木里煤矿冻土考察队，这项任务是西北局计委下达的《木里煤田开发中的冻土与水源问题》研究项目，已派出一支规模较大的冻土考察观测队，该队由吴紫汪负责，并已开展了工作。在该队的几天了解到，该队在这里展开了冻土工程地质调查，建立了四个观测点，进一步开展冻土物理力学性质，房屋和矿井冻土问题及水源问题等项试验和观测，还了解了建立长期观测站的条件。

7月31日，兰州，向竺副院长、尹赞勋主任、夏光伟、于强汇报冰川冻土沙漠研究所的方向和任务，人员编制及研究室的划分。

8月2日，在兰州举行冰川冻土沙漠研究所成立大会，中国科学院竺可桢副院长作了重要指示，中央西北局书记刘刚，西北局经委主任宋平，中国科学院计划局局长夏光伟，地学部主任尹赞勋，甘肃省委书记王世泰等领导同志参加了成立大会以致祝贺。会上宣布施雅风和王丙吉主持研究所工作。

冰川冻土沙漠研究所的成立，标志着我国冰川、冻土、沙漠研究进入一个新的时期，研究所设在兰州，可以及时地为西北地区经济建设服务。研究所的方向是冰川、冻土、沙漠和干旱区水文研究，长远任务是：研究我国冰川冻土沙漠和干旱区水文的基本情况和变化规律,防止和治理风沙、冻土、冰川泥石流等各种工程建设、工

竺可桢在成立大会上作重要指示

施雅风在大会上报告

农业生产与交通运输的危害，为有效利用我国干旱、高寒地区的自然资源、发展经济、巩固国防服务，使我国的冰川、冻土、沙漠和干旱区水文研究迅速攀登世界科学高峰。设置 10 个研究室（组）为：①冰川研究室（施雅风、谢自楚负责）；②冻土研究室（周幼吾负责）；③风沙研究室（朱震达负责）；④植物治沙研究室（李鸣岗、刘媖心负责）；⑤土地利用改良研究室（黄兆华、陈隆亨负责）；⑥干旱区水文研究室（李械负责）；⑦测绘组（王文颖、彭期龙负责）；⑧仪器研制组（冯经世负责）；⑨综合分析室（卢小霞负责）；⑩沙坡头实验站（李鸣岗、王助元负责）。

近期科研安排为：①积极筹备 1966 年开展珠穆朗玛峰科学考察，施雅风任考察队副队长兼一个考察组组长，冰川所积极筹备冰川气象及测绘人员安排和物资的准备等。②西藏土门格拉冻土站维持正常观测。③抓好总结：一是祁连山石羊河水资源考察报告；二是土门格拉冻土考察与大兴安岭冻土考察报告；三是中国西部古冰川作用总结。④实验室建设：一是低温实验室基建；二是冰雪气候仪器实验室；三是冰与冻土力学实验室。

8 月 24 日，北京，科学会堂，参加西藏珠穆朗玛峰登山与科考会议，到会有科学院副院长李四光、吴有训、竺可桢，还有尹赞勋、马溶之、夏光韦、施雅风、刘东生、冷冰、张文佑等，体委方面登山队许竞、王富洲等，知五年来积雪大大减少。

8 月 27 日，北京，科学会堂，参加 1966 年西藏考察会议。综考会马溶之主持，竺可桢副院长、于强、刘东生、施雅风、张文佑、钟补求、孙鸿烈等参加，竺副院长谈 9 月 1 日西藏自治区成立，体委登山队决定，1966～1967 年为登珠穆朗玛峰之年，给予科考队 100 个名额。之后，施雅风谈 1966～1967 年科学考察初步计划。

9 月 1 日，北京，参加动物所召开的 1966～1967 年西藏科学考察计划讨论会。到会除科学院外，有北大、中央气象局、体委登山处、测绘总局和地质学院等单位参会，马溶之主持。竺副院长谈科学考察目的：西藏自治区成立后，经济建设将迅速进行，科学考察必须加速进行，要在西藏建立科学考察的根。施雅风谈科考计划，科学项目有：①珠峰地区地壳结构运动变化与矿产资源；②珠峰自然分带与资源；③珠峰地区冰川气象；④高山地区生理与珠峰区大地测量与制图。

9 月 12 日，中国科学院以（65）院干任字第 039 号文件任命施雅风、王丙吉两同志为冰川冻土沙漠研究所副所长。领导小组成员为：施雅风、王丙吉、朱震达、牛亚一。

院计划局下达冰川冻土沙漠研究所人员编制 359 人，其中研究人员 177 人，占总职工总数的 49%。

秋，妻子沈健去永昌参加"四清"，家中孩子无人照看。大女儿在就读初中住校，家中腾一间房与来自北京原沙漠室无房的行政人员合住，兼照顾仍在上小学的两个孩子。

《泥石流》电影片头(《泥石流》
电影截屏)

12月初，北京，参加部分高校、科学院地理研究机构和少数生产部门参加的地理专业会议，在会上介绍了冰川考察的成果。

12月8日，北京，竺副院长观看电影《泥石流》并约谈去云南禄劝调查11月22日晚大规模山崩灾害。

12月下旬，受院里委派带成都地理室唐邦兴等人去云南禄劝调查11月22日大规模山崩灾害。在云南省科委帮助下，到禄劝县考察了半个月。普福河烂泥沟地处禄劝县北约110km处，该沟长6km，南北宽1.8km，流域面积约11km²，系金沙江二级支流。海拔由山岭3180m降到沟口1000m左右，地势陡落，切割深达1500～2000m，为高山峡谷地貌。11月22日晚11时14分35秒，烂泥沟突然爆发了一次规模巨大的崩塌型滑坡，大约有$2×10^8m^3$的基岩块石和风化土层从海拔3000～2600m的高处坠落到海拔仅1000m的沟底和普福河谷地，崩滑堆积处距崩滑源达7～8km。次日晚间又发生了相当规模的崩滑，两次崩滑体在谷地内形成一座长2.7km高179m的天然大坝，大坝拦普福河水形成一个大水库库容约$2.0×10^7m^3$。崩塌时，昆明、下关、贵阳、成都、康定等地地震台站都收到了这次事件的震动记录，两天之内共计发生七次震动，最大震动达4.4级。沟里四个村庄全被毁灭，鸡犬不留，情景很惨。考察沿沟向下进行，再下去不远就到了金沙江。考察后，认为大的滑坡近期不会有了，报告了地方政府。如果事先不知道这是滑坡，从现场观测堆积，可能会误认为是冰川堆积。考察结束后，写了报告交给云南省科委，后来又交给国家科委。

● 1966 年

1月16日，中国科学院以(66)院干一字第10号文件通知，冰川冻土沙漠所由施雅风、王丙吉、朱震达、牛亚一、续乃宽五同志组成所务委员会。

1966年开展的对珠穆朗玛峰及其周围地区大规模综合科学考察，是中国科学院主持的独立的科学考察，并以此作为对青藏高原综合科学考察的起点。综合科学考察队由中国科学院自然资源综合考察委员会负责具体组织实施。任命刘东生（北京地质所）为队长，施雅风、冷冰（综考会党委副书记）和胡旭初（上海生理所）为副队长，分五个专题组，包括地质、古生物、第四纪地质、地球物理、自然地理、生物、地貌、土壤、气象、冰川、高山生理、测量等专业。冰川冻土沙漠所分别参加第三（冰川及气象）和第五（测量）专题组。第三专题组组长由施雅风兼任，副组长谢自楚，第五专题组组长由西安测绘局担任，副组长王文颖。指派谢自楚和王文颖二人从 1965 年下半年开始筹备冰川气象和测量方面的准备工作。冰川冻土沙漠所参加人员：现代冰川 5 人（谢自楚、王宗太、王彦龙、刘潮海、曹梅盛）；冰川地貌 3 人（郑本兴、张祥松、苏珍）；辐射及热量平衡 3 人（寇有观、谢应钦、谢维荣）；冰川水文 3 人（曾群柱、周伯诚、施同平）；测绘人员 3 人（王文颖、陈建民、张怀义）。

3 月 6 日，北京，由刘东生、施雅风负责的"西藏综合科学考察队"召开出队誓师大会。会上，中国科学院竺可桢副院长，综合考察委员会主任马溶之和考察队副队长施雅风先后讲话，有关领导勉励祝愿科学考察队圆满完成任务，考察队表示一定克服各种困难，尽力完成科考任务。

3 月中上旬，《泥石流》电影全国放映后，有关泥石流的基本知识普及到了千家万户。这部电影到世界电影节上，获得一个国际金奖。在《泥石流》电影完成拍摄，没有正式发行的时候，曾在北京试映，请李四光先生前去观看，他看后一言不发，看来这个电影对他有所触动，泥石流在岩石上形成的擦痕与冰川运动造成的擦痕相似。这次去看他时，发现他找人从太行山泥石流地区搬来一块有擦痕的石头，看来他已经注意到泥石流的擦痕问题。

3 月中旬，为了配合西南三线建设，科学院任命施雅风为西南泥石流考察队长，这个队的首要任务就是解决成昆铁路通过西昌泥石流区的问题。由于这项任务，未能与珠峰考察队同去参加珠穆朗玛峰及其周围地区的综合科学考察，冰川气象及测量工作交由谢自楚与王文颖组织完成。

5 月 22 日至 6 月 31 日。偕同副队长杜榕桓、唐邦兴、李槭等近十人组成西南泥石流考察队，于 6 月初到了西昌地区，考察了六条河流泥石流的活动范围，认为稀性泥石流与洪水会对铁路带来风险，提出了铁路通过线路的修改意见，铁路部门采纳了考察队的建议。以后经过多年的实践，这段线路没有再受到泥石流灾害的威胁。

6 月，在多地地区的、密切结合生产实际的冻土调查中，积累了大量冻土基本科学资料。野外工作已应用地球物流探测方法，并初步开展冻土物理力学和热学性质的试验，还在兰州建成我国第一个有相当规模的冻土低温实验室。

6 月下旬，本准备完成泥石流考察后由四川渡口市直接去西藏，参加珠穆朗玛峰综合科学考察。由于"文革"开始，接到所内电报，叫迅速回兰州。

"文化大革命"开始，施雅风被召回，未能参加野外工作，以后整整丧失了三年工作时间。1969年9月被解放。1970年下放所内设在康乐县景古乡的干校劳动半年。

1972年春，参加贵阳召开地学工作座谈会，会上建议对珠峰考察进行总结。参加10月在兰州召开的珠穆朗玛峰考察总结会议，根据收集的野外资料和国外有关珠峰的文献，补充了考察报告的内容，提高了总结的质量。会后刘东生与施雅风合作写了《珠峰地区自然特征和地质发展史》（科学通报，1973）。此外，《希夏邦马峰地区科学考察初步报告》（与刘东生合作，科学通报），《希夏邦马峰科学考察报告》（多人合作，1982），《珠穆朗玛峰地区冰川的基本特征》（多人合作，1974），《珠穆朗玛峰地区科学考察报告（1966～1968）》等一系列著作，以后都是青藏高原综合考察的重要成果，成为1987年国家自然科学奖一等奖获奖项目的组成部分。

1974～1975年，施雅风领导专家组对巴基斯坦境内喀喇昆仑山脉长达59km的巴托拉冰川进行全面考察，正确预报冰川前进值与终止时间成为首要任务。专家组详细、反复观测冰川的运动与消融过程，以重力法测定冰川厚度，以波动冰量平衡计算的新方法预报冰川前进最大值不超过180m，终止时间不晚于1991年，以后即转为后退；估算巴托拉冰川百年一遇最大洪水量后，判断新的冰融水道可以稳定相当长的一段时间，建议中巴公路可循原线修复，但应适当变动桥位和放大桥孔。经审查批准，这段中巴公路于1978年修复通车，经过近30年的长期考验，证明研究方案完全成功。研究成果汇集为《喀喇昆仑山巴托拉冰川考察与研究》（1990）专著一册，另撰《喀喇昆仑山巴托拉冰川及其变化》论文（中国科学，1978）。这一研究成果 1982 年国家授予自然科学奖（三等），标志着中国冰川学水平从定性到定量的新提高。

1977 年 7 月，科学院组织召开了全国自然科学学科规划会议，为制定全国科技规划纲要和召开全国科学大会作准备。受郁文秘书长委托，在北京主持编制地学学科规划，汇总为《1978—1985 年全国基础科学发展规划纲要》。这个纲要是《1978—1985 年全国科学技术发展规划纲要（草案）》的一个重要组成部分。

联合黄秉维、叶笃正等十多位地理学界和气象学界学者，为了纪念中国科学院前副院长、著名科学家竺可桢同志逝世五周年，建议编辑《竺可桢文集》，获得批准，并指定施雅风负责。《竺可桢文集》于 1979 年科学出版社出版。

● 1966 年夏至 1969 年

从野外回到兰州的当天，即被"造反派"视为执行了修正主义路线的"三反分子"和"走资派"，戴高帽子并被批判，成为所内主要批斗对象。1938 年初，施雅风在浙大读书的时候，曾经参加过"国民党军委会政治部战地训练班"，"造反派"怀疑施雅风有历史问题。解放前的那一段地下工作，当时的那些"上线"，包括政治上的引路人、入党介绍人吕东明，此时都在被审查。因而地下党员的身份便成了怀疑目标。政治上如此，工作上也有问题，问题在于推行修正主义科研路线，施雅风因此被定为"资产阶级思想严重的知识分子"。过去的所有研究成果和工作成绩此时一笔勾销，全盘否定。

1968 年，"清理阶级队伍"运动逐步开展，施雅风成为两派共同批斗的对象。最终，被关进了"牛棚"，失去了人身自由，连夫人沈健也未能幸免。沈健因要照看三个孩子准许她晚上回家，但白天必须和其他"坏分子"关在一起学习，写检讨。沉重的思想负担和压抑的心情使刚过 40 岁的沈健头发全白了。

按规定，"牛棚"里需每天早请示、晚汇报。有一晚忽然想起忘了晚汇报，一不留神脱口而出"今天还没做祷告呢"。被人听见举报。立即"罪名"升级为现行反革命。对现行反革命的批斗更加暴虐。

施雅风无法忍受凌辱，感到悲观绝望、生不如死。8 月的一个中午，走上兰州黄河大桥，从桥上跳了下去。入水瞬间骤然清醒，想到了母亲、家庭和事业，觉得不应该死。因为会游泳，浮起来以后就顺着河水漂向下游，河水把施雅风冲到了河心沙洲上，对追踪而来的人们喊"这里水大，不要过来，我会回去的"。

这件事成了转折点。从部队派到兰州分院的军管委主任说："不要再批斗施雅风了"，这句话让施雅风解脱了。以后虽还被关押，但批斗会上只是站在那里听，不用"坐飞机"，也没有人再来打，家里人也放心了。而且还可以看书，做笔记等。

当时的最大罪状就是国民党战地服务团的毕业证书，审查人员在施雅风的日记里发现了一段议论战地服务团的话："战地服务团的官员腐败，他们不上前线，还找女学生谈恋爱。看到这些，我就不想在那里干，离开战地服务团回到浙大"。

1969年出"牛棚"后，全家人一起合影
（大女儿建生去建设兵团）

这段话包含了两个意思：一是认为那里的官员腐败，二是表示施雅风不想干了。这说明施对战地服务团是不满的，"离开"便是不满的行动表达。这是进步的表现，历史问题也就调查清楚了。

1969 年 9 月底，施雅风做了一次上纲上线的深刻检查后，被认定为犯严重错误的干部，宣布"解放"。

1966～1969 年，绝大部分野外工作队、站的科技人员，被调回所内参加"文化大革命运动"。过去的成绩、经验受到了错误的批评和否定，希夏邦玛峰科学考察总结报告的出版工作中断，原定 1967 年的珠峰登顶活动被取消。得到中央特别支持的珠穆朗玛峰科学考察，于 1966～1968 年间尚能继续进行，但也受到很大削弱，区域工作完全停止。1969 年开始恢复部分工作，冰川冻土沙漠所派出测量人员和冰川及地貌人员十多人参加珠穆朗玛峰科学考察补点工作。

● 1970～1971 年

1970 年 2 月 17 日至 5 月 22 日，同徐道明、朱国才、陈护群等调查讷河冰雪洪水泥石流形成原因，并对省内平凉、泾川、华亭等地暴雨洪水灾害进行了调查和分析。

下半年到所内设在康乐县景古乡的干校劳动。在干校都睡在大铺上，劳动也很苦，但在那里心情好了很多，在干校劳动也很积极。在劳动中和当地一些老乡交了朋友。

1971 年元月 21 日，冰川冻土沙漠所革委会以科冰革 (71) 4 号文通知，施雅风同志任本所科研生产组副组长。冰川冻土沙漠所的领导关系是：由院里归口，实行以地方为主的双重领导。原承担的国防和重大国民经济任务不变，院里除协助地方做好政治思想工作外，凡国防和重大国民经济方面的科研任务，由院里通过省上下达，经费、器材由院里归口，列入国家计划。党政领导、编制定员、人事关系、业务领导等方面的工作，一律由省统一领导，省里在保证完成国家计划的前提下，有权根据本地需要，安排其他科研任务。

2 月，从干校回到所内，当上了科研生产组的副组长。当时，所里有三个组，政治组最强，人也最多，另外还有后勤组和科研生产组。科研生产组人最少，只有一个女同志，是科研生产组副组长，施雅风来以后，她被调走了，这个组就剩施一人。

3～4 月，了解所内科研情况。召开过几次座谈会，工作不多，问题不少。另外，光听汇报根本搞不清楚，还需要到现场去看一看，实验室工作，已经停了多年，现刚开始工作。

5～6月，去武都等地泥石流工作点及观测现场进行了工作情况了解和查看，并提出了建议和要求。

7～8月，先到河西，查看了从事沙漠研究人员正在搞铁路的风沙治理；又去新疆伊宁0503线查看了冰川研究人员对公路雪崩和风吹雪的防治设计及治理试验工程情况；还去南疆铁路筹建中的钻探施工问题，因为那里风太大，把火车都吹翻了，科研人员正在那里调查如何修建铁路。有一天到南疆铁路越岭地段，看到铁路部门要挖隧道，在奎先达坂打钻时总是钻孔打不进去。施雅风便提出在古冰碛层上打钻必须要先组织力量进行勘探，铁路部门采纳了建议，决定由冰川冻土沙漠研究所派人进行勘查。

9～12月，出去调查发现了很多可以研究的问题，因为当时没有研究条件，多数时间只是了解情况。研究人员工作不多，所里有很多人闲着，学术杂志也停刊了，没办法写科研论文。为了使更多生产建设部门的人员了解冰川冻土的基本知识，组织编写一些中等普及性的小册子。很多人积极参与了这项工作，先后编辑出版了《泥石流》《冻土》《冰雪世界》《风雪流及其防治方法》《雪崩及其防治》《泥石流地区的公路工程》等综合性的科普读物。这些书出版后，很受工程技术人员的欢迎。

另外，看到许多野外资料都没有整理，各种资料，报告杂乱的堆在所里，于是就在所内组织没有工作的老同志整理资料，归纳档案。

1969～1971年观测试验用"下导风"防治公路路面风吹雪危害，效果甚佳

年终，当了一年多的科研生产组的副组长，这项工作本来是安排整个所与生产有关的工作，因在"文革"中曾受到过批判，感到组织项目很困难，提出的建议也往往被顶了回来。所以，要求全面转到研究工作中去。

● 1972 年

2 月春节前后，偕沈健、建成去南京看望兄长施成熙一家，并去上海探亲访友。

3 月至 4 月初，从 1971 年下半年，林彪事件以后，政治风向变了。开始纠正过去几年中盛行的"左"的政策，提出科研工作要结合实际，往高里提。当时，科学院五局（管地学部分）在贵阳地球化学所召开地学科研工作座谈会，所里派四人参加，施雅风为代表之一。

出席座谈会时，倡议召开珠穆朗玛峰考察总结专门会议，全面系统地总结珠峰考察的成果，并规划青藏科学考察下一阶段的工作。院里决定 1972 年 10 月在兰州召开珠穆朗玛峰总结会。会后，去京看望了竺可桢副院长。

4 月 5 日，甘肃省科技局以甘革科（22）025 号文批准冰川冻土沙漠所下设：冰川研究室、冻土研究室、沙漠研究室、泥石流研究室、测量绘图室、仪器试制修配室。任命冰川研究室主任施雅风，副主任谢自楚，教导员李以海。

4 月 6 日，所里恢复了研究室，并被任命为冰川研究室主任，便开始了专门做

1972年，贵阳地学工作会议代表合影
施雅风(第三排右三)，周幼吾(第二排右二)

参加贵阳会议的冰川冻土沙漠所五名代表
左起：施雅风、李缄、曹堆、朱震达、周幼吾

研究工作。上任后，首先重点抓了珠穆朗玛峰科学考察总结和天山西段 0503 线公路雪害防治研究等。

珠穆朗玛峰科学考察任务是聂荣臻副总理批准的，从 1966 年到 1968 年，进行了三个夏季的野外调查。施雅风因"文革"回兰州，未能去现场考察，但参与了珠穆朗玛峰地区综合科学考察的总结工作。施详细阅读了珠峰的考察资料和总结报告，查阅了西方人对珠穆朗玛峰的工作情况资料，尤其是英国人在珠穆朗玛峰南坡做了许多研究工作，根据中国考察队员收集的野外资料和国外有关珠峰的文献，补充了考察报告的内容，提高了总结的质量。

6 月 27 日，参加并主持了冰川研究室工作会，会上，由苏珍同志汇报了天山西段 0503 线公路雪害防治研究工作的进展。此项研究工作是由兰州冰川冻土沙漠所负责主持，新疆地理研究所、新疆交通局、公路局、气象局参加的重要的科研生产任务。经过连续几个冬季，对公路雪崩和风吹雪对公路的危害观测和实验研究，初步掌握了雪害的成因、分布、类型及运动的若干规律，总结出一套可行性防止路面积雪和防治雪崩的工程措施。已拿出了全线受风吹雪危害的 23km 路段的正式防治的工程设计，也拿出了受雪崩危害 80% 路段的工程设计方案，正进行中间实验阶段。还提出了夏季雪崩和风吹雪实验工程，现已开始施工。会上还讨论了总结的分工问题，参加会议的是冰川研究室全体在所人员。

6 月 30 日，为了进行珠峰总结，召集了崔之久、李吉均、王富葆、王明业、郑本兴、张祥松、苏珍等，讨论了三次冰期及冰川地貌等问题，并个人谈了总结情况等。

7 月 10 日下午，主持讨论了冰川研究室人员编制计划，冰川研究室现有人员 33 人（包括教导员一名），分冰川组、冰雪物理组和积雪组。根据任务和发展的需求，还需近年增加 30 名专业技术人员。参加会议人员有：施雅风、谢自楚、郑本兴、黄茂桓、王中隆、寇有观、苏珍等。

8 月 8 日，中国科学院以 (72) 科字第 353 号文下发《中国科学院地学科研工作座谈会纪要》，纪要中提出冰川冻土沙漠研究所的科研方向任务是：进行冰川、冻土、沙漠、泥石流等研究。其中，冰川学（包括积雪及河、湖、海冰）：研究我国冰雪的性质，过程和应用。近期着重新疆山区公路雪害及黄河冰害防治研究，建立冰雪物理力学试验基础。结合任务，有重点、有计划地开展青藏高原、西部高山现代和古代冰川考察，逐步摸清我国冰川分布和它在自然界中的作用、工程条件及第四纪冰期变化规律，提出我国特有的低纬度极高山冰川理论。

8月中旬，随甘肃省代表团参加了"全国科学技术工作会议"，这是"文革"开始后第一次全国性的讨论科学技术工作的会议，有科学院、国家各部委和各省市自治区的人员200多人参加会议。会议集中讨论的一个重要问题，就是究竟应该怎么评价"文革"前的科学工作。会议原计划一个月，因为着急珠峰总结，只参加了两个星期的会议就请假回兰州了，后来听说这个会拖了好几个月。

10月16～25日，参加中国科学院在兰州召开珠穆朗玛峰科学考察总结会议，会议由冰川冻土沙漠研究所负责筹备经办。会议上拟定了《中国科学院青藏高原1973～1980年综合科学考察规划》，考察工作主要由中国科学院综合考察委员会负责，孙鸿烈主持。在珠峰冰川考察总结报告中指出：珠穆朗玛峰地区的高山冰川在低纬度和强烈上升运动影响下冰川的补给量和消融量较小、运动速度中等、冰温度较低、冰川的进退变化较弱，具有大陆性冰川的特征。在强烈的太阳辐射和其他条件配合下，雪线以上至最高峰顶广泛存在着渗浸－冻结成冰作用，雪线以下的山谷冰川形成奇特的冰塔林。晚更新世冰期以后，冰川波动性退缩幅度在世界山岳冰川中可能是最小的。冰川塑造地貌达到"壮年期"阶段，而冰川的侵蚀和堆积作用则较弱。喜马拉雅山南坡降水远大于北坡，出现了南坡雪线反而低于北坡的异常现象。在希夏邦马峰北坡海拔5900m发现的高山砾化石，证明上新世晚期以来喜马拉雅山上升了3000m左右，并找到第四纪4次冰期演化的地貌学证据。考察结果汇总在《珠穆朗玛峰地区科学考察报告（1966—1968）》的《现代冰川与地貌》、《气象与太阳辐射》和《第四纪地质》三个分卷中出版。

珠穆朗玛峰科学考察总结会议合影
前排右二施雅风、右四刘东生

1972年在兰州召开珠穆朗玛峰科学考察总结会，施雅风在会上作报告

1972年10月参加珠穆朗玛峰科学考察部分队员在兰州合影
前排：副队长胡旭初(左五)、队长刘东生(左六)、副队长冷冰(左七)、副队长施雅风(左八)

会后，刘东生、施雅风合作，写了《珠峰地区自然特征和地质发展史》论文，署名中国科学院西藏科学考察队，发表在 1973 年的《科学通报》上。

12 月 23 日，参加了冰川研究室组织的"关于冰川地质地貌基础理论"的讨论，参加者：施雅风、郑本兴、任炳辉、邱国庆、张祥松、苏珍、唐领余。

● 1973 年

1 月，《全国科学技术工作会议纪要（草案）》传达，《纪要》对"文革"前的科技工作肯定，但是"文革"中的主导思想和一些错误的提法并没有改变。后来很快掀起了"批林批孔"运动。在这个运动中，全国科学技术工作会议又成了"复旧回潮"的典型，受到了批判。

2月9日，省科技局以甘革科政（73）第001号文件批准施雅风、朱震达二位同志为中共中国科学院甘肃省冰川冻土沙漠所委员会委员。

2月27日，对冰川研究室1973年部分工作任务及参加人员进行了初步安排。①冰川组主要有两项任务：一是天山冰川总结及补点考察，施雅风、苏珍、郑本兴、任炳辉负责。二是参加中国科学院综合科学考察任务，李以海、张祥松、唐领余、谢应钦负责。②冰雪物理组主要任务：一是内蒙古河冰压力观测，二是实验室建设，人员由黄茂恒安排。③积雪组主要完成0503线中间试验工程及研究总结任务，按原来安排进行。

3月15日，接科学院文件，要求上报"文革"以来的科研成果，经过讨论，冰川研究室上报：①珠穆朗玛峰冰川科学考察；②新疆0503线风吹雪及雪崩防治研究。

3月20日，听取所内其他研究室主要人员对"天山冰川总结"的意见，参加会议者有：杜榕恒（泥石流研究室）、周幼吾（冻土研究室）、张长庆（冻土研究室）、王自俊（科技处副处长）及冰川研究室苏珍等。

6月1～4日，召集天山冰川总结及补点考察人员，讨论了"中国天山冰川作用"总结提纲及考察补点线路。总结提纲分上下两篇，上篇为总论，下篇为区域分论，让大家考虑，由任炳辉负责汇总。考察线路早已提出，先后次序定为：博尔塔拉—巩乃斯—穷特连—阿拉沟与天山站—庙尔沟等处山地冰川及古冰川补点考察，由苏珍带队。

4月5～15日，天山冰川补点考察队出队，人员包括兰州大学地理系牟昀智、北京大学地理系崔之久、新疆地理所王志超和胡汝骥，以及冰川所的施雅风、苏珍、郑本兴、张金华等。根据准备情况于4月15日在乌鲁木齐集中。

6月3～6日，补点队员在巩乃斯雪崩站对阿拉套山及那拉提山冰川及古冰川的补点考察进行了小结。

6月7～14日，考察队乘一辆嘎斯63小车和一辆卡车从雪崩站出发，经察汗诺尔大坂—尤尔都斯—巴仑台—焉耆—库车—拜城，最后到温宿，出发时考察了巴音布鲁克，一路上还遇到暴雨形成的洪水等。

6月22日至7月3日，对穷台兰冰川进行了仔细考察，这是一条土耳其斯坦型冰川，冰舌约有1/3冰面被表碛覆盖。不仅对该冰川进行了地质地貌考察，还对冰川成冰、雪层剖面、运动速度、冰层温度、表碛成因、冰川变化等进行了观测。在进行冰川考察时，由于冰面很滑，考察队的人员及马匹多次在冰面上滑倒。一次，施雅风骑马给冰川上观测人员送物资时，马蹄突然一滑，连人带马均摔到了，马恰好压在身上，被数百斤的马压得喘不过气来，动弹不得。施雅风用马鞭不住向马身上鞭打，马受惊痛站立起来，才得得以脱险，但腿部受了轻伤，勉强回到宿营地后，经过治疗和休息，慢慢恢复过来。

天山托木尔峰南坡台兰河谷地

7月6～13日，对台兰河谷地及破城子冰碛进行了考察，从冰川堆积和间冰期沉积的相互关系和特征，结合在其他谷地所见的类似情况，本区第四纪时期可划四次冰期。

7月13～19日，同苏珍与司机王仲旭乘小车，从阿克苏到喀什，住南疆军区招待所。从喀什地区外事组了解到，援建的中巴公路上有一段路基和桥梁被冰川洪水冲毁，希望冰川所派人考察解决。从喀什地区水电局了解到，在克勒青河谷形成有冰川阻塞湖，那有洪水发生，对下游造成的损失很大，也希望冰川所派人摸清形成洪水原因。还从喀什养路总段了解到，喀（什）塔（什库尔干）公路桥梁和路基每年都有被洪水泥石流冲毁的现象，另外新藏公路还有雪害、道路翻浆等问题。为了查看公路情况，同苏珍沿喀塔公路约行100km，车到盖子河谷，因河水冲垮了公路路基，不能前行，只好返回。

8月16日至9月2日，苏珍率补点人员于7月底去了哈尔里克山冰川考察，施雅风等去奎克达坂附近，向进行冻土考察的邱国庆、张长庆了解了他们工作的情况，并对冬德萨拉、阿拉沟、黑熊沟等处古冰川冰碛地进行考察，还对天山站1号和3号冰川进行了考察观测。

9月11日，给新疆大学地理系全体师生作了冰川考察报告，反应热烈。

冬，兰州，对冰川研究室工作进行了总结：①天山冰川补点考察。共收集了8个点的现代冰川和古冰川资料，编辑了《中国天山冰川目录》，统计有冰川8696条，面积 9584km²；王文颖等重测了乌鲁木齐河源冰川区 1∶10000 地形图，还收集了天山冰川区气象，水文资料等；并对《中国天山冰川作用》总结部分的写作做了初步分工。② 0503 线公路雪害防治工作。尽管工作量大，人员不足，风吹雪工作还是完成了夏天的中间试验工程施工，冬天取得了所需的观测参数，完成初步总结五篇，还有两篇在进行中；提出了防治雪崩危害路段的全部方案。测了 1∶10000 地形图，还对 0603 线雪害进行了调查，室内总结基本完成。③内蒙古黄河冰压力工作，取得冰的静压力、流冰压力资料，冰的抗压只做了零度条件下的，并对冰温、冰结构、密度等进行了观测、取样等，总结报告已完成，同时向交通部进行了汇报。实验室工作基本按计划进行，取得了一些实验数据，自己改装仪器不灵敏，取得的数据不理想。

12 月 1 日，中国科学院以（73）科发外字 204 号文，按照外经部、交通部、总后勤部联合要求，请冰川冻土沙漠研究所派一冰川技术小组援助巴基斯坦修建公路。该小组出国时间 1～2 年。所内决定由施雅风负责组队，提出援巴冰川技术小组人员组成名单。

● 1974 年

年初，了解到巴托拉冰川位于喀喇昆仑山西南侧巴基斯坦境内，1973 年春夏之交，巴托拉冰川洪水突然爆发，将连接中巴两国的交通要道喀喇昆仑公路跨越冰川主排水道上的一座桥梁冲毁。紧接着，主排水道又突然改道，冲毁了另一座桥梁和路基，这条重要的中巴友谊之路受到了严重损坏，一时难以通车，在政治经济各方面都造成了巨大的损失，引起中巴双方深深的焦虑。如果改道，就要增加大量经费，如果在原址上修复，又担心公路再次遭到冰川的破坏。

经过中巴双方有关人员周密细致地协商，一致认为这条公路必须尽快修复，但又必须避免同类事件再次发生，以求公路能长期畅通无阻。一致同意，由中国派出专门的冰川考察组，对公路通过地区的喀喇昆仑山巴托拉冰川进行实地考察，摸清它的底细，特别是对它是否有再次兴风作浪的可能性等规律特征必须彻底弄清楚。然后，在科学的基础上，提出切实可靠的既安全又经济的公路修复方案。

所里要施雅风组织巴托拉冰川考察队，要求两年内完成任务，提出有科学根据的最佳公路修复方案。按照施雅风的提名，配备了十多位业务和行政骨干。参加巴托拉冰川考察队人员包括：施雅风、张祥松、苏珍（冰川学与地貌学）、谢自楚（冰川学），白重瑗、张金华、刘光远（冰川气象与气候学）、王文颖、陈建明、张怀义、孙作哲、刘景璜（地面立体摄影测量与大地测量）、李械、蔡祥兴、李念杰（泥石流与冰川水文学）、顾钟炜（地球物理勘测）和何兴（行政）等；国家体委登山队派出了四名登山老将刘大义、陈山、杨德友、格桑德庆；兰州医学院派出王恒大大夫随队工作；中巴公路指挥部充分满足考察队的物资需求，配备翻译张春祥（后来出任中国驻巴基斯坦的大使）等和十多位工人同志协助工作，筑路指挥部还配给一辆小车。

3月26日至4月9日，正当中国巴托拉冰川考察队在乌鲁木齐整装待发之际，作为冰川研究室的负责人，受所内委托，参加了新疆维吾尔自治区科委组织专家对冰川所主持完成的新疆0503线公路雪害防治工程设计方案的成果鉴定会。4月7日赴巩乃斯现场对设计方案进行实地考察，冰川所设计人员在现场向鉴定专家们汇报了防雪害工程类型和设计依据，并圆满回答了专家提出的问题。返回途中，强暴风雪天气来临，汽车多次陷入雪中，施雅风跳下汽车指挥汽车加力，带领大家铲除积雪，把雪中的汽车推出，终于返回乌鲁木齐。4月9日上午成果鉴定会结束。4月9日晚，新疆军区与自治区开欢送会，欢送巴托拉冰川考察队前往巴托拉冰川进行实地考察。谭友林副司令还询问了新疆天山的冰山冻土情况。

4月10～15日，离开乌鲁木齐—库尔勒—库车—阿克苏—三岔口—喀什，于15日到达塔什库尔干，住援巴办事组。

4月16～17日，学习有关外事注意事项，去气象站及空军导航站抄有关气象资料。

4月18日，巴托拉冰川考察队员乘车离开塔什库尔干，上午10点到红其拉甫检查站，11点半出中国边境进入巴基斯坦境内，沿喀喇昆仑公路西行，一路上还有积雪，至下午5点左右到达巴托拉冰川的末端，大家搭建了五顶帐篷宿营。

5月6～15日，巴托拉冰川是中纬度地带内，长度超过50km的八大冰川之一，这次考察的核心是预报，必须要正确预报未来数十年的冰川进退变化等。没有科学准确的数据，一切都无从谈起。考察是自下而上进行的。

5月16～29日，巴托拉冰川冰舌末端进行全面考察，并设立了水文、气象、冰川运动、消融、冰层温度、进退变化及埋藏冰等观测点。还对相邻的帕苏冰川也进行了考察。

6月2～8日，去援巴筑路指挥部了解了对巴托拉冰川下方原桥梁设计情况，并了解筑路指挥部对这项考察的要求等。

6月14～15日，计划在冰川中段离大本营20km处建立一个观测站兼中转运输站，需要的物资是由巴方派直升机帮助运上去的，因而很快建立了观测站。这样，从下到上便建立了对冰川冰舌的各种观测控制。

6月26日至7月19日，对巴托拉冰川末端附近，冰川谷地四套不同时期形成的冰碛（不包括分水脊处的更古老冰碛），进行了仔细的考察，包括所在部位、形态、

巴托拉冰川考察队全体人员合影
前排右四施雅风

冰碛风化和胶结程度等。

8月1～5日，对巴托拉3号营地附近冰流、冰川消融、冰层温度进行了观测和了解，还对冰川两岸侧碛进行了考察。在这次冰川上考察时，施雅风脚踩在一块冰面的石头上，身子一歪，立刻滑倒。正要往起爬时，不料身旁的一块大石头也发生了松动，向他这边倾斜过来，把施雅风的腿压住，使他动弹不得。同志们发现了这个险情，奋力抢救，才把他从大石头下解救出来，幸亏大石活动时，未发生很大的冲力，施雅风才幸免重伤。

8月14日，洪扎河巴托拉冰川左岸有四条泥石流沟，13～14日由于降水而发生泥石流，其中1号和2号沟爆发泥石流规模最大，中断交通3天。

9月17日，冰川考察进行小结。经过前段时间对巴托拉冰川的考察，使大家意识到：①公路受冰川洪水破坏的原因：一是冰川融冰的通道在冰川内部突然改道；二是被冲毁桥梁的跨度孔径太小，设计人员是按冬天探测到的数据设计。②经过几个月的冰川考察，发现巴托拉冰川不属于快速进

施雅风(左一)在巴托拉野外工作

退的跃动冰川，而是一条常态的积极活动冰川，但也不同于我国西部的大陆型冰川。③从地貌形态、气象分析、巴托拉冰川已显示出若干衰萎现象。但是，它的末端目前还处于前进状态。④冰川什么时候停止前进？目前冰川末端距离中巴公路480m。

9月19～25日，考察冰川变化及末端冰洞口的变化。有一天上午和张祥松去观测出水洞情况，正在一个陡坡上小心翼翼地往下走。走在前边的张祥松一脚踩在一块大石头上，不料石块滚动，他也立刻摔倒。陡峭光秃的斜坡上没有一点可抓攀的东西，只能身不由己的随着滚动的石块向下滑去。施雅风当时也惊呆了，很快镇静下来后，大声呼喊，叫他当心。说时迟，那时快，只见张祥松翻了几个筋斗，跌进了坡下的冰川融水的水潭里，在冰凉彻骨的冰融水里拼命挣扎了一阵，才靠近了岩坡，爬上岸来，总算幸免于难。

9月28日，去筑路指挥部汇报工作。

10月底，全队会议，各组对工作进展情况进行了交流，并对下阶段及来年工作进行讨论。会上决定：冬季留一部分人员在冰川现场，继续维持各种观测；一部分人员回国查阅有关国际文献，并绘制巴托拉冰川末端地形图。

11月中旬，随部分人员回国查阅有关国际文献及处理有关事宜。

● 1975 年

年初，在兰州与北京查阅对巴托拉冰川的预报工作有参考价值的国际文献。在北京时与刘东生协商青藏高原科学考察问题，并筹划1975年组织第二次西藏科学考察队进一步扩充问题。

3月31日，同张祥松、苏珍、顾钟炜、孙作哲等乘火车离开兰州，前往巴托拉冰川考察驻地。途中去敦煌农村看在那里插队的小儿子施建成。

到乌鲁木齐后稍停数日办事，后续之事由张祥松等办理。

4月20日左右，回到了巴托拉冰川考察队驻地。

5月，全体考察人员在巴托拉冰川现场重新聚合。留守人员汇报了对冰川的连续观测情况；回国查阅文献人员花了很长时间，查了大量有关国际文献资料，找到了两个冰川前进预测成功的先例：一个是苏联学者，使用重复摄影测量和重复

巴托拉冰川考察
中间为巴基斯坦联络官，右为施雅风

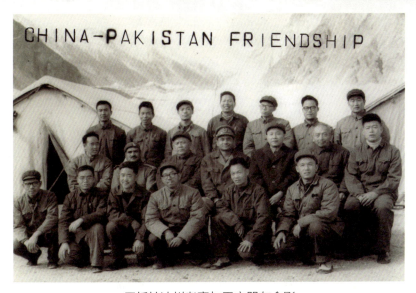

巴托拉冰川考察与巴方朋友合影
一排：刘光远、苏珍、王恒大(医生)、张祥松、李念杰、顾仲玮
二排：何兴、巴方朋友、筑指领导、巴方朋友、筑指领导、施雅风、刘大义
三排：张春祥、蔡祥兴、张怀义、王文颖、李械、张金华、孙作哲

重力测厚的方法，经过 8 年的研究考察，得出熊冰川将于三年后再次前进的预报。另一个是西方学者用测制地形图的方法，在连续三年的冰川积累和运动数据观测的基础上，经过较严密的理论计算，得出加拿大贝伦敦冰川将于 20 年后出现冰面高涨，危及附近一个铜矿的预报。这两个成功预报的先例，都以冰川物质平衡计算为基础，很有启发作用。但是，巴托拉冰川的面积几乎十倍于上述两条冰川，而且支流众多，其源头粒雪盆高达海拔 5000m 以上，要对它进行全面的物质平衡观测，几乎是不可能的，而且两年的期限已经过了一年，时间不允许那样考察观测，所以需要自想办法解决这个难题。

经过讨论，大家按照 1974 年底讨论方案，除继续对冰川运动、消融、进退变化等观测外，还新上对冰川冰舌的厚度测定。负责气候研究的人员寻找量测长达 500 年的柏树年轮变化，以推断当地气候变化趋势。

6 月初，开始用重力法测定巴托拉冰川冰舌各剖面上的冰川厚度；并派出水文组人员，对洪扎河巴托拉冰川左岸泥石流沟进行考察。

考察队员用重力法测定巴托拉冰川厚度

6月22～24日，测量冰舌末端近年来的变化距离。

6月26日，与筑路指挥部工程师等设计人员现场讨论桥位设计中有关埋藏冰、泥石流等问题。

7月2～5日，考察冰川进退变化。

7月8～14日，了解冰川消融、运动观测情况及对泥石流沟的考察情况。

7月18～26日，考察洪扎河谷第四纪冰川堆积地貌。

7月，《珠穆朗玛峰地区科学考察报告（1966～1968）现代冰川与地貌》（中国科学院西藏科学考察队；施雅风主编）由科学出版社出版（本书为1987年第三届国家自然科学奖一等奖的基础成果之一）。

8月至10月，经过几个月对巴托拉冰川考察观测和充分实践的基础上，悟出了两种预测方法，一种是冰川末端"运动速度递减法"：当冰川下游消融加剧，厚度变薄，冰川运动速度减慢，上游运动来的冰量与消融掉的冰量相等时，冰川即停止前进。根据这个原理，按照1974～1975年对巴托拉冰川实测到的冰流速和冰面消融速度，计算出巴托拉冰川还将继续前进210m。也就是说，它将在距离中巴公路270m处停下。

悟出的第二种方法，那就是"波动冰量平衡法"，它包含了冰流速、消融量、运动波传递速度、冰层厚度、岩床坡高等等参数。它是建立在第一种方法上的，又一种更加全面更加完善更加科学的方法。据此，重新计算得出：从当年（1975年起），巴托拉冰川还将继续前进16年，到1991年时会停止。也就是冰川还将继续前进180m，将在距离中巴公路300m处停下。

其他考察观测数据也相继出来，确定巴托拉冰川1973年改道后的融水道目前是稳定的，在相当长的时期内不会再改道。运用洪水痕迹调查、气候流量相关、中巴境内水文站流量相关三种不同方法估算百年一遇的巴托拉冰川最大洪水量可达578m³/s或692m³/s，而目前的融水排泄水道能容纳融水的百年一遇的极限可达约960m³/s。两相比较，绰绰有余，不会发生问题。公路路基底下，经过探测不存在埋藏的地下冰，所以路基也是安全的。

11月，根据巴托拉冰川考察两年得出的科学结论，如期提出修复被破坏的公路的方案：中巴公路可循原线修复，但应适当变动桥位和放大桥孔。筑路工程指挥部接受了这项建议，经过交通部审核批准，巴基斯坦方面同意，于

"策马扬鞭"

施雅风在巴基斯坦喀喇昆仑山帕苏村西南冰碛堰塞湖滨风化形成的怪石上

1978 年修复通车，该修复方案按当时的币值，为国家节约 1000 万左右。1980 年和1994 年，李吉均和张祥松等人两次前往巴托拉冰川验证复核，都与当年的预报基本一致。

12 月 10 日，全体巴托拉冰川考察队离开巴基斯坦回国。

经过近 30 年的长期考验，证明巴托拉冰川研究方案完全成功。这项研究成果汇集为《喀喇昆仑山巴托拉冰川考察与研究》（1980）专著一册，另撰《喀喇昆仑山巴托拉冰川及其变化》论文（中、英文），均刊于 1978 年《中国科学》。美国著名冰川学者、时任国际水文协会主席的 M.F.Meier 对此成果评论："中国冰川学者在野外没有计算机条件下，能作出这样精密的预报是非常出色的成就。"这一研究成果 1982 年国家授予自然科学奖（三等），标志着中国冰川学水平从定性到定量的新提高。

● 1976 年

1 月底至 2 月初，偕沈健去南京、上海探亲访友。在上海见到当年浙大同学王知伊（原名王天心）和当年的地下党员何惧。

3 月 3 日，学习中央文件。

4 月中旬，审查稿件，对所审稿件都仔细阅读，并提出修改意见。

4 月下旬，纠求对巴托拉报告的审查意见，张丕远、郑斯中、刘昌明等对根据树木年轮进行预报提了一些看法。

经与考察队人员讨论，一致认为公路不走对岸，坚持原来方案。

5 月 4 日，冰川研究室党支部会议，参加会议人员：李以海，邵师傅（工宣队），苏珍，张志忠，施雅风，讨论 1976 年出野外的准备工作。西藏队郑本兴等三人去阿里；青藏队寇有观、曾群柱、李文忠等 7 人要求再增加一人；祁连山队冰川 13 人、沙漠 3 人、测绘 3～4 人、兰大水文气象专业师生 13 人（9 名学生、4 名教师），以上由谢自楚组队，去七一冰川观测，5 月上旬出发；新疆雪害由王中隆等去调查。

5 月 15 日，召开巴托拉冰川考察人员在进行业务总结，所内要求的总结包括：①不是为个人成名成家，为了生产需要为了革命的外交政治路线。②集体性，个人与集体相结合。③材料充实，不打无准备之仗。④提倡唯物主义反对形而上学。⑤努力赶超，学习外国先进经验，反对洋奴哲学。⑥加快步伐。上述总结报告，给中央八份，新疆七份（不包括科学院和本所八份），全面总结。

5 月 25 日，所内要求组织学习大化所经验。

5 月 27 日，上午冰川研究室召集 1975 年新来调干及工农兵大学生座谈会。

5月28日，主持室内工作座谈会。参加人员：刘振中、黄茂恒、张顺英、谢应钦、王中隆、马正海、李文忠等，谈了室内试验及工作进展，并对订购仪器等提出意见和建议。

6月2日，对做黄河河冰（冰压力，冰强度等）实验进行了解，这个项目已进行了4年，总结报告基本完成。

6月11日，主持冰川研究室室务会议，讨论1977年工作安排问题。参加会议者：王中隆、黄茂恒、寇有观、王彦龙、张祥松、苏珍等。

6月14日，张祥松报告"喀喇昆仑山巴托拉冰川及其变化"。

6月18日，在省科技局听传达对台宣传工作会议报告（上午传达，下午讨论）。

6月22日至7月20日，所政治处安排这段时间集中政治学习。

7月21日，刘光远报告《巴托拉冰川及喀喇昆仑公路沿线的冰川概况》。

8月4日，传达中央抗震救灾指挥部电报。唐山发生强烈的地震，大家都很关心，表示坚决响应中央号召，坚守工作岗位，抓革命，促生产，以实际行动支援灾区。

8月9日，巴托拉冰川考察总结情况汇报。经了解，所有人员都在忙于观测资料处理和分析阶段，总结报告年底或明年年初完成初稿。

8月13日，传达华总理在计划会议上的讲话。

10月，"四人帮"垮台。

年底，主要抓巴托拉冰川考察总结报告及冰川室各项科研总结，并撰写喀喇昆仑巴托拉冰川考察科学总结。《喀喇昆仑公路巴托拉地段冰川影响和工程修复意见》报告（油印稿），交呈援巴筑路工程指挥部及总后勤部、交通部、外经部等有关部门的。完成《巴基斯坦伊斯兰共和国喀喇昆仑山巴托拉冰川考察报告》（集体成果），123页，中英文本报告于1977年提交巴基斯坦政府。

● 1977 年

年初，联合黄秉维和叶笃正等十多位地理学界和气象学界学者，为了纪念中国科学院前副院长，著名科学家竺可桢同志逝世五周年（1979年2月），由沈文雄（曾任竺可桢秘书）起草，写信给科学院领导方毅和李昌同志，建议编辑《竺可桢文集》，获得当时科学院院长批准，并指定施雅风负责。

3～4月，冰川研究室1977年工作计划及出野外准备。①祁连山冰川的变化及利用课题，由谢自楚负责，组成祁连山冰雪利用研究队，除所内人员还有兰大师生（姚檀栋、任贾文等）参加。以羊龙河5号冰川为重点，包含小规模人工控制冰川消融试验研究。辅以流动考察（伍光和老师率领），以及七一冰川短期观测。

②0503 及 0603 雪害防治，0503 线雪崩工程效应观测防雪走廊设计，0603 雪害考察，由积雪组负责。③汗腾格里峰（即托木尔峰）地区登山科考，冰川冻土沙漠所负责对现代冰川与第四纪冰川考察任务，由苏珍（任考察队副队长）负责；参加者：宋国平、张怀义、王立伦、张文敬、丁良福、杨长泰、寇有观及新疆地理所人员。④室内科学总结：祁连山考察总结、青藏冰川总结、辐射热量平衡总结、基本资料的统计与图件、搜集和编制典型冰川图等。⑤实验室建设。⑥干部培养。⑦外文资料收集。⑧出版。

4 月，在苏州召开青藏高原考察总结会，在会上建议专门就青藏高原的隆升问题开个学术讨论会。

5 月初，讨论各课题业务总结问题。听取了各课题组任务完成情况，取得的成绩和总结的内容等，然后提出存在问题，供大家讨论解决，并提出完成总结的时间等。

5 月至 6 月，北京，中国科学院召开科技长远规划座谈会，讨论科技现代化的含义是什么？科学院在实现四个现代化方面负有什么样的责任？还讨论了制定长远规划的战略设想。经过讨论，初步拟定了《1978—1985 年中国科学院科学发展规划纲要（草案）》。这个草案提交到下个月召开的全院工作会议上，做进一步的讨论和修改。这个会议还确定了要搞主要学科的规划，并指出制定学科规划的目的，就是为了把全国有关学科研究单位组织起来，为全国的计划会议做准备。

7 月 1 日，中国科学院政治部以（77）科政字 091 号文商请借调施雅风同志来京工作，负责竺可桢文集编辑工作。

7 月 3 日，参加中国科学院工作会议，受到党和国家领导人接见。会议讨论通过了《1978—1985 年中国科学院发展规划纲要（草案）》。会议决定：建立党委领导下的所长负责制；恢复和重建各研究所学术委员会；逐步恢复中国科协和各专门学会；加强各研究所所属研究室，由科技人才担任室主任和课题组长；建立各类人员的考核制度；试点恢复招收和培养研究生；保证科技人员每周六分之五的业务工作时间；对学非所用、安排不当的科技人员，要逐步予以调整；对受审查未作出结论的人员尽快作出结论，结论不当的予以复查改正等。会议还决定取消院、所两级的革委会，在全国起了带头作用。

7 月 13 ～ 14 日，参加中国科学院组织的全国自然科学学科规划会议，为地学组召集人。

8 月，受郁文秘书长委托，在北京主持编制地学学科规划。起初有顾虑，因长期在兰州工作，对地学研究状况缺乏整体了解。郁文同志认为施过去在地学部参加过很多工作，又参与过十二年远景规划的编制，比较适合主持该工作，故承担该工作。对基础学科规划的具体要求为：①对本学科在国际国内的发展现状、存在的主要问题和发展趋势的总体把握；②在规划中要制定出三年、八年的具体奋斗目标和二十三年的大体战略没想；③规划要提出未来八年的重点研究项目；④要求规划中提出全面安排本学科的简要意见；⑤提出本学科各研究单位的机构、任务调整分工的意见，其中包括和高校、地方科研机构的分工协作，是否需要新建或分建研究机构；⑥学科研究中急需的主要条件和措施，包括实验手段、基本建设人员的培养和需求、经费等。

8月11日，北京，参加秦力生同志召集的关于气候变化研究座谈会，参加者：张丕远、龚自德、叶笃正、巢纪平、张家诚等，秦力生同志最后总结说规划中要解决三年、八年和二十三年的设想，相应的组织措施。

8月中旬，参加综合考察规划座谈会。参加者：孙鸿烈、杜国恒（水文地质）、张有实（地理所水文室）、吴传钧、李文华等。

8月25日，参加托木尔峰登山队和科考队顺利归来的欢迎会，党和国家领导人当天接见了全体登山队员和科学考察队员。会后听取了苏珍对托木尔峰地区科考情况的汇报，冰川所人员取得了琼台兰冰川的各种观测和地貌考察资料，按要求很好完成了任务。

8月下旬，参加郁文同志召开规划讨论会，谈到由于"四人帮"政治干扰，国内外情况不熟，知识分子政策尚待进一步落实。规划复杂性，要严肃认真对待。每个学科要写一个单行材料给中央，规划会议已报来1184人。

9月5日，参加生物学、地学、环境科学规划会议，郁文同志主持会议并讲话，地学各分支学科介绍学科进展：曾呈奎谈海洋调查、南极科考等；叶笃正谈大气科

中国科学院领导接见托木尔峰登山科考队全体队员

前排：方毅院长(左五)、除苏珍(左四)、朗一环(左六、综考会)、陈福明(左八，贵阳地化所)外，其他均为科学院领导。

学国际研究的进展和重点研究领域；孙鸿烈谈综合考察；地理科学（组长王敏）；遥感遥测新技术应用；郭尚平汇报冰川、冻土、沙漠、泥石流进展等。

9月7～17日，气象、地理学科规划会议继续讨论，到会发言者：曾呈奎、涂光炽、高由禧、叶笃正、周明镇、孙鸿烈等。参加地质学科规划会议（组长张文佑、副组长涂光炽）、古生物学科规划会议（组长穆恩之）。讨论地学中新技术应用：遥感与地图自动化、遥测、分析测试自动化、数值模拟与计算机应用、模拟试验等。

9月18日，经党中央批准，国家科学技术委员会作为国务院所属的主管科技工作的部门恢复重建。

9月23日，中共中央关于召开科学大会通知正式发表。

9月27日至10月31日，由中科院主持召开了基础科学学科规划会议，来自中科院各所以及全国各科研单位和高校的专家学者和管理干部1100余人参加会议。地学方面有100多知名学者参加，如叶笃正、陶诗言、黄秉维、左大康、涂光炽、张文佑、孙殿卿、徐克勤、任美锷、方俊、陈吉余、王恩涌、徐仁、陈述彭等，地学领域各个方面的人都有。会议安排在友谊宾馆，并且拨给了1200个床位。地学规划部分一共分了七个组：海洋组，组长曾承奎；气象组，组长沈力，副组长叶笃正；古生物组，组长穆恩之；地质地球化学组：组长张文佑，副组长涂光炽；地球物理组，组长方俊；地理组，组长王敏，副组长左大康。会上，把科学院八年规划纲要讨论稿、国外科研情况，如美国科学基金会1977年计划概要等材料都印发给各位代表。

9月27日开幕式，胡克实、李昌同志讲话。

9月29日，顾明同志作国家经济建设情况报告。

10月上旬，学术交流。尹赞勋、曾呈奎、叶笃正、张文佑、陈述彭、方俊、涂光炽、刘东生、黄汲清、穆恩之、熊毅、黄秉维、傅承义等分别作学科发展报告。

10月中旬，提出学科规划初稿，讨论重点项目和规划初稿的修改，郁文同志多次参加会议，提出意见。其间根据国家需求，召开了南水北调座谈会。

10月下旬，再次讨论修改稿，增添学科布局。地学组专门讨论了农业现代化问题。秦力生主持农业现代化座谈会，大家一致认为，黑龙江的海伦、河北的栾城和湖南的桃源三个地方，在科学技术为农业现代化服务方面抓得比较好。后来科学院在这三个地方分别成立了院属的农业现代化研究所。

10月24日，华国锋主席和其他中央领导同志接见了参与工作的科学家代表。方毅等领导还作了报告，方毅讲话时指出了规划中的一些问题，提出规划内容中对高等学校重视不够，高等学校也应当是科学研究的主力军。

10月底，经过1个多月的认真研究和讨论，地学方面提出了13个重大问题。海洋一个，大气一个，地质方面多一点，青藏高原，最后遥感作为一门新技术也被提出来了。开始郁文认为重大问题提得散了点，应该归并。实际上后来不但没有归并，还增加了一些项目。比如南水北调、三峡工程都作为了专门问题，重大问题增加到了 17 个。其实后来又有增加。最终完成了数学、物理学、化学、天文学、地学和生物学六个基础科学的发展规划，并在此基础上确定了《1978－1985 年全国基础科学发展规划纲要》。这个纲要是《1978－1985 年全国科学技术发展规划纲要（草案）》的一个重要组成部分，地学规划的内容约几万字。

11 月 22 ～ 26 日，在山东威海主持"青藏高原隆起的时代、幅度与形式问题"学术讨论会，参加会议的代表中包括来自地层、古生物、第四纪、地貌、气候、自然地理、植物、孢粉、鱼类等不同领域的学科和专业，会议上各抒己见，讨论热烈，充满宽松的学术气氛。会后推荐中年科学家李吉均领衔组织 6 名中青年学者参加，执笔撰写总结性论文"青藏高原隆起时代、幅度和形式的探讨"，刊于 1979 年中国科学第 6 期。代表了中国学者对青藏高原隆升的认识和观点，具有里程碑式的重要意义。

12 月，在天津召开的全国地貌学术讨论会上做《中国西部现代冰川与冰川地貌研究概括》报告。

7 月至 12 月，负责编辑《竺可桢文集》，以 60 年代中期编撰的半成稿为基础，请地理所的张丕远、龚高法等同志负责具体搜集竺老文献，初步拟订文集篇目，施雅风主要撰写竺老生平和贡献。有一段时间就住在北京，地理所副所长郭敬辉把他的办公室腾出来供编写组使用，施雅风就在办公室里支了一张床。编辑竺老的文集需要查阅大量的资料，托人从哈佛大学图书馆复印后寄来竺老的博士学位论文，在北京图书馆找到了竺老的很多著作。由于当时条件所限资料限量复印，地理所一位姓陈的同志，每天清早就去北图排队等候复印。这项工作得到了许多竺老的生前好友、同事、学生的热情支持，召开座谈会每次都有几十人。会上发言十分踊跃，追述竺老的言行，补充著作目录中的缺遗，还有人寄来了竺老早年没有公开出版的著作。说明很多科学工作者，都对出版的《竺可桢文集》抱有热情，并希望文集能够早日出版。

重返领导工作岗位

　　1978 年春，参加在北京举行的中国科学大会，深受鼓舞。中国科学院决定调整机构，被任命为兰州冰川冻土所所长，兼兰州分院副院长，次年晋升为研究员。在改革开放新形势下，改进冰川冻土研究所的各项业务，首先抓人才培养，提升科研人员职称和待遇，选派一批中青年科技人员出国培养，使各学科都得以发展；重建与扩大天山冰川野外站，并作为研究生培养基地；加强国际合作，接待国际冰川学会组织的 30 多位各国冰川学家访问天山冰川站，代表中国与美、苏、加三国共同发起成立国际冻土学会的倡议，推动冰川冻土科学走向世界；成立中国地理学会冰川冻土分会任主任，创办学报级刊物《冰川冻土》杂志，鼓励发展冰川冻土测试技术等。1980 年底，施雅风当选为中国科学院学部委员（后改名院士），次年又当选为地学部副主任。

　　率团参加国际水文协会雪冰委员会在瑞士举行世界冰川目录工作会议，回国以后，施雅风亲自主持组织力量开展工作。自 1979 年开始的中国冰川编目工作，已按照国际规范的统一要求，完成祁连山区冰川目录和阿尔泰山区冰川目录，冰川所技术人员自制高频脉冲冰雷达，解决编目工作中冰川厚度计算的问题。

　　任《青藏高原综合科学考察丛书》编审组组长。在山东威海主持"青藏高原隆起的时代、幅度与形式问题"学术讨论会，会后推荐中年科学家李吉均领衔执笔撰写总结性论文《青藏高原隆起时代、幅度和形式的探讨》（中国科学，1979）。1980 年作为倡议者之一参加青藏高原科学国际学术讨论会，首次就青藏高原的形成演化及其对自然环境和人类活动的影响进行国际学术讨论。在会上作《青藏高原的冰川研究》和《巴托拉冰川——特殊的复合型冰川》两个学术报告。

与程国栋等应邀出席在阿拉斯加举行的第四届国际冻土大会，代表中国代表团在大会开幕式上介绍了中国冻土研究的现状。会议期间，代表中国积极与苏联、加拿大和美国代表团磋商，一起发起了成立国际冻土协会的倡议，成为国际冻土协会的四个发起国之一，当选国际冻土协会理事。

李四光先生倡导的以庐山为样本的中国东部第四纪冰川学说，为多人接受但也受到多人怀疑，成为地学界一大历史争议。经过考察，认为庐山某些地形和沉积物与冰川遗迹有相似之处，但并非冰川作用所成。李四光先生对第四纪冰川现象的认识是值得商榷的。施雅风首先发表《庐山真的有第四纪冰川吗？》（自然辩证法，1981）一文，以期引起进一步讨论和深入研究。此文引起了一场争论，施雅风与崔之久、李吉均等30多人合作，先后考察了19个地点，明确中国东部只有太白山、长白山和台湾高山存在确切的第四纪冰川，其他中低山地报道的第四纪冰川概属误解。于1989年出版约60万字的《中国东部第四纪冰川与环境问题》（科学出版社，1989）专著。

联合多位学者发起和编辑出版《竺可桢文集》（科学出版社，1979），参与组织竺可桢研究会任理事长，发掘历史资料，编写《竺可桢传》。

主编的《喀喇昆仑山巴托拉冰川考察与研究》由科学出版社出版，该项研究1982年获第二届国家自然科学奖三等奖。主编的《中国冰川概论》（科学出版社，1988），对山地冰川分布的地貌与气候条件，特别是雪线变化规律与大气环流影响首次作系统论述；探索了高山冰雪利用途径与冰雪灾害的防治方法，是一本全面认识冰川资源、灾害及气候环境相联系的中国现代冰川专著，在国内产生了较大影响，获得中国科学院自然科学奖二等奖。

1984年年末，作为中国科学院地学部地理学科组长，主持对南京地理所的评议。评议指出：南京地理所应"在充分发挥多学科综合研究的前提下，以湖泊的综合研究为重点发展方向，同时大力加强区域开发的地理研究"。这次评议为日后南京地理所的健康协调发展起到了重要的促进作用。

改任中国科学院冰川冻土所名誉所长，当选国际冰川学会理事，中国地理学会副理事长。通过科学院院部介绍，经过江苏省委组织部同意，决定接受南京地理所聘任，落叶归根。

● 1978 年

1月6日至2月3日，北京，继续查阅竺老文献，有幸第一个通读了竺老自1936年起的日记和自传等有关资料，撰写了《竺可桢生平与贡献》一文。1月9日，在读竺老1962年6月4日日记时，看到这一天是竺老加入中国共产党的纪念日，郭沫若院长还赠词一首，特别抄在自己的笔记本上："雪里送来炭火，炭火浑似熔钢。老当益壮高山仰，独立更生榜样。四海东风飘荡，红旗三面辉煌。后来自古要居上，能不奋发图强。"郭沫若院长在竺可桢同志入党支部讨论通过时将预先写好的词赠给，并说这是竺老最可纪念的一天。

2月4日，召开《竺可桢文集》审稿会，有29人参加。下午秦力生秘书长、过兴先参会，专门汇报了文集编撰情况。文集共选入85篇文章，新中国成立前35篇，新中国成立后50篇，后经讨论，遴选了79篇文章。竺老的一生是追求真理、实事求是的一生，把毕生精力贡献给科学事业。无论是组织领导，还是科学研究，都有重大贡献，建议继续编《竺可桢科普文集》和《竺可桢日记》。最后秦力生秘书长讲话：竺老是好领导、好科学家、好教育家，竺老的材料应该很好的总结，避免缺失。

2月5日，在竺老逝世4周年前夕，审稿会全体人员及家属去八宝山中厅悼念竺老，向竺可桢同志三鞠躬，随后竺师母致谢。

2月6～9日，由北京返回兰州过春节，所内许多同志前来看望。

2月10日，与王文颖商谈去巴托拉冰川复查之事。

2月11日，召开冰川研究室负责人与组长会议，商议1978年工作安排。初步意见：①托木尔峰登山科学考察，继续由苏珍（任副队长）负责，参加人员有王立伦、康尔泗、寇有观、丁良福、张文敬、李文忠、宋国平、朱守森等；②巴托拉冰川考察，施雅风和王文颖负责，人员有张松祥、张金华、黄茂桓、蔡祥兴、孙作哲、陈明建、尤根祥和北京地质所1人，主要验证1975年所做预测，补充巴托拉冰川观测，并伺机考察附近最初爆发的帕尔提巴尔跃动冰川；③祁连山补点考察，祁连山总结；④《中国冰川概论》的编写。

2月18日至3月2日，所里当时负责人还就"文革"后期的一些事让施"说清楚"，在党委扩大会议上检查了两次。

2月28日，中国科学院以（78）科发计字0268号文通知，经国务院批准建立兰州沙漠研究所。现在的中国科学院兰州冰川冻土沙漠所改称为中国科学院兰州冰川冻土研究所。

3月3～10日，从兰州乘飞机回北京，《竺可桢文集》编成并定稿。

3月11日，写信给秦力生、郁文同志，谈调离兰州冰川冻土所的想法，并推荐冰川所业务负责人。

3月13～14日，兰州来电，15日或16日上午去西苑大旅社报到，参加全国科学大会。下午，与秦力生及郁文同志谈工作问题。

3月16～28日，参加在北京举行的全国科学大会，这是在"文化大革命"结束不久召开的大会，大会由华国锋主席主持，邓小平在会上提出了科学技术是生产力。方毅报告讲，要全党动员，大办科学。郭沫若在闭幕式上发表了题为《科学的春天》的讲话。这个会议鼓舞人心，非常激动。所内有九项科研成果获奖，珠峰考察、泥石流和0503公路雪害防治等项均在其中。

1978年3月参加全国科学大会合影(部分人员)
四排右七施雅风

3月30日，与王丙吉、朱震达去五局谈分所的事。

4月10日，见到郁文同志，郁谈3月29日见到省科委和冰川所负责人时批评了所内对施的态度，还收到省科委一同志为施鸣不平的来信，准备给省上打招呼改组所党委。省上已提名施为冰川所负责人，冰川所办起来不能丢。施内心是舍不得冰川所，听郁文同志谈话后，克服"文革"中形成某些消极思想。

4月中旬，参加中国科学院召开全院外事工作会议，方毅同志在会上提出，科学院计划三年内进出各1000人，派留学生1000人。这样三年中就有3000人出国访问。计划冰川所计划每年请一两位外国学者到中国讲学，三年内每年派出5～8个人。在外事会议上提议：青藏高原的考察和研究国际上十分重视，科学院也做了相当的工作，应该召开一次国际性的学术讨论会，得到院里批准。

4月29日，经国务院批准，重新恢复中国科学院兰州分院建制，兰州分院院长董杰，副院长杨澄中、施雅风。

4月至5月，按中国科学院决定将原冰川冻土沙漠所分为两所，郁文秘书长来兰州解决分所中的问题，施雅风被任命为冰川冻土研究所所长。决定冰川冻土研究所建立三个研究室：冰川室、冻土室、冰川沉积和泥石流室，并在冰川室内建立了水文组，以恢复"文革"前冰川与寒区水文研究。另外还建立三个技术室：测绘、物质成分分析、遥感和仪器研制，一个图书情报室和一个编辑室。在研究手段和方法上，也有所改进。低温实验室已开始运转，冻土热量、力学等试验技术也有了一定的发展。

从对泥石流研究发展有利的角度考虑，赞成在自愿的情况下，泥石流主力迁到成都去，同时在冰川冻土所里也保留了一部分人员，从事冰川泥石流和西北泥石流的研究。5月26日，中国科学院以科发计字（78）0759号文通知，决定将中国科学院兰州冰川冻土所泥石流研究室十名科技人员调整到四川成都地理所。

5月至6月，冰川冻土所成立后，首先抓职称的评定和人才培养。把"文革"以前进所，有相当成绩的51位研究实习员提升为助理研究员，18位技术员提升为工程师。在搞职称评定的同时，开始设法提高科研人员的业务水平。特别注意加强人才培养，提高业务水平和外语水平。破例请当时无正式工作、但英语水平较高的老师开办英语培训班，给该老师以在职干部的待遇，分了房子。制定政策，为在职人员提供一定的脱产或半脱产的学习时间。

6月，中国科学院委托综考会成立了《青藏高原综合科学考察丛书》编审组，施雅风为编审组组长。

1978年参加国际冰川编目大会，在瑞士阿列其冰川前
前排：左一俞杰（翻译）、左二谢自楚、左五施雅风、
左六樋口敬二、后排左一科德利亚科夫

1978年国际冰川编目会议的中国代表
左起：谢自楚、李吉均、施雅风、俞杰

7 月 21 日，经申请，中国科学院以 (78) 科发宣字 1049 号文批准，同意将《中国科学院兰州冰川冻土沙漠研究所集刊》，分为《中国科学院兰州冰川冻土研究所集刊》和《中国科学院兰州沙漠研究所集刊》继续刊行。两个集刊分别由冰川冻土所和沙漠所主办，仍由科学出版社出版，国内公开发行。

8 月至 9 月，国际水文协会雪冰委员会在瑞士举行世界冰川目录工作会议，会前函请中国科学院派代表参加并承担中国境内冰川编目任务。报国务院批准，施雅风率团与会，得知冰川目录的编制世界多数国家在进行中，其作用在于提供水循环、水平衡知识，为各种水利用规划提供基本数据。我国虽有冰川编目的工作基础，但距离国际水平差距很多。决定回国后组织开展这项工作。会后顺访了瑞士，法国，英国的冰川研究情况。"文革"后第一次参加国际性学术会议，认识了许多外国同行，对外国冰川研究现状有所了解，还与国外同行商谈了合作项目。参观了瑞士联邦理工学院，在瑞士伯尔尼大学物理系参观了氧同位素实验室，并参观了 Davos 雪崩实验室。

9 月 22 日，受聘为《中国科学》和《科学通报》的编委。

9 月 28 日，经申请，中国科学院宣传出版局和国家科委来函同意创办《冰川冻土杂志》。任杂志主编，并于当年就进行了试刊，撰写了创刊词。

10 月，分院成立党组，甘肃省委任命董杰为党组书记，王维祺任副书记，施雅风、谢伯望、王作易、王建生、蔡中为党组成员。

11 月 27 日至 12 月 3 日，主持召开了中国地理学会冰川冻土学术会议，有 72 个单位 125 名代表参加会议，在会上作了《木扎特冰川谷道与中西交通》的报告。比较全面地交流了 10 多年的研究成果。在会上，多名学者共同倡议成立冰川冻土学会。

● 1979 年

1 月，向科学院提出《关于开展我国冰川目录编制工作》的申请，并将此工作列为冰川冻土所重点项目，组织力量进行。我国政府批准由兰州冰川冻土所承担中国冰川目录的编辑任务，施雅风任负责人。从此多年持久地开展了中国冰川目录的编制工作。

3 月中旬，在北京参加由院副秘书长赵北克主持的"青藏高原科学讨论会筹备会"。会上主要讨论邀请国外参会人员名单。那时候国外学术同行的交流不多，为了能够全面了解情况，会议组织者向许多中国学者征求外宾名单，施提出了建议，并组织参会文章。

3月底，在冰川所二楼沙漠会议室，主持召开由兰州地震大队李玉龙，兰州大学李吉均、张林源，沙漠所吴正、董光荣、朱震达，冰川冻土所任炳辉、苏珍、吴筱舲、童伯良、郭东信、李鸿琏、邓养鑫等参加的会议。会上定于4月2日召开座谈交流关于第四纪研究进展情况并讨论参加科学院在今年6月召开全国第四纪会议的问题。

3月，负责编辑的《竺可桢文集》由科学出版社出版。

4月2日，主持召开讨论第四纪研究进展情况：①关于6月科学院在北京召开第三届第四纪会议提交论文情况；②关于开展兰州地区第四纪研究的问题。讨论结果是：兰州大学，沙漠和冰川提交了参加第三届第四纪会议论文题目；兰大、省地震局、冰川和沙漠的人员都同意一起开展兰州地区第四纪研究。决定兰州地区和第四纪研究由兰州大学张林源，徐叔鹰主持，施雅风负责；成立"第四纪兰州分会联络组"，总负责人施雅风，秘书董光荣，各单位联络员一名。会上还对开展兰州市第四纪地质考察进行了详细安排。

4月15日，对兰州五泉山砾石层，崔家崖和大沙沟阶地，徐家湾马槽沟于1978年8月6日发生过泥石流的泥石流堆积，以及九州台的黄土等进行了考察观测。

4月22日，对兰州马御山第四纪地质考察。在海拔3320m和雷达站（3670m）等处发现有冻土存在，在雷达站南边有一洼地朝向SW成斗状，斗底海拔3500m。

5月22日，对兰州东柳沟阶地，榆中定远靠兴隆山一侧的扇形洪积扇、高崖断层及新营五台山的洪积地层等进行了考察观测。

6月11日，中科院以(79)科发干字0782号文通知，批准施雅风由副研究员提升为研究员，此时，距1953年在北京地理所提升为副研究员已有26年之久。

6月10～15日，同郑本兴、苏珍一起参加了在河北泥河湾和北京召开的全国第三届第四纪会议，会上宣读了《中国晚第四纪的气候、冰川与海平面的变化》（与王靖泰合作）一文，并进行了广泛的学术交流。

1979年10月访问日本
左起 黄茂桓、施雅风、日本学者

6月27日，起草《关于筹备冰川冻土学会》的报告。

7月9日，接待赴西藏途中来访的刘东生先生，刘先生给兰州第四纪研究者介绍了全国第三届第四纪会议情况及我国第四纪研究现状等，还和大家进行了座谈。参加这次会议的除了"第四纪兰州分会联络组"的单位和人员外，还有地质研究所，铁道部西北研究所，交通规划设计院，省博物馆，省地震局，甘肃师大等单位也派人参加了会议。

7月25日，兰州，五局张利平、赵剑平同志谈驻兰地学各所工作情况。张联系沙漠所，赵剑平联系大气所，地质所。

7月底至8月底，讨论冰川所各研究室科研津贴评选情况。

8月13日，分院行政工作座谈会。

8月14日，学术委员、支书联席会议，传达分院座谈会精神，对科研津贴评议提出：①25%比例，所内掌握，不分配划定；②贡献不能光看文章数量，还要看实际贡献；③工资12级13级一视同仁；④工作负责，群众评议，又红又专。要求"领导干部要做出榜样，不要去挤兑群众"，所级领导让出升工资的机会。

10月8～24日，应日本雪冰学会会长、北海道大学名誉教授吉田顺武，组织委员、名古屋大学水圈研究所樋口敬二教授邀请，偕黄茂恒参加日本雪冰学会1979年度秋季大会，会后参观访问日本雪冰研究机构，访问中商议中日学者互派交流计划。

11月22日，祁连山冰川变化及利用成果鉴定会，科委贺建民主任主持，施致辞，谢自楚报告。

11月底，参加珠峰成果编辑会议，画册已全部定稿，大部分已交出版社。

11月29日，由北京至广州，30日由广州至香港，30日晚飞机赴澳大利亚。

12月2～15日，出席澳大利亚首都堪培拉举行17届国际地球物理大地测量大会IUGG，会上提出《中国晚第四纪气候、冰川与海平面变化》论文，并去墨尔本考察澳大利亚冰川研究情况。

12月，被中科院聘为第四纪委员会副主任委员（1980—1999）。

12月下旬，召集冰川所室主任座谈会，讨论明年工作。

● 1980 年

3月15～16日，成立冰川冻土学会，并选出以施雅风为理事长（1980～1989）的学会理事会。讨论《冰川冻土》编辑部工作。召开冰川冻土测试会议，在技术薄弱的地学机构，领导的责任之一是积极鼓励与支持技术系统的发展。

3月17日，军区礼堂，参加省委常委扩大会议，宋平同志传达五中全会精神，为刘少奇平反，强调集体领导不搞个人领导。

3月20日，向院计划局同志汇报，1980～1981年重点课题，兰州地区已列八项，大气、地质、化物、沙漠明确，有所落实。冰川所单独组队条件已具备，中青年科技骨干的培养问题，测试中心已成立，仪器管理的后续费用；体制上渗流力学室的问题。

1980年3月冰川冻土学会部分理事合影
前排：周幼吾(左一)、王良玮(左二)、施雅风(左四)、王文颖(右二)

　　与冻土室商议拟定北方季节冻土研究计划（第一阶段，1980～1983年）。目标：①季节冻土的分布，发生，变化，东北1：100万～200万季节冻土图；②模拟冻土涵洞温度场，计算方法；③提出水分运动方程；④冻融分类；⑤开放和封闭系统下冻胀力的基本观测及其应用指标；⑥冻胀力基本影响因素及相互关系；⑦典型工程冻土防治原理，做法：点面结合，模拟和实验结合，室内室外结合。

　　4月15日，主持遥感组座谈会，讨论研究内容，地物光谱仪器应用、购置和人员培养。主持干部培养座谈会，听取科研骨干对干部培养的意见。长期的政治运动使科研人员基本业务训练和学术素养都比较落后，与国外学术水平差距扩大。制定了政策，为在职人员提供一定的脱产和半脱产的学习时间。

　　4月23日，北京，参加院评奖委员会第一次会议。

　　4月30日，受聘担任复刊后的《中国第四纪研究》编委。

　　5月8日，参加甘肃省科普作协第一次代表大会。

　　5月15日，行政干部调级。

　　5月25日至6月1日，参加了在北京京西宾馆召开的青藏高原科学讨论会，这次讨论会是我国改革开放初期最重要的国际会议，也是新中国成立30年以来，首次就青藏高原的形成演化及其对自然环境和人类活动的影响召开的大型国际学术讨论会。参加会议的有近80位国外著名科学家和国内各单位学者180多人。在会上作了《青藏高原的冰川研究》和《巴托拉冰川——特殊的复合型冰川》两个学

1980年青藏高原科学讨论会地理组全体人员合影

前排左起张祥松、杜榕桓、陈志明、李炳元、唐邦兴、李吉均、徐叔鹰；郑本兴(二排左二)、施雅风(二排左六)

术报告。报告文章均收录到《青藏高原地质和生态研究》英文文集中，在会上，进行了广泛的交流，新结识了一些西方学者。美国冻土学家 T.Pewe 为了组建国际冻土学会找到施雅风，邀请参加 1983 年在阿拉斯加召开的国际冻土协会成立大会。中国是个冻土大国，应该作为国际冻土协会的发起会员之一。会议最后，时任中共中央副主席的邓小平会见了与会的外国代表团团长，出席了大会闭幕式，并设晚宴招待到会的科学家。

6 月，在参加兰州大学地质地理系和兰州冰川冻土研究所联合组织的冰川沉积研究班期间，在庐山工作了一段时间，经过考察，认为庐山某些地形和沉积物与冰川遗迹有相似之处，但并非冰川作用所成。李四光先生对第四纪冰川现象的认识是值得商榷的。"我爱我师，我尤爱真理"，坦率将自己的一些看法发给《自然辩证法通讯》与《冰川冻土》杂志，发表《庐山真的有第四纪冰川吗?》一文指出：具擦痕的"冰川漂砾"缺乏冰川成因的擦面，实际上是泥石流巨砾相互撞击所成；"冰川 U 形槽谷"也不具备冰川侵蚀的典型特征，缺乏鉴别意义；冰期庐山要发育冰川必须夏季降雪积累比现代降温值至少在 20℃左右，按李先生的"大姑冰期"冰川范围，雪线应降至海拔 400～600m，即使这样，积累区面积不到山体的 20%，这表明实际上是不可能发育冰川的。以期引起进一步讨论和深入研究，求得问题的彻底解决。

7 月，冰川沉积研究班，这期间主要由英国冰川地貌与冰川沉积学家爱德华·德比希尔（Eadward Derbyshire）博士讲了

1980年6月在庐山考察

左后Derbyshire，左前李吉均，右一施雅风

以下几个问题：①关于现代冰川的问题，②影响沉积物的其他因素；③天山乌鲁木齐河源冰川沉积；④现代冰川前部的形态地貌；⑤冰川沉积；⑥冰碛物的定义及冰水沉积等。

7月，主编的《喀喇昆仑山巴托拉冰川考察与研究》由科学出版社出版（本书获第二届国家自然科学奖三等奖）

8月25日至9月16日，参加在日本东京举行国际地理学大会，并考察日本中部山区冰川地形与冰缘情况。

10月10～18日，接待国际水文科学协会主席，美国地质调查局水资源冰川室负责人马克·迈尔（M.F.Meier）博士和夫人来兰进行讲学、学术交流和参观访问。期间，迈尔博士先后做了冰雪研究经验，冰川水文与物质平衡，冰川动力学，跃动冰川与冰川变化和遥感技术方面的报告。还讨论了中英冰川与水文合作研究计划。

10月底，为了普及冰川科学知识，施雅风与谢自楚任科学顾问，和上海科学教育电影制片厂合作拍摄了科学普及教育片《中国冰川》。该片获1982年度南斯拉夫贝尔格莱德国际电影节最高国家荣誉奖。

11月，国务院审批，中国科学院公布增选学部委员结果。施雅风当选地学部学部委员。

年底拟《中国冰川概论》编写提纲。

1980年，学科规划后深感冰川定位观测试验技术的重要性。中断多年的乌鲁木齐河源的天山冰川观测站自1980年起恢复观测及试验工作。并重建天山冰川站，设立基本营地于中山森林带内，并修了一条从公路干线通达冰川末端的汽车便道。天山冰川站已是一座冰川研究站，而不是简单的观测站。除了常规的观测内容外，每年都有研究项目，而且还不断更新研究内容，负责人员也亲自到站观测研究。并作为研究生培养基地和国际合作的重要基地。1980年天山冰川站接待了英国冰川沉积学家德比希尔（Eadward Derbyshire），日本冰川学家樋口敬二，美国冰川学家马克·迈尔三批外宾及国内一些大学与研究单位的专家学者。

● 1981 年

年初，在北京院部落实1981年冰川冻土研究所科研经费不能少于180万元。

2月，抓称职的评定。自1978年把"文革"以前进所，有相当成绩的初级研究人员提为中级职称之后，已提拔谢自楚、郑本兴、吴紫汪、王文颖（高级工程师）、童伯良、陈肖柏、张祥松、丁德文等副研究员。提职称时，不搞论资排辈的做法，而是择优选拔。这个做法，在开始评职称的这几年中还是比较顺利，没有出现争挤的现象。

自 1981～1984 年，开始陆续选派多名中青年优秀科研人员出国进修和学习，包括谢自楚、程国栋、黄茂桓、康尔泗、李培基、曹梅盛、朱元林、徐敦祖、邱国庆等，后来都成为活跃在冰川冻土学科国际前沿的重要科研力量。

5 月 10～21 日，赴北京参加科学院学部委员大会。学部会议已中断 24 年，所以这次开会议程很多，最重要的就是选举学部新领导。地学部由主任尹赞勋主持召开，经过选举，涂光炽担任了地学部主任，程裕淇、叶连俊、施雅风为副主任[1]。这次由学部大会主席团选举卢嘉锡为科学院院长。

会后，参与了对遥感应用研究所和武功水土保持所的评议。

5 月，《I 中国冰川目录 祁连山区》出版（编著者王宗太等）。

5 月底至 6 月中旬，偕张祥松从兰州出发到乌鲁木齐，然后乘坐尹建勋司机开的北京吉普到天山冰川站，检查了天山冰川站的工作后，张祥松替换张金华留站工作；张金华随车去 0503 线，检查了解雪害工程效应观测情况，又将结束冬季工作的张志忠一起带上车而行；然后考察正在修建的 0742 公路线。下一站去苏珍率领的天山冰川考察队，他们正在哈希勒根大阪考察观测冰川，于 6 月 9 日下午到达该

1981年5月，中国科学院地学部学部委员大会代表合影(三排右四施雅风)

①第四届、第五届地学部还有非院士专职副主任：赵北克、李秉枢、孙玉科、杨生和张恭。

队所在营地，考察队员住在新建的没有门窗的道班房中。汇报了 0742 线上雪害对公路的危害及防治，在有些路段还有冻土的危害，还谈了这里冰川的发育。于 6 月 12 日下午到达乌鲁木齐，6 月 14 日返回兰州。

6 月 16 日，接待中国科学院副院长胡克实来冰川冻土研究所检查工作，并汇报了本所科研工作情况。

7 ~ 8 月，与日本名古屋大学水圈研究所樋口敬二教授合作，组织安排中日联合天山冰川考察队去天山考察。

8 月，得知冰川所朱国才等设计自制高频脉冲冰雷达在天山站试验，有望解决编目工作中冰川厚度计算的难题。

瑞士苏黎世国际冰川编目会后，A.Ohmura
(右一)陪同考察第四纪地质与冰川
左起：施雅风、刘东生、康尔泗

1981年11月泥石流防治会议后参观东川泥
石流观测站
左起：唐邦兴、杜榕桓、施雅风

1981年11月全国泥石流防治经验交流会代表合影

8 月 31 日至 9 月中旬，与刘东生先生一起，参加由联合国教科文组织（UNESCO），国际大地测量与地球物理学联合会（IUGG），国际水文科学协会（IAHS），联合国环境规划署（UNEP），世界气象组织（WMO），苏黎世联邦理工大学（ETHZ）等学术团体联合主办的 "Review Meeting on World Glaciec Inventory（世界冰川编目审查会议）"，国际山地生态会议并顺访西德，奥地利冰川研究单位。

自 1979 年开始的中国冰川编目工作，已按照国际规范的统一要求，完成祁连山区冰川目录和阿尔泰山区冰川目录。

11 月 17 ~ 23 日，云南东川市，代表中国科学院地学部主持全国泥石流防治经验交流会，来自中央和 15 个省、市、自治区 85 个单位的 106 名代表参加了会议，会后出了研究文集，并考察东川泥石流观测站，东川泥石流观测站后来进入国家级野外观测站。

12 月 15 ~ 18 日，参加中国科学院地学部评议兰州地质研究所。

● 1982 年

3 月，一个单位实力的强弱、贡献的大小，主要取决于这个单位创造性人才有多少，以及他们的团结合作，集体力量发挥得如何。兰州条件不如北京，搞冰川研究亟待科研人才。从 1979 年起，开始招收硕士生。1981 年至 1982 年间"文革"后第一批大学生毕业后，招收了多名硕士生，与业务优秀的科研人员合作培养。在人才培养时坚持一条，无论是硕士研究生还是博士研究生，论文一定要原始创新，要求学生自己野外观测、采样、实验室分析，这样写出的论文才有希望发表在高水平的杂志上。之后，冰川冻土所逐步建立了研究生培养制度，迅速培养了一批优秀的青年科研人员。

4 月 18 日，针对少数科技工作者在科研目的、态度和作风方面存在的一些问题，科学报组织科学院的科技工作者进行讨论。施雅风写了《科学工作者应该具备的品德》文章，指出"科研工作者"德"的第一条是为公，科学研究是很艰苦的事情。怀有私利的人遇到艰难困苦就会望而却步，就会钻不深、提不高，就会弄虚作假。""第二条是要坚持真理、及时修正错误。自然界某些现象不是一下子就能弄清楚的，若发现错了就要及时纠正。""第三条是要合群，科学研究也要一个团体，能和许多人合作，孤家寡人不可能有多少成就。"《人民日报》当日转载了该文。

7 月 1 日，中国科学院以（82）科计字 4 号文通知，批准本所天山冰川站为研究室一级建制，选派业务水平较高的张祥松副研究员任天山冰川站站长。天山站从 1980 年开始，一边观测研究，一边进行基本建设。在科学院的支持和所内同志共同努力下，新站的条件远比旧站要好。对天山站建设的指导思想是：①首先它是研究站，不再是观测站；②是所内教育实习基地；③是新研制的野外考察仪器设备的试验场所；④是国内外冰川学术交流与合作基地，对国内外学者开放，研究资料和成果一律公开，出版天山冰川站年报，刊登观测成果；⑤站负责人必须是学术水平高的业务人员，三年一任，配备较强的行政助手；⑥站上还建有图书、资料、仪器等设备，以供来站人员开展研究。

7月中旬，兰州，接待美国亚利桑那州立大学地质系教授，美国第四纪研究委员会主席，第四届国际冻土会议美国组织委员会主席 Tory L. Pewe 教授，随后，陪同 Pewe 教授访问天山站。

7月18日，天山站，听 Pewe 教授关于冰川学、冰川地质学和冻土学的学术报告。

7月19日，Pewe 由邱国庆陪同返回。与张祥松、张金华、童伯良商议天山站工作；与研究生任贾文谈毕业论文工作事宜；晚上与研究生谈话，解答问题。

1982年天山站群体在1号冰川上
时张祥松为站长(右二)，施雅风(左三)

1982年7月，与Tory L. Pewe 教授在天山站

7月20日，上午去4号冰川考察，研究生同行；下午与李念杰看了3400m高处水文点位置。与光明日报记者介绍冰川工作的成果情况。

7月22～24日，指导研究生论文设计，并对天山站近年的研究进展进行初步总结。其间，几次与研究生谈话，谈三点意见；①处理好个人与集体关系；②坚持学习、模仿和创新；③观察、思考与分析。

7月26日，乌鲁木齐，代表地学部听取新疆地理所所长毛德华汇报地理所工作情况。

7月29日至8月2日，出席由兰州分院董杰院长主持，各所所长、党委书记参加的工作会议，总结上半年工作，布置下半年工作。

8月4日，召集有关人员就冰川冻土研究事业25周年筹备活动进行讨论，建议编成果与文献目录，出一纪念文集，举行一次学术报告会，总结 25 年的成就与学科展望。

9 月 1 ～ 11 日，参加中国共产党第十二次代表大会。会后向冰川冻土所中层以上干部传达贯彻十二大精神。

10 月 6 ～ 12 日，中国地理学会和中国第四纪研究委员会在安徽屯溪召开了中国第四纪冰川冰缘学术讨论会，施雅风委托崔之久主持会议。全国 89 个科研、生产和教学单位的 138 名代表参加了会议。会后考察黄山第四纪冰川争议地点，并与崔之久、李吉均等商定，申请基金彻底认识东部第四纪冰川问题。

1982年10月在黄山第四纪冰川冰缘讨论会后合影
朱显谟(左一)、宋达泉(左三)、王乃樑(左四)、
周廷儒(左五)、施雅风(左六)、李华章(左七)

1982年10月黄山考察

10 月 25 日，兰州分院党组以 (82) 科兰发党字 060 号文通知，批准本所改选后的党委由王宗太、施雅风、汤泽亚、周博仁、王自俊、程国栋六同志组成。党委工作暂由王宗太同志主持。

10 月 25 ～ 30 日地学部地理学科组召开扩大会议，评议中国科学院地理研究所。施雅风作为地学部副主任兼地理学科组长主持了评议。评议组成员包括地理学科组 10 名学部委员及 15 位其他地理学科研究所负责人，地学部孙玉科、杨生及地理所前领导李秉枢、于强也参加了评议。31 日，去中国科学院地理所禹城站考察，禹城县有关领导和地理所水文室的同志介绍了禹城试验区情况。

11 月 2 日，参加地学部工作会议，杨生主持，孙玉科同志汇报地学部职能由行政领导将转变为学术领导。院计划局、严东生副院长、顾以健秘书长就下一步工作提出意见。

11 月 22 ～ 28 日，兰州榆中兰空招待所，主持召开贯彻十二大精神，努力开创科研工作新局面的工作会议。王文颖、王宗太副所长、各研究室和机关处（室）负责人及部分副研究员、助研、工程师，部分支部书记，共 37 人参加会议。

12 月 13～18 日，参加甘肃省科技座谈会，省科委主席贺建民主持会议。

12 月 26 日，原冰川所一位老干部去世，家属遗留问题影响较大。考虑到自身已年过六旬，为预防在生命突然遭遇不测时不能正确表达自己意见，特立遗嘱：①丧事从简；②子女均已自立，沈健同志也有自己的工资，不需组织作任何经济补助；③骨灰可置天山冰川站一部分；④出一本文集。

听陈肖柏同志汇报张掖试验场、肃南冻土区工作情况。

12 月，施雅风和刘东生主编的《希夏邦马峰地区科学考察报告》因文革而中断 16 年后重新由科学出版社出版。

1982 年，主持的巴托拉冰川考察与研究项目获国家自然科学奖三等奖。

● 1983 年

1 月 8 日，地学部学部主任会议，涂光炽介绍地学部扩大会议安排，行政副主任孙玉科谈 1983 年地学部工作安排：①科技攻关；②实验室建设；③评议所；④一般课题管理；⑤其他事宜。

1 月 11～18 日，出席地学部扩大会议，做《冰川冻土研究与国家经济建设》发言，主要内容刊于光明日报。

4 月 1～6 日，北京，与周幼吾、苏珍、张长庆一起参加中国科学院野外工作会议，参会代表及媒体代表 217 人。会上方毅与卢嘉锡院长都讲了话，并表彰了先进集体和先进个人，冰川冻土所天山冰川站为野外先进集体，施雅风为野外先进个人。会后，党和国家领导人万里、乌兰夫、胡启立、邓力群等接见了大家，并和全体代表合影留念。回所后，给全所传达了院野外工作会议。

为了改变"三西"地区落后面貌，党中央、国务院做出决定，由中央财政专项安排"三西"农业建设补助资金，每年 2 亿元，支援扶贫和建立商品粮基地。作为兰州分院副院长领导河西方面的跨所研究工作，召集冰川所和沙漠所相关人员，检查河西工作。沙漠所等单位在河西工作了四五年，对河西水土资源做了许多调查。但是他们的建议与省里的想法有分歧，省里提出要多开垦荒地，而科学家反对，认为水资源不够，不能多开荒，建议要利用已经开垦的土地。后来"三西"办公室负责人林乎加领人到河西开了一次会，听取了意见，并认为科学院的意见更合理，最后意见被地方政府接受了。

听取南京地理所所长屠清瑛做评议准备工作汇报。

5月16日，召开所办公会议，讨论人事问题。

5月，《Ⅱ中国冰川目录 阿尔泰山区》出版（编著者刘潮海等）。

6月下旬，准备从领导岗位上退下来，个别征求原所领导成员和高级研究员对下届所领导班子意见。

7月初，北京友谊宾馆，地学部会议，刘东生提议在西安组建专门黄土研究机构，施雅风积极支持，后安芷生负责筹建。

7月8日至8月28日，偕程国栋等应邀出席在阿拉斯加举行的第四届国际冻土大会，代表中国代表团在大会开幕式上介绍了中国冻土研究的现状。在报告中提到1978年中国第一届全国冻土会议收到的论文68篇，1981年的中国第二届冻土会议，发表的论文已达185篇。显示了中国冻土研究的崛起。会议期间，代表中国积极与苏联、加拿大和美国代表团磋商，一起发起了成立国际冻土协会的倡议，成为国际冻土协会的四个发起国之一，当选国际冻土协会理事。在闭幕式上，代表中国对国际冻土协会的成立表示祝贺，并讲了个愚公移山的故事，向大会表示，中国会以愚公移山的精神努力发展中国的冻土研究事业，积极支持国际冻土协会的工作。会前考察经过北极圈，至北冰洋岸边。会后应邀考察美国寒区研究和工程实验所并看望在那里进修的冰川所科研人员，然后又去科罗拉多大学及高山站等四个地点的冰川冻土研究单位。

8月26日至9月2日，兰州，参加中国科学院地学部地理学科组对兰州沙漠所进行评议。

9月4～7日，兰州，中国科学院地学部对兰州冰川冻土所进行评议。应邀出席评议的地理学科组成员和领导有：周立三、施雅风、左大康、黄锡畴、孙鸿烈、李秉枢、于强、杨生及有关专家学者：袁忠淮、杜榕桓、崔之久、张咸恭、李吉均、张澄海等。原则上同意本所《方向与任务》和《科研总结》两个报告。评议组认为，冰川冻土所25年来，坚持任务带学科，发扬艰苦创业精神，为经济建设和国防建设，为发展冰川冻土科研事业做了贡献。截至1982年年底，已取得187项成果，其中获奖33项。

9月12～22日，兰州，参加三西工作会议。林乎加主持并讲话，各地区汇报情况，对甘肃河西、定西的土地利用、植被和生态环境问题有了深入的认识。

国际冻土协会筹建时，苏、加、美、中四国代表合影
前排左二施雅风，后排左二程国栋

美国陆军寒区实验室CRREL，
与该所领导会面

10 月 10 ～ 15 日，中国地理学会"全国雪冰学术讨论会"在兰州举行。中国地理学会常务理事施雅风代表中国地理学会致开幕词，作《25 年来中国冰川学的回顾与展望》的大会报告，全国 61 个单位的 111 名学者参加了会议。还选举产生了冰川冻土分会第二届理事会，施雅风为理事长。

12 月 12 ～ 18 日，出席中国共产党甘肃省第六次代表大会。出席大会的正式代表 538 人，特邀代表 7 人。李子奇代表中共甘肃省委向大会作题为《加强党的建设，实现战略转变，全面开创甘肃社会主义现代化建设新局面》的工作报告。

12 月下旬，年终总结报告会。

年底，美国俄亥俄州立大学伯德极地研究中心 Thompson 博士来信，希望与冰川所合作开展冰芯研究，很有必要开展这项工作，转信谢自楚与物质成分分析室主任武筱舲，并请武筱舲同志负责联系。

全国雪冰会议代表合影
前排：谢自楚(左一)、崔之久(左二)、施雅风(左四)、李吉均(右二)、周幼吾(右一)

● 1984 年

1 月 5 ～ 12 日，北京，出席中科院第五次学部委员大会。方毅代表中共中央和国务院讲话。宣布将学部委员大会改为国家在科学技术方面的最高咨询机构，学部委员是国家在科学技术方面的最高荣誉称号。中科院实行院长负责制。地学部学部委员会议，连任地学部副主任。讨论学科进展，并对重点课题执行情况进行了检查。

2 月 7 ～ 8 日，北京，参加由中国科学院、中国科协、浙江大学举办的竺可桢逝世十周年纪念会议，方毅、胡乔木、周培源、严济慈、钱昌照等参加了会议。纪念会由中国科协副主席裴丽生主持，中国科学院院长卢嘉锡作了题为《深切怀念竺可桢同志》的报告，并向长期工作在野外、表现突出并作出显著成绩的科研人员颁发"竺可桢野外科学工作者"奖。之后，在纪念竺可桢逝世十周年学术报告会上，施雅风做《竺可桢思想指引我国冰川研究》的发言，后发表于《竺可桢逝世十周年纪念论文报告集》，并当选竺可桢研究会理事长。

2 月 14 日，兰州，主持所务扩大会议。会上讨论了 1984 年全所野外工作计划、参加野外工作人员、经费开支及车辆使用安排等。最后还讨论了基建问题。

为了冻土低温实验室的建设和发展，曾多次申请并在中国科学院的支持下，1972 年建成了室温恒温 0.5 度的低温实验室。为了进一步提高实验室水平和质量，于 1982 ～ 1984 年间先后派出朱元林、徐敩祖、程国栋等去美国寒区研究和工程实验室进行研究和考察，了解到国际冻土和工程冻土研究现状和所需仪器，为之后的冻土工程实验室的筹建打下了基础。

2 月 22 日，改任兰州冰川冻土所名誉所长。

1980年代，方毅同志视察冰川所
施雅风(右一)、方毅(右二)

春，参加甘肃省水利学会会议，发言：①热烈祝贺，学习了解并征求对科学院工作意见；②介绍科学院在西北水资源方面的工作；③对河西工作的设想。

3月，为解决乌鲁木齐市严重缺水问题，受科学院委托，主持"乌鲁木齐地区水资源若干问题研究"。参加研究的有冰川冻土所、新疆地理所，沙漠所、北京地理所、综合考察委员会、北京地质所、贵阳地球化学所。新疆地方参与的机构有新疆水利厅、新疆水文地质队、乌鲁木齐水资源委员会等，前后参加人员在100人左右。

3月23～26日，乌鲁木齐水资源委员会、新疆地理所、新疆水利厅调研座谈。

3月底至4月初，乌鲁木齐河上下游水文调查分析。

4月7日，中国科学院新疆开发建设研究会议领导小组预备会议，出席者：叶笃正、石玉林、周立三、于强、孙鸿烈、施雅风、王桂芬等，讨论会议日程。

4月8～14日，中国科学院新疆开发建设研究会议。讨论项目研究内容，专家评议。12日，王恩茂书记出席会议并讲话。13～14日，乌鲁木齐水资源研究课题落实。

4月中旬，出席中国东部第四纪冰川问题与环境变迁学术讨论会，到会发言者：李风华、朱景湖、裴善文、李华章、毛汉英、崔之久、何元庆（太白山末次冰期）、谢又予、马秋华、李吉均、朱俊杰、周尚哲、孙建中、邓养鑫（庐山1：50000地貌图）、牟昀智、宁明远、计宏祥（第四纪动物群）等。

商议1984年计划：①东北裴善文负责，四个单位参加（长春地理所，哈师院，北京地理所，东北师大）；②太白山继续去年工作；③螺髻山，样品分析，可能的条件下拍点苍山；④贺兰山，今年踏勘；⑤庐山地貌图，今年补点采样；⑥黄山宁明远负责，山上山下沉积物；⑦天目山，组织小分队。

4月下旬，南京，丁山宾馆，出席地学部学科发展战略探讨会。

4月底，举行纪念竺可桢座谈会，到会者：周立三、朱炳海、施雅风、孟辉等。

5月3～4日，以兰州分院副院长身份参加甘肃省中部地区三年停止破坏规划论证会。

5月14日，北京，竺可桢研究会理事会。出席：于强、黄宗甄、吕东明、许国华、李玉海、施雅风。汇报《竺可桢日记》整理、年谱、传记进展及南京组织情况，讨论工作计划。

5月27日至6月10日，偕沈健、外甥陆鸿宾回故乡南通，这是自1961年后再次回故乡。先去南通中学、海门中学、麒麟中学参观，回顾青少年启蒙的地方，看望当年的同学。当年陈倬云老师教语文和地理，影响颇深，打下语文和地理基础。次去新河镇老家看望亲戚、祭扫父亲墓地，亲戚们很热情，但墓地经文革已破坏无存。又去沈健启东老家看望沈的舅舅、表舅和堂叔，一路坐二等车（自行车后座）

转公共汽车，然后到南通三余镇看外甥女陆旦新一家。6月5日，在南通市劳动人民文化宫参加江苏省海洋湖沼第二次代表大会暨学术会议。兄长施成熙作为理事长作工作报告，后与毛汉礼等参观南通港务局并与市科委座谈，6月9日乘船返宁。南通故乡之行，共计两周，收获颇多。

6月14日，北京，参加"未来气候与环境预测"座谈会的预备会，出席：叶笃正副院长、张焘、张利平和施雅风等。叶笃正副院长谈进入20世纪以后由于自然和人为的影响，地理环境不断发生变化。二氧化碳等温室气体的增加，必将导致全球变暖和海平面上升，这对我国也有较大影响，需要研究对策。

6月15～16日，主持（出席）"未来气候与环境预测"座谈会。出席：叶笃正副院长、刘东生、徐仁、贾兰坡、张利平、张琦娟、姚檀栋、张焘、刘安国、陈家其、文启忠、叶连俊、黄秉维、张彭熹等。施雅风首先说明为拟定七五规划，地学部在今年年初讨论拟提"未来气候与环境"课题，以便组织跨学科，跨所的项目，为国家制定21世纪的政策提供科学依据。会议主要讨论：①研究工作的意义和目标，组织研究的范围、方式和预期成果；②各所可承担的工作，会议讨论热烈，建议科学院开展这项研究。

6月20日，中国科学院向江苏省组织部去函联系，拟调施雅风中国科学院南京地理所任研究员。

9月初至20日，出席国际冰川学会在日本召开的国际冰雪会议，会后陪同由

1984年5月，回访当年启蒙的启秀中学(现麒麟中学)
施雅风(前排左六)、沈健(前排左七)

美国、苏联、法国、英国等9个国家的30多名冰川学家组成的代表团来我国进行学术交流。代表团首先参观了天山冰川站，并考察了一号冰川，施雅风、张祥松共同主编中英文版《中国天山冰川站指南》，促进外宾了解天山冰川的观测和研究概况。之后到兰州参观访问了冰川冻土研究所。这是自建所以来最大的一次国际学术交流活动。中外同行们一起对现代冰川、第四纪冰川等进行了广泛的学术交流。这不仅促进了我国冰川研究的深入发展，而且为扩大对外影响，增进相互了解起到了积极推动作用。

11月初，作为中国科学院地学部地理学科组长，主持对南京地理所的评议。参与评议的各方面专家有郭令智、陆漱芬、施成熙、施雅风、熊毅、严重敏、曾呈奎、张书农、钟功甫、周廷儒、朱浩然、左大康等。评议组专家就南京所学科发展方向、科研任务等重大问题进行评议。经过认真调查研究，听取各方面意见后，会议达成共识："在充分发挥多学科综合研究的前提下，全所以湖泊的综合研究为重点发展方向，同时大力加强区域开发的地理研究"。这次评议结果基本平息了南京地理所长期以来湖泊、地理"两个拳头"之争，为日后南京地理所的健康协调发展起到了重要的促进作用。

年底，"乌鲁木齐地区水资源若干问题研究"课题，分解为"柴窝堡水源地的开发及其对当地环境的影响和对策"和"乌鲁木齐地区水资源承载力研究"两部分。

通过科学院院部介绍，经过江苏省组织部同意，接受南京地理所聘任，落叶归根。

改任中国科学院冰川冻土所名誉所长，当选国际冰川学会理事，中国地理学会副理事长。开始主持由中国科学院支援新疆的重点项目"乌鲁木齐河水资源若干问题研究"。

1984年9月，施雅风(右五)在天山站向外国学者介绍天山乌鲁木齐河1号冰川

1984年9月，天山一号冰川
左起：伍广和、施雅风

1984年地学部评议南京地理所合影

第一排右起：钟功甫、左大康、朱浩然、郭令智、周立三、曾呈奎、熊毅、施雅风、周廷儒、张书农、施成熙、严重敏、陆漱芬

卸任后全力投入科研与创新

1984 年，由于乌鲁木齐市严重缺水，中国科学院将"乌鲁木齐地区水资源若干问题研究"列为重点项目，由施雅风、曲耀光为领导，联合多单位实施。头两年进行从乌市东南柴窝堡盆地调水可行性研究，研究结果提供新疆有关单位讨论，取得共识，认为从湖北岸每年抽取 3000 万 m³ 优质地下水输送给乌鲁木齐市饮用，对柴窝堡湖影响不大，方案上报自治区政府采纳实施。后两年进行山区水资源形成与定量研究和乌鲁木齐河下游水资源利用情况研究。出版《柴窝堡－达坂城地区水资源与环境》等 4 本专著，上述工作获中国科学院科技进步二等奖。

1985 年，兼任南京地理所研究员，全家迁回南京。

1987 年 2 月，南京地理所讨论改革，参会并对今后的发展方针提出改革倡议：①建成开放并面向全国的研究所；②侧重长江中下游区域经济发展的地理基础研究；③湖泊实验室应建成开放的、面向全国的国家实验室。此后南京地理研究所更名为南京地理与湖泊研究所，成为全国唯一以湖泊－流域系统为研究对象的地理学综合研究机构。

1987～1992 年，国家自然科学基金会与中国科学院联合资助，由施雅风主持的《中国气候与海面变化及其趋势和影响初步研究》项目，有 16 个单位 200 多人参加，发表了 300 多篇论文和 5 本专著，是中国全球变化研究较为全面、系统化的研究成果。获 2000 年中国科学院自然科学奖一等奖。其中，由施雅风主编的专著《中国全新世大暖期的气候与环境》，将大暖期时间定为 8.5～3.0kaBP，其间有多次较剧烈的气候波动，7.2～6.0kaBP 是大暖期的鼎盛阶段，该专著和相关一系列论文得到广泛的引用。

1989 年 5 月，由中国科学院南京地理与湖泊研究所和中国海洋湖沼学会联合主办的学术性季刊《湖泊科学》创刊，为创刊号撰写《发刊词》，任该刊主编（1991 ～ 2006 年）。

1990 年 4 月，在南京参加"通过钻孔与连续剖面研究青藏高原 500 万年以来环境变化"项目立项的建议讨论，此项目至 1992 年列入国家科委与中国科学院攀登计划，成为青藏高原大项目的第二课题。

随着全球变化研究的深入，1990 年在地学部召开的地学发展若干问题及对策研讨会提出开展"冰冻圈动态变化"研究，被列入 16 个重点学科问题之一。在《冰冻圈与全球变化》（中国科学院院刊，1991）一文中，全面论述了冰冻圈在全球变化中的重要作用，前瞻性地指出冰冻圈研究的重点工作是：①重点冰芯研究，发展冰芯实验室，重建高亚洲上次间冰期以来精确的气候与环境变化序列。②以设站定点考察和多种遥感监测手段，监测冰川、积雪和多年冻土的收缩和扩展对全球变化的响应和反馈。③密切注意海平面变化，研究中纬度山地冰川融化对海面上升的影响，参加国际冰盖变化计划。④基本查明高亚洲第四纪冰川分布与规模，阐明冰川收缩扩张与高亚洲在不同阶段隆起的关系。⑤冰冻圈科学的国际性合作。

1992 ～ 1996 年，施雅风与李吉均、李炳元共同主持《青藏高原形成演化，环境变化与生态系统研究》国家攀登计划中的第二课题《青藏高原晚新生代以来环境变化》，有 9 个单位 95 人参加。通过天然剖面、湖泊岩芯和冰芯的密集采样，精确测年和指标分析，获得了青藏高原不同地区的高分辨率、长时间序列的环境与气候变化的第一手资料，重建了青藏高原晚新生代特别是 15 万年以来的气候与环境，出版了《青藏高原晚新生代隆升与环境变化》专著，施雅风提出两个创新性学术观点：①青藏高原二期隆升，孕育亚洲季风与东亚环境巨变。②昆（仑）黄（河）运动与青藏高原进入冰冻圈。有关论文发表于 1995 ～ 1998 年期间。

对中国西部高山为主的第四纪冰川进行了系统的研究。1980 年代，德国学者 M.Kuhle 多次到喜马拉雅山与青藏高原考察，误认为高原上末次冰期雪线较现代雪线普遍下降 1100 ～ 1500m，青藏高原主体均高于冰期雪线，形成大冰盖。施雅风在 1989 年德国法兰克福举行的第二届国际地貌大会以《青藏高原末次冰期与最大冰期——反对 M.Kuhle 的冰盖假设》为题，以若干实例指明 Kuhle 的观察错误和确切的冰川范围。之后在一篇英文论文（2002）中进一步解释青藏高原为何不能发生冰盖的原因，主要在于冰期夏季风弱，降水减少，1/3 地区平衡线下降不足 300m，高原西北部是全球唯一高海拔寒旱核心区域，冰期温度下降，发育极大陆型冰川，增加冰川冷储，对降低平衡线作用不大，而冰川运动以塑性变形为主，严格限制冰川范围扩大，不可能形成冰盖。

● 1985 年

1月，与唐邦兴、杜荣桓合作撰写的《四川西昌附近铁路建设中的泥石流问题》在兰州冰川冻土研究所集刊 第 4 号（中国泥石流研究专辑）出版，原稿为 1966 年 6 月在西昌所撰，为成昆铁路定线提供部分依据，因"文革"，延至 1985 年出版。

3月8～15日，北京，为确定乌鲁木齐水资源课题经费去京，院里初步答应给课题经费 40 万元，先拨 30 万元。主持竺可桢研究会理事会会议，汇报 1984 年的工作和工作计划，决定秋季在杭州开会，竺可桢新中国成立后日记争取交印。

4月，北京，参加地理学会理事会，当选副秘书长。为 *Geomorphology in China* 一书出版事，与王乃樑、韩慕康、陈绍平等共同努力，书稿交海洋出版社。

4月中旬，携建平一家搬家至南京。自此，开始以夏季 5 个月（5 月至 9 月）在兰州，其余时间大部分在南京的候鸟生活。定居南京后，兼任南京师范大学、南京大学、华东师范大学教授，以及华东水利学院名誉教授。

4月21日，《光明日报》刊出桂林风景区附近存在冰川遗迹的消息，和"王克钧工程师等科技人员，发现桂林风景区存在着大量冰川遗迹""著名地质学家孙殿卿等给予高度评价"，受该消息吸引，决定下半年到桂林考察。

4月下旬，去南京图书馆旧书馆藏部，查找 20 年代出版物中竺老写的文章。

5月6～9日，杭州，竺可桢研究会举行纪念竺可桢学术年会，会上确定《竺可桢传》的编写提纲，为第二章《教学十年（1920—1928）》而收集资料，走访竺老当时的学生陈训慈先生，并给浙大毕业同学作报告。

5月13～17日，北京，友谊宾馆北工字楼，参加地学部评议科学技术进步奖第一次会议，与竺可桢研究会在京理事会，定 11 月 1～6 日在杭州浙大开会。

走访张宝堃先生，回忆当年竺老的教学情况。以后根据收集的材料，撰写《南高、东大时期的竺可桢教授》一文，在 1987 年《地理研究》上发表。

5月31日，偕沈健、晖晖离宁去兰。

6月11日至7月7日，飞乌鲁木齐，了解乌鲁木齐河水资源研究出队情况。其中住柴窝堡一周；上博格达南坡黑沟冰川、天山站、乌鲁木齐河下游等地考察；撰写情况报告；与水文地质队争议事致函自治区副主任宋汉良；参加国际干旱会议论文初评评议等。

7月，兰州，写 *Glacial Resources in N.W.China*，制作幻灯片等。

8月6日，乌鲁木齐，聘为天山冰川综合实验研究站学术领导小组主任。

8月7～13日，乌鲁木齐，出席中国科学院新疆分院主办的"干旱地区自然资源开发和利用"国际学术讨论会，到会：严东生、任美锷、阳含熙、张学祖、赵

1985年在柴窝堡盆地考察
施雅风(右二)，王靖泰(右一)

施雅风(左二)参加"干旱地区自然资源开发和利用"国际学术讨论会后野外考察

松乔、朱震达、毛德华、夏训诚。来自 10 个国家和地区的 120 多位专家学者参加了大会。7～10 日学术会议，作 "*Glacial Resources in N.W.China*" 会议报告。11 日陪同参观天山站，12 日天池，13 日大会闭幕。

8 月 14～16 日，去和田考察。参观地毯厂、策勒治沙站，并爬上 87m 高的沙丘，此前法国科学家发现与北京人时期同期的新石器。

8 月 17 日，在水资源委员会初步定第三季度总结水资源研究工作。

8 月 18 日，天山站了解今年水文与融液法观测工作。

8 月 19 日，去宋汉良副主席处谈问题，宋批评了水文队并交水利厅处理，新疆维吾尔自治区科委资助冰川目录出版工作。当晚回兰。

8 月 30 日至 9 月 7 日，北京友谊宾馆，地学部主任、副主任会议，谈基金评议情况。明年国家自然科学基金委成立，将拟定评审办法和拨款办法。

9 月 11～14 日，参加在英国 Birmingham 举行的第一次国际地貌学大会。

9 月 22～25 日，去挪威奥斯陆参加国际冻土协会理事会，会后访问挪威奥斯陆水资源和电力等研究机构。

10 月 4 日晚，北京，地学部座谈会，出席者叶连俊、施雅风、孙玉科、张焘、张利平、祁凤蕙、吴尚辉等。讨论 10 月 22～23 日地学部学部会议的内容和准备工作。

10 月 22～24 日，北京，地学部会议，讨论学科发展战略和装备问题。

11 月 1～4 日，杭州浙大图书馆，竺可桢研究会学术年会，参加者约 20 人，黄宗甄主持，施雅风致开幕词，基金委副主任顾以健、遵义地委书记等发言。3 日，竺可桢研究会扩大理事会，到会沈文雄、过兴先、吕东明、马国钧、陈礼中、黄宗甄、毛振荣、陈训慈，讨论《竺可桢传》编写提纲。

1985年9月15日，参加英国国际地貌会议合影于英国曼彻斯特大学校园

左施雅风，右杜榕桓

1985年11月3日参加竺可桢研究会第一届学术讨论会部分老校友参观浙农大留影

后排右五为施雅风，右六为吕东明，照片由朱祖祥寄来

11月5日，常州，参加中国第四纪研究委员会海岸线分委会和江苏省考古学会1985年学术交流会，严钦尚做关于太湖钻孔报告，会后考察沙洲县。

11月，西天目山考察有争议的第四纪冰川遗迹。

11月30日至12月初，主持柴窝堡水源地水资源评估讨论会。1985年乌鲁木齐市区地表水和地下水开发利用量已达10亿 m³，为拥有水资源总量的1.89倍，乌鲁木齐河河谷及其下游地区的地下水因长期大规模超采，出现程度不同的水位大幅度下降，柴窝堡地区是理想的水源地，但缺少水源开发后对当地湖泊和环境影响的评估，而未开发。经山区冰川、融水、降水量定位观测，对水资源开发利用、水量平衡调查，柴窝堡湖水面蒸发观测和含盐量观测，初步认为为解决市区用水"燃眉之急"，在该地区建设年产 3000 万 m^3 水的水源地是可行的，对湖泊和生态环境的影响可采取补救措施解决。为进一步了解该地区地下水文地质情况，尚需打 500m 深钻孔。

12 月中旬，偕崔之久、李吉均、周尚哲联袂到桂林考察。11 日，听取了王克均同志的介绍，之后在桂林南架桥岭东坡六塘附近发现冰川遗迹的地点考察，并参阅了有关资料，认为桂林地区并无确切的第四纪冰川遗迹，第四纪地理环境缺乏冰川发育的必要条件，对某些第四纪地质和地貌现象不宜作冰川成因解释。

1985年12月施雅风在桂林进行
第四纪地理环境考察

1986 年

1 月 22 日，任中国科学院地学部评审委员会副主任委员。

2 月 20 日，南京，竺可桢研究会在北极阁江苏省气象局成立。

4 月 6 日，获中国科学院竺可桢野外科学工作奖。

4 月 9 日，上午 E.Derbyshire、下午施雅风在兰州冰川所作学术报告。

5 月 16 ～ 20 日，乌鲁木齐，由水文队黄工汇报柴窝堡湖面水源地勘测结果；阅乌鲁木齐市总体规划说明书，了解乌鲁木齐城市饮水量，农业用水，工业用水量和生活用水量。

5 月 21 日，自治区党委会议室，自治区党委扩大会，科学院在新疆工作汇报。五个汇报：石玉林、马宝林、袁万荣、施雅风等。

5 月 22 日，水资源委员会，汇报昨天向区党委汇报结果，讨论乌鲁木齐河中下游水资源污染及防治问题。

7 月 20 ～ 22 日，乌鲁木齐，先后去天山站、水利厅、水资委、水文地质队了解工作进度。

7月23日，约集参加乌鲁木齐河水资源研究的各单位主要技术负责人会议：①汇报工作进展；②讨论意见书提纲与编写办法；③商议下一步工作。一致认为从生产急需和科研深度上已具备对水源地开发方案进行全面论证的条件，由施雅风、曲耀光（中国科学院）、胡琳（乌鲁木齐市水资源委员会）、张大用（新疆水利厅）和黄道清（水文地质队）共同起草《柴窝堡水源地开发利用建议书》。

8月，指导的第一个博士生姚檀栋以《乌鲁木齐河气候、冰川、径流变化及未来趋势》论文答辩，成绩优秀，获得毕业。

8月7日，由兰州飞北京，李吉均同行。9日，崔之久、谢自楚、李吉均、施雅风同机到长春。参观长春地理所。

8月11～15日，由长春至安图赴长白山考察第四纪冰川分布情况，这次考察肯定了长白山的末次冰川遗迹。

1986年8月考察第四纪冰川遗迹在大兴安岭森林中艰难地过"独木桥"

8月16～30日，由通化乘火车赴哈尔滨出席第三届冻土会议，会后经富拉基尔至龙江至白土山考察，后乘火车经牙克实过大兴安岭、通辽、奈曼回北京。

9月16～18日，乌鲁木齐，乌鲁木齐河水资源研究工作会议。从博格达冰川资源、周边湖面与草地蒸发、水源地水质状况、乌鲁木齐河下游环境变化、乌鲁木齐市工业用水调查等方面汇报工作进展。冰川、降水、融冰观测显示，柴窝堡盆地周围山区降水多，径流量大，柴窝堡湖主要靠地下水补给，水源量稳定；通过周边湖面蒸发的观测和湖水含盐量变化分析，湖泊盐量入出基本平衡；根据水源地水质分析结果，提出水源地附近的化肥厂等污染源长期积累对水源有污染，需要搬迁；从水源充分的柴窝堡湖北面取水，可作为乌鲁木齐市的水源。为防止湖盆为漏盆，新疆地方政府批20万元用来打钻，分析结果柴窝堡湖盆不是漏盆。

1986年，在乌鲁木齐河水资源研究工作会议上发言

之后，依据以上结果，向自治区黄宝璋副主席作柴窝堡水源地开发意见的汇报，提交《柴窝堡水源地开发利用建议书》，提出从柴窝堡湖北年输水 3000 万 m^3，供乌鲁木齐市用水的建议，作为柴窝堡水源地开发决策的参考和依据。经自治区领导采纳。

10 月 7～14 日，青岛海平面变化会。

10 月 18～23 日，出席北京第四纪孢粉会议。

10 月 28 日至 11 月 2 日，参加国家自然科学基金委员会地球科学部基金评议会。

10 月 30 日，参加第四纪研究委员会主任、副主任会议，讨论明年 INQUA 会议情况。

11 月 2 日，出席地理学会常务理事会，讨论 1987 年学术活动。

11 月 17 日前后，去安吉西天目山考察"冰川遗迹"，调查安吉和天目山 1961～1980 年各月平均气温及降水量，认为西天目山第四纪地理环境缺乏冰川发育的必要条件。至此"中国东部第四纪冰川与环境研究"课题 30 多位学者先后考察了 19 个地点，明确中国东部只有太白山、长白山和台湾高山存在确切的第四纪冰川，其他中低山地报道的第四纪冰川概属误解。

11 月 24～30 日，南京，举行《中国东部第四纪冰川问题及环境变化研究》专著评议会，16 个单位，40 多人参加，做课题总结报告。全面总结 1983 年开始中国东部第四纪冰川与环境研究，对该专著广泛听取不同意见，补充修改。12 月 1～3 日，阅读评议材料，讨论修订提纲。于 1989 年出版了约 60 万字的《中国东部第四纪冰川与环境问题》专著。对现代冰川和第四纪冰川都熟悉的黄汲清院士评论此书"内容丰富，论证精详，他们的结论基本上否定了李四光学派的成果和观点，这是一件好事。"

12 月初，评议黄培华主持的中国第四纪气候与环境演变课题。

12 月 14 日，北京，出席 IGBP（国际地圈生物圈计划）讨论会。到会：叶连俊、施雅风、孙鸿烈、李文华、刘东生、李云生、马世骏、孙玉科、李克让及新闻工作者。大气所符琮斌汇报 IGBP 历史及现状，叶笃正介绍 WCRP（国际气候研究计划），刘东生介绍 IGCP（国际地球科学计划）。施雅风建议积极参加 IGBP，中国委员会人员组成由科学院为主，设立常务班子和秘书；宣传 IGBP，针对 IGBP 需要，调查国内有关学科部门，组织学术研讨，设计我国参加 IGBP 工作大纲。

12 月 15～16 日，参加自然辩证法研究会理事会会议。于光远、李昌、高镇宁在开幕式上讲话，黄青禾、何祚麻、石山、许良英作大会发言。

12 月 17～21 日，出席科学院出版社评议会。18 日，抽空参加自然辩证法研究会理事会。

12 月 25～28 日，珠海，应邀出席由科学院广州地理所主持的"珠海自然资源与经济开发研究"评审会。

12 月 29～30 日，珠海—顺德—广州，参观孙中山故居，广州地理所，黄镇国陪同考察七星冈海蚀地形，了解海平面上升对珠江三角洲环境影响。

12 月 31 日，广州，访问华南师大曾昭璇、吴正。

1986 年，《III 中国冰川目录 天山山区（西北部准噶尔内流区）》（编著者赖祖铭、曹真堂等）；《III 中国冰川目录 天山山区东部散流内流区》（编著者王银生、刘潮海等）；《III 中国冰川目录 天山山区伊犁河流域区》（编著者丁良福、谢维荣等）出版。

美国科学家 L.G.Thompson 教授与冰川所合作开展祁连山敦德冰帽冰芯研究及天山乌鲁木齐河 1 号冰川冰芯研究，并选派姚檀栋与 Thompson 一起工作。

参加的"青藏高原隆起及其对人类活动和自然环境影响的综合研究"获中国科学院科学技术进步特等奖。

● 1987 年

1 月 5 日，南京，参加"纪念徐霞客诞生四百周年"大会。

征求陈学溶先生对《南高东大时期的竺可桢教授》一文的意见。

2 月 13 日，地理学会南京理事各单位负责人座谈会，主要讨论 4 月全国理事会在宁召开前的准备工作。写《对当前科技体制改革的几点意见》。

2 月 14 日，南京地理所讨论改革，参会并对今后的发展方针提出改革倡议：①建成开放并面向全国的研究所；②侧重长江中下游区域经济发展的地理基础研究；③湖泊实验室应建成开放的、面向全国的国家实验室。此后南京地理研究所更名为南京地理与湖泊研究所，成为全国唯一以湖泊－流域系统为研究对象的地理学综合研究机构。

2月24日，参加孙枢主持的基金委地学部重大项目讨论会，经会议讨论，初步拟定围绕气候环境变化，将西北干旱区气候变化、历史气候、海平面变化、CO_2增加与气候变化等四项研究结合在一起，题目"气候与海平面变化及其趋势影响的初步研究"。

2月，《III 中国冰川目录 天山山区西南部塔里木内流区》出版（编著者谢维荣、丁良福等）。

3月20日，兰州，兰州大学地理系作《气候、环境变化的展望》报告。

3月28日，冰川冻土学会第三届理事会产生，由37人组成，其中24人为上届留任理事，13人为新当选理事。当选理事一致推荐施雅风继续担任理事长。

4月14～19日，南京，出席在南京大学举行的中国地理学会第五届理事会第二次扩大会议。

6月25日，冰川冻土研究所与兰州大学联合成立"中国第四纪冰川与环境研究中心"，中心主任施雅风，副主任李吉均、崔之久。

6月29～30日，兰州，与Porter等人一起考察马御山，谈两个中心合作事。

7月10日，宋健同志于该年2月5日在国家气候委员会成立时的讲话中，指出西北、华北，存在着水资源减少的严峻趋势，要求气候工作者能在1990年之前拿出预测，为国家经济发展战略决策，提供气候预测报告。但宋健同志讲话中引用的天山冰雪总储量和祁连山冰川储量的数据，与冰川所研究结果有一定出入。施雅风、王宗太、曲跃光、刘潮海、杨针娘、赖祖铭同志联合写信，就我国冰川资源的研究结果，对西北水资源变化趋势的看法，冰川研究和气候研究的关系及我国冰川研究需要加强等问题向宋健同志作了汇报。

7月14日，国家科委主任宋健同志复信施雅风先生。信中说："最近我们正在组织对基础应用研究的调整，以期明年初正式向中央提出建议，彼时，或许关于冰川研究的条件也能够得到改善。这是大家所梦寐以求的目标，我愿为此而尽绵薄之力。"

7月30日至8月9日，去加拿大首都渥太华参加12届国际第四纪研究大会，会上报告《中国东部第四纪冰川问题再认识》。

8月9～22日，偕谢自楚、杨针娘、李培基去温哥华参加国际大地测量与地球物理联合会（IUGG）第19届大会，来自75个国家的3820名科学家出席了会议。大会中心议题是全球变化，与各国科学家交流了气候变化对冰雪动态，水循环研究的进展。

8月25～28日，访问美国加州大学Santa Babara分校，由施建成和冰雪遥感

参加IUGG大会与冰川所同事合影
左起：李培基、谢自楚、施雅风、杨针娘

由建成陪同考察Mammoth 高山积雪
试验地(海拔11053英尺，合3369m)

专家 J.Dozier 教授陪同参观 Mt.Mammors 冰雪遥感野外观测站，与 J.Dozier 教授谈初步合作事，看望施建成夫妇。

9月7～16日，与日本中尾欣四郎合作考察青海湖，一同参加考察的有秦伯强、王苏民等。

天山站评议，评议者在1号冰川冰碛垄上
左起：陆亚洲、康尔泗、施雅风、郑度、
许世远、汤懋仓

9月22～26日，参加由中国科学院资环局组织的对天山冰川站开放论证会，会议通过天山冰川站为中国科学院开放站。

9月28日，乌鲁木齐，召集水文总站、水文地质队、水资委核对水资源量。

9月底，冻土室筹建的格尔木冻土野外观测站开始动工建设。

10月6日，出席地学部常委扩大会议，讨论学部会议日程，听取"黄河治理"等专项发言，与涂光炽主任、叶连俊、程裕淇副主任共同筹划地学部主动咨询的活动。

10月7～12日，出席中国科学院地学部第二次学部委员大会，有关工作人员介绍 IUGS、第四纪大会情况和自然科学基金授奖情况。这次会议，以黄河治理和海洋资源开发为主题，形成"黄河整治与流域开发研究工作需要总体设计和统一领导"以及"关于海洋资源开发中若干问题的建议"两份咨询报告。11月，中国科学院将报告呈送国务院和有关部门，开始了地学部学术咨询的新局面。

11月14日，南京，出席国家基金委地球科学部学科评审第二次会议。出席者：涂光炽、程裕淇、施雅风、叶连俊、刘东生、黄秉维、任美锷、孙鸿烈、郭令智等多人。

1987年，南京，国家基金委地球科学部学科评审第二次会议
施雅风(左十)、程裕淇(左十一)、刘东生(左十二)、涂光炽(左十三)、孙鸿烈(左十六)

冬，主持的国家自然科学基金会与中国科学院联合资助的"中国气候与海平面变化及其趋势影响的初步研究"项目启动，参加单位有冰川所、地理所、大气所、地质所和南京地理所等20多家单位。南京地理与湖泊所自然地理研究室以朱季文、季子修为主的科研人员全力投入。

12月6～12日，广州中山大学，与郑本兴和苏珍一起参加中国地理学会组织的"全国地貌学术讨论会"，会后回南京，郑本兴与苏珍参加了赵希涛组织的十人"中国科学院海南岛考察队"。

12月，参加南京地理与湖泊所高级职称评审。

● 1988 年

2月5日至3月13日，由孙鸿烈副院长领队，施雅风、张知非和外事局一同志，去南极地区长城站考察。经纽约—智利首都圣地亚哥—麦哲伦海峡—阿根廷首都布利诺斯艾利斯—南端，再乘飞机于2月16日到达长城站。时值南半球夏季，空气清新，由秦大河站长陪同考察长城站、苏联别林斯基站、乌拉圭站等半个月。之后回智利、阿根廷两国考察地学科研单位，途径纽约，于3月13日回到北京。

3月16日，去医院看望患病的兄长施成熙。

3月18日，南京地理与湖泊所西楼会议室，参加南京地理与湖泊所举行的南极考察报告会，屠清英所长主持，会议室座无虚席。施雅风用一个半小时，向大家介绍长城站情况，南极区的国际竞争，顺访智利阿根廷见闻等。晚上南京电视台播出。

在总结1959年和1964～1968年青藏高原综合考察成果和经验的基础上，施

1988年春节南极长城站

左三起：施雅风、崔之久、秦大河

1988年春节，南极长城站海边，冰川飘砾旁

左起：孙鸿烈、崔之久、施雅风

雅风和刘东生先生首先提出开展"青藏高原隆升及其对自然与人类活动影响的研究"，项目实施后，作为领导者之一组织了其后一系列考察活动，完成了系列性总结专著，将我国青藏高原研究推向前所未有的科学高度，对我国青藏高原研究领先于世界水平起到了关键作用。该项目成果获得1987年国家自然科学奖一等奖（施雅风排名第二）。

3月19日，参加所学术委员会基金申请初评。听到广播里《青藏高原科学考察》获自然科学奖，感到自己对此工作无大贡献，深为汗颜。

3月24日，北京，上午原定向南极办汇报，因故改期。下午与王明星、张丕远、赵希涛商议"气候与海平面变化"项目经费。

3月25日，去海洋局南极办汇报考察后对南极工作建议：①开展积雪研究，

后排左起：许良英、施雅风、黄宗甄、吕东明；前排左起：王来棣(许良英夫人)、匡介人(吕东明夫人)

参与极地国际南极考察计划；②应建成我国第一个南极考察基地，以西南极区为对象，尽快准备一只考察船便于到附近岛与南极半岛考察；③对整个南极工作应有政策规定、目标与主要措施。晚上，去看黄宗甄、许良英，遇到吕东明夫妇，与他们合影。

3月26日，到院资环局杨生处，汇同沈文雄、吕东明、于强、黄继武共6人开会商议1990年竺可桢诞辰100周年纪念会事宜，议定分别在杭州与北京举行。杭州请浙大沟通海峡两岸浙大校友为主；北京以气候变化学术讨论会为主，由气象学会、地理学会、竺可桢研究会发起，请科学院、科协、气象局资助。拟请陶诗言牵头，由地理所与气象学会共同组成实际工作的秘书班子。

3月27日，去陶诗言处，告昨天讨论竺可桢纪念会情况，征求他出来牵头意见，陶一口同意，并提议气象学会和地理学会相关筹备人员的人选。电话告沈文雄、又电话吴传钧请地理学会也出面，均同意。起草西北水资源课题任务书至晨2点。4点离气象局招待所到机场，晨7时多降落南京机场。

3月28～30日，"气候与海平面变化"项目课题负责人会议，讨论任务分工。起草"中国气候与海平面变化及其趋势和影响的初步研究"任务书。该研究是在全球出现气候和环境变化研究热点的背景下提出和实施的，分别被国家基金委和中国科学院列为"七五"重大项目。该研究项目的成立，改变了我国长期以来对气候及环境变化缺乏全面深入研究的薄弱局面，以适应世界性对温室气体增加全球气候变暖和环境变化等问题的关注。项目有科学院地理所、大气所、地质所和南京地理所等20多家单位，200多人参加。经过反复讨论，共设了4个二级课题，其中施雅风负责"气候变化对西北、华北水资源的影响"。

3月，主编的《中国冰雪冻土图（1∶4 000 000》（附中国冰雪冻土图说明

（中英文版））由中国地图出版社出版。

4月6日，分院培训中心，与沈炎彬一道做关于长城站和南极考察的报告。

4月7日，去南大参加中国地理学会海洋地理专业委员会成立大会。

4月8日，地理学会长江流域开发研究会在南京地理与湖泊所举行成立大会，应邀出席并致辞。

4月10日，去花神庙公墓为母亲和岳父扫墓，从雨花台步行往返。

4月12日，《南极洲——国际科学竞技场》一文完稿。指出谁能对南极的科学知识提供得多，谁能在南极的科学竞技场上获得较高的荣誉地位，谁就能在南极丰富资源的未来开发问题上有较大的发言权。

4月14日，完成《对南极科学研究几点意见》一文。

4月15日，约范建华、李建仁与王钰三位博士生商谈拟定他们的学习计划。

4月18～22日，接待荷兰海平面变化专家Jelgersoma，两国专家进行学术交流，做关于中国海平面变化的学术报告并听取荷兰专家关于海平面变化的学术报告。

参加"中日合作青海湖研究计划"讨论，日方先提出由日方担任队长，中方为副队长。施雅风提出原协议规定，双方是合作研究的平等关系，则双方应各推选一位队长，成果出版物应由中日双方各出一名主编。如改变原合作协议，必须由上级决定。后日方态度软下来，同意上述协议并签字。

4月23～29日，同荷兰专家Jelgersoma一起赴苏北海岸带考察。经南通港—启东—盐城—射阳，最后返回南京。考察结束后Jelgersoma建议编制"长江口至废黄河三角洲低地图"，其中包含海岸线历史变化、土地利用、侵蚀与堆积海岸、构造升降运动等要素。该建议可以作为海平面课题的扩充内容。

1988年同荷兰专家Jelgersoma一起赴苏北海岸带考察在启东合影
左起：郭德明、朱季文、施雅风、Jelgersoma、季子修(右一)

5月1日，去南大看朱炳海，然后去医院看成熙兄。

5月2日，去南大杨怀仁处谈编辑叶良辅先生九十诞辰纪念文集，请杨怀仁任主编，分别向沈玉昌、丁锡祉、蔡钟瑞、严钦尚、李治孝、冯怀珍及杨怀仁、施雅风、陈述彭、陈吉余等约稿，10月底交稿，12月交印刷厂，经费由杨怀仁、施雅风、陈述彭、陈吉余四人筹集。

5月4日，去华东饭店参加长江流域研究会，致开幕词。到会有侯学煜、周立三、谢家泽、严恺、胡永畅及各分院代表，佘之祥主持会议。

5月5～11日，济宁，出席《中国湖泊利用与保护》成果鉴定会，会后考察南四湖。

5月12日到兰州。预定6月6日乌鲁木齐水资源研讨会，13～15日柴窝堡钻孔分析资料会。

5月13～14日，商议"气候变化与西北水资源"课题事。博士研究生杨大庆来谈博士学位论文。

5月16～28日，因左拇指疼痛不止，去甘肃省人民医院看病，住院全面身体检查。边检查边工作，其间参加了所内举行的冰川所建所30周年筹备会议，准备为此撰写《30年的回顾与教训》。

6月1日，参加兰大外宾招待所"第四纪冰川与环境研究中心"座谈会，参会者兰大李吉均、艾南山、张林源等，冰川所邓养鑫、郑本兴，沙漠所董光荣，地质灾害中心王靖泰等。准备明年开一次中国东部第四纪冰川与环境学术会议，连同出版物，经费各家分担。

6月5日，乌鲁木齐，看材料，并看望浙大老同学杨利普。

6月6～10日，主持乌鲁木齐水资源研究总结会。参加者：冰川所、沙漠所、新疆地理所、新疆水利厅、新疆水资源委员会等单位20余人。

6月13～15日，主持柴窝堡科学钻孔分析汇报交流，出席者：文启忠、李华梅、李文漪、阎顺、小许、王树基、顾功树、夏训诚等。钻孔分析表明柴湖旁500m深钻孔中，135m以下全为粗颗粒至砾石层，以上为细颗粒沉积，并有5层细密的不透水的湖相沉积，由此重建了近80万年气候与环境变化史。

6月17～19日，上天山冰川站，了解工作进展。

6月20～23日，邮电局招待所，参加叶尔羌河洪水考察总结会，到会冰川

1988年6月，新疆天池
后排：李世杰(左一)、施雅风(左三)、秦伯强(左四)；
前排：赖祖铭(左二)、叶佰生(左三)

所、水利厅 20 多人，到会致辞。

6 月 24 ～ 27 日，陪同美国加州大学圣塔芭芭拉分校 Dozier 教授一行访问天山站，考察冰川冰斗，观测设施，商议合作及交流事宜。

7 月 4 ～ 7 日，兰州，参加 Dozier 教授一行与冰川所学术交流会，天山站康尔泗、张祥松、杨大庆等参加讨论。

负责的"气候变化对西北、华北水资源的影响"专题研究项目启动以后，先对青海湖近百年萎缩的原因进行考察分析。7 月 9 ～ 27 日，参加南京地理与湖泊所与日本合作的青海湖考察。其间，10 ～ 13 日，西宁，访问环保局、水文总站、高原生物所，获取水文、气象、地形基础资料；14 ～ 17 日，鸟岛、倒淌河尾闾的洱海附近，钻孔勘查；18 ～ 20 日，绕道湟源，经克图牙合去尕海，住刚察。偕范建华访刚察气象局、沙沱寺水文站、布哈河水文站，考虑未来气候变化，嘱小范抄录有关降水、14 时风向风速资料加以统计；21 ～ 22 日，刚察吉尔孟、泉吉野外考察；23 ～ 25 日，考察青海南山。近 20 天考察后初步印象，青海湖萎缩的主要原因是气候干旱化。

1988年7月，青海湖鸟岛
左三起：施雅风、中尾跃四郎、王苏民

8 月 1 日，博士生杨大庆论文答辩，获得好评。

8 月 4 日，乘火车赴乌鲁木齐。8 月 6 日赴天山冰川站。

8 月 10 日，沈健携外孙女晖晖到乌鲁木齐，第二天去天山冰川站，13 日返回乌鲁木齐。

8 月 11 ～ 15 日，完成青海湖总结材料初稿。

8 月 17 ～ 22 日，参加在四川峨眉举行的地学部基金评议会。

8月29日，乌鲁木齐，开会讨论曲耀光撰写的"关于乌鲁木齐水资源承载力"的汇报文稿，准备向自治区政府汇报。到会水资委、水文地质学会、新疆地理所、开发办等7～8人。

8月31日至9月10日，偕王宗太等去冰川考察夏季营地，在望峰道班下停车后看到望峰冰碛西下深切情况。后上1号冰川和4号冰川。完成《青海湖萎缩的原因、历史和未来趋势初步探讨》一文。研究青海湖近百年萎缩原因，主要为气候暖干化并非人类用水过多。看天山站资料室文献、水文气象资料等，准备组织召开乌鲁木齐河上游水资源径流形成与计算学术会议。

9月12～15日，主持乌鲁木齐河上游水资源径流形成与计算学术会议。到会有水文总站、气象局、新疆大学、新疆地理所、径流试验站及冰川所约30人。1985～1987年多点降水、蒸发、季节雪与径流观测，特别是博士生杨大庆对固态降水应用防风设备后的修正结果，高山区实际降水比未修正的增加约30%，另应用称重法观测高山区蒸发量，推算季节雪融水占径流量1/3左右，山区径流形成，高山带最多，修正了过去以中山带为主的观念。降水量的增加，表明山区水资源量比原计算丰富得多。由康尔泗、张国威等合作编辑《乌鲁木齐河山区水资源形成和估算》一书由科学出版社于1992年出版。

9月21～27日，北京，《竺可桢传》审稿会，上卷气象所、浙大部分，缺黄河考察；下卷材料已全，但风格迥异。黄继武约施雅风写《竺可桢传》引言，将全力以赴。

9月28日，北京，全日写《竺可桢传》引言，最后完成约2000字。

9月30日至10月3日，兰州，休息并准备第四届冰川冻土学术会议上报告。

10月4日，出席冰川冻土研究所《庆祝冰川冻土事业30周年》大会，做《30年回顾与希望》讲话。回顾有专门组织的中国冰川冻土研究事业开始于1958年，开展现代冰川研究。1960年增加冻土研究，作为这个事业的老兵和两度主持者（1958～1966年，1978～1984年），回首前尘，百感交集，前事不忘，后事之师。展望未来，我国是冰川冻土大国，以青藏高原为主体的亚洲中部高山系是中纬度世界最主要山地冰川区和高山冻土区，这里的冰川冻土现象与高纬极地区有许多不同特点。我国冰川冻土研究者应扩大视野于整个亚洲中部高山高原地区，与国际有兴趣此区的冰川、冻土以及第四纪研究的同行，携手合作，尽快将这一地区研究水平提高到与西欧、北美并驾齐驱的程度。

10月5～9日，第四届冰川冻土学术会议并庆祝冰川冻土事业30周年。30年前协助建立我国冰川研究队伍的苏联科学院地理所道尔古辛教授、日本水圈研究所所长樋口敬二教授等参会并庆祝冰川冻土事业30周年。

10月15～16日，与冰川所办公室同志及苏联学者乘大轿车同去夏河县拉卜

参加1958年祁连山冰川考察的老朋友与参加纪念会的苏联冰川专家道尔古辛合影
左起：李吉均、郑本兴、施雅风、道尔古辛、崔之久

楞寺游览。

10月18日，与苏联学者 Aizen，Sengci 讨论合作事宜。参加者还有：刘潮海、曲耀光、赖祖铭、张祥松、李培基等。

10月18～25日，修改曲耀光关于乌鲁木齐河水资源的汇报稿；与黄茂桓、康尔泗讨论天山站基金指南修改与基金管理办法。

10月26日，参加宋健同志召集的座谈会，到会者30多人，科学院16人，兰大6人。座谈会上发言讲：①感谢对冰川编目的支持；②建议调整政策支持基础研究与应用基础研究；③改善知识分子待遇。

10月，由施雅风主编，多人合作撰写的《中国冰川概论》出版，对冰川学研究工作进行了综合性总结。该专著系统阐述了中国冰川分布、形成、存在和变化的基本规律，探索了高山冰雪利用途径与冰雪灾害的防治方法，解决了经济建设中若干问题。专著以研究中纬度高山冰川为特色，全面认识冰川资源、灾害、以及气候环境相联系的中国现代冰川专著，在国内产生了较大影响，获得中国科学院自然科学奖二等奖。

11月5日，南京，与杨怀仁联系准备《叶良辅先生纪念文集》，准备12月25日审稿会。

11月中旬，接基金委通知，12月6日基金项目检查基金，通知各课题负责人准备汇报会材料。

修改《青海湖萎缩的原因、历史与未来趋势的初步探讨》一文。

11月，南京，竺可桢先生的长媳孙祥清与竺老孙女竺明芝来访。写信给院领导，转发孙祥清信函，殷切希望在纪念竺老百年诞辰的同时，帮助解决竺老家属的一些问题。

11 月 28 日至 12 月 1 日，参加江苏省地理学会牵头组织的江苏省资源与环境学术研讨会。

12 月 2 日，改选江苏省地理学会理事会，事先声明不再担任理事长一职，选佘之祥为理事长。

12 月 6 ～ 8 日，兰州，参加"西北干旱气候变化"座谈会，符琼斌主持。首先作了《青海湖萎缩、原因、历史变化及未来趋势》发言，兰州干旱气候所徐国昌、新疆局李红风、高原大气所汤懋苍、冰川所赖祖铭等发言讨论，均认为有干旱化趋势。

12 月 25 日，《叶良辅先生纪念文集》审稿。协助李治孝完成叶良辅教授的生平与贡献文，另写了《怀念叶师开展地貌与冰川研究》一文。

1988 年，《Ⅳ中国冰川目录 帕米尔山区》《Ⅶ中国冰川目录 青藏高原内陆水系（6 册）》等 2 卷 7 册出版，编著者：罗祥瑞、米德生、焦克勤、张振铨、杨惠安等 6 人。

● 1989 年

1 月 11 ～ 12 日，济南，参加国家气象局气候预测讨论会，撰写《从冰川与湖泊萎缩看西北气候干旱化》一文。

1 月 13 ～ 15 日，北京，参加中国科学院资源环境局八五规划会和中国科学院地学部水资源会，作如何解决乌鲁木齐地区的缺水问题的报告。

1 月 23 ～ 24 日，北京，参加中国科学院全球变化预研究会。

1 月 25 ～ 27 日，北京，主持中国气候与海平面变化项目年度工作会议。

1 月，施雅风主编，曲耀光副主编《柴窝堡 – 达坂城地区水资源与环境》，由科学出版社出版。该专著是施雅风主持的乌鲁木齐河项目系列专著 4 本之一。乌鲁木齐河流域水资源的系统研究，形成系列性成果，将我国西部内陆河流域水资源研究提高到一个新水平，该项目成果获得中国科学院科技进步二等奖。

2 月，编写《中国冰川冻土与第四纪冰川进退》英文稿。协助杨怀仁编辑《叶良辅先生纪念文集》。《南京党史》约稿，完成南京科技界一段活动一文初稿。

对近年来社会上腐败现象、农业下滑、政治制度改革、知识分子政策等问题，在许良英发起呼吁政治民主化的联名信上签名。

2 月 19 日，参加浙大 1941 级同学聚会。

2 月下旬，院重建课题汇报会。

3 月 6 ～ 10 日，上海，参加地理学会在上海华东师大召开的亚太地区国际地理大会第一次筹备会议，为迎接 1990 年 8 月的国际地理联合会（I.G.U）亚太区域会议做准备。

3月10～16日，北京，参加中科院资环局重大项目检查会议。

3月18日，时任统战部长的阎明复同志接见并听取意见，参加者：许良英、王来棣、李晨、吕东明、施雅风。

3月21日，南京，接冰川所同仁来电，祝贺70寿辰。

3月27～29日，与王苏民、李建仁同去西宁，参加青海省科委与环保局主持的青海湖课题会。

3月，施雅风、崔之久、李吉均等著《中国东部第四纪冰川与环境问题》，由科学出版社出版。这本书代表了一种对中国东部第四纪冰川问题的新认识，一种不同于李四光学派的新观点。这种观点认为中国东部只有少数高山，如陕西太白山、中国和朝鲜交接的长白山和台湾玉山等存在确切的第四纪冰川遗迹，而其余山地海拔都在2000m以下达不到冰期冰川发育的海拔高度和气候条件，李四光学派所指的一些证据，多为误解，缺乏鉴别意义。该成果在国内影响较大，获中国科学院自然科学奖二等奖。

4月6日，兰州，所学术报告厅，邀请A.Ohmura教授作学术报告。

4月18日，参加兰州冰川所举办的施雅风治学思想座谈会，祝贺70寿辰。会议由黄茂桓、程国栋主持，施雅风感谢领导和同事们的支持，冰川冻土事业是祖国科学事业的一部分，全体同志应该同心协力，克服困难，充分发扬民主，抓好所的建设，为冰川冻土事业奉献自己的一生。

4月20日，天山站学术委员会在兰人员会议，讨论开放站基金申请。参加者：谢自楚、刘潮海、张园、王良纬、康尔泗、汤懋仓、施雅风。

4月30日至5月3日，杭州，参加浙大史地系校友会，浙大史地学会50周年年会。

5月7日，南京地理与湖泊所博士生考试审核。

5月，为南京地理与湖泊所《湖泊科学》创刊号撰写《发刊词》。指出为了加强学术交流和推进湖泊科学事业，更好地为国民经济和国防建设服务，出版湖泊科学专业期刊已成为迫切需要之事。《湖泊科学》应能及时反映上述与湖泊学科有关领域内在调查考察、专题实验、理论探讨和应用技术等方面的最新研究成果，也能及时报道国内外湖泊学的研究和学术活动动态，并有重点地介绍一些世界上的湖泊、水库资料，使《湖泊科学》能办成既有理论研究深度和学科面广度、又有生产实践经验交流，对于不同的学术观点，将本着双百方针，谨慎处理。

5月18～20日，兰州，中国西部第四纪冰川与环境会议。第一个做学术报告。

5月29日，乌鲁木齐，与曲耀光向自治区副主席黄宝璋汇报乌鲁木齐缺水问题的意见，黄决定10月扩大会议论证报告。

6月至7月，由蔡保林和 Aizen 陪同，应邀访问苏联，从伊犁出境，先到阿拉木图访问哈萨克斯坦有关地学科研单位，吉尔吉斯斯坦伊塞克湖考察，以后到莫斯科、列宁格勒参观，乘火车横穿西伯利亚回京。

1989年6月，吉尔吉斯斯坦伊塞克湖旁
施雅风(中)、Aizen(右)

7月11～13日，主持华北、西北气候变化对水资源影响讨论会。

8月11～17日，由北京飞往洛杉矶，建成来接。先去看望旅美地理学家丁骕，相聚甚欢，送他一本《中国东部第四纪冰川与环境问题》。住 Santa Barbara 建成家，与 Dozier 教授会晤，合作事宜将推迟。

1989年8月在洛杉矶(Los angels)会见旅美地理学家丁骕教授(建成陪同)

8月18～19日，建成开车去陪同去旧金山。找到 Cleick，交换气候变化研究意见，并联系合作交流一事。去圣何塞看沈健外甥女，并与分别多年的沈健姐姐通电话，约她们有机会到大陆看看。

8月20～25日，去美国西雅图参加国际冰川学会的冰川与气候会议，在全体会上宣读作《冰川后退，湖泊萎缩所指示的亚洲中部气候干暖化趋势》报告，提出亚洲中部冰川与湖泊萎缩主要为气候暖干化，而非人类用水过多，受到重视。次年在《冰川学年刊》(*Annals of Glaciology*)上发表。

会后至纽约访问拉蒙特观象台见 G.J.Kukla 及冰川所访美同事李培基与曹梅盛。

8月30日至9月2日，去德国不来梅参加极地地貌会议。作《中国冰川与冰川地貌》报告。

9月3～8日，参加在法兰克福举行的第二届国际地貌大会，作《青藏高原末次冰期与大冰期——反对 M.Kuhle 的冰盖假设》报告，以若干实例指明 Kuhle 的观察错误和确切的冰川范围，他所提出冰期平衡线普遍下降1000m以上，把高原外缘山地在冰期时的雪线降低值平行移至高原内部，认为整个高原均在雪线以上而发育统一大冰盖。事实上，外缘山地的冰期雪线降低值要比高原内部大得多，喜马拉雅山南坡和西帕米尔末次冰期雪线高度比今降低 1000 m ～ 1200 m，而在高原内部山地一般只有 500 m 左右。正面否定 Mathias Kuhle 的青藏高原冰盖论假说，反响强烈。《中国冰川与冰川地貌》和《青藏高原末次冰期与大冰期——反对 M.Kuhle 的冰盖假设》在德国《地貌》杂志 1992 年补充卷 86 期与 89 期刊出。

1989年9月参加德国法兰克福举行的第二次国际地貌大会
许世远(左)与施雅风(右)

9月，施雅风、文启忠、曲耀光等著《新疆柴窝堡盆地第四纪气候环境变迁和水文地质条件》，由海洋出版社出版。该专著是施雅风主持的乌鲁木齐河项目系列专著之一。

10月，北京，参加地学部常委会。

10月中旬，兰州，接受中央国际广播电台记者李玉政采访，采访稿《他，叩响了冰川王国之门》于10月25日在中央人民广播电台《新闻和通讯》节目播出。

10月24～25日，北京，参加科学院自然灾害会议，赵剑平主持，孙枢、王思敏、周立三等参加。

10月,《V 中国冰川目录 喀喇昆仑山区（叶尔羌河流域）》（编著者杨惠安、安瑞珍）出版。

11月3日,北京,林海同志检查气候与海平面变化项目。

11月11日,在杭州浙江大学参加叶良辅先生一百四十年周年纪念。次日扫叶墓。

11月11日,获中国科学院荣誉章。

参与编辑的《叶良辅与中国地貌学》由浙江大学出版社出版,其中协助李治孝完成叶良辅教授的生平与贡献文,另写了《怀念叶师开展地貌与冰川研究》一文。

12月1～3日,北京,参加地理学会环境变化会议及气候与海平面变化座谈。

12月4日,竺可桢研究会,为迎接竺可桢先生百年诞辰纪念,商议《竺可桢传》和《竺可桢日记》出版事宜,讨论经费和收入支持情况。

12月5～7日,北京,主持重大基金项目"气候与海平面变化研究"工作会议,讨论"气候与海平面变化研究"

1989年11月,杭州浙大举行纪念叶良辅先生逝世40周年活动
左起：陈吉余、施雅风、李治孝、叶彦弧

进展、阶段性发现、成果和建议。参加者：林海、陈泮勤、张丕远、唐领余、孔昭宸、葛全胜、张祥松、刘春蓁、赵希涛、王明星等。参加评议的专家有：陶诗言、王乃樑、陈家骅、左大康等。

● 1990 年

1月13日,著名的科学家和教育家、中国湖泊水文学的奠基人,兄长施成熙教授因病在南京逝世,终年80岁。

2月,施雅风、王明星、张丕远、赵希涛等所著《中国气候与海面变化研究进展（一）》由海洋出版社出版。

年初,国家科委致函中国科学院,请向学部委员征求对国家《中长期科学技术发展纲领》的意见。国家计委亦致函科学院,要求聘请学部委员对八五科技攻关计划进行咨询、评估和评议。接到委托任务之后,学部及时召开学部主任联席会议,布置对有关材料进行审议和讨论。

3月6～9日，北京，主持中国科学院地学部在京举行中国自然灾害灾情分析与减灾对策研讨会。参加会议的除地学部的学部委员外，还邀请了有关学部的学部委员。应邀参加会议的还有：科学院、有关部委、局和高等院校科研院所专家和领导百余名，提交会议论文70多篇。会后出版《中国自然灾害灾情分析与减灾对策》论文集，向国家提出了灾害研究和对策方面的咨询意见。

3月14～17日，北京，出席中国青藏高原研究会成立大会暨学术讨论会。

4月，南京，主持"通过钻孔与连续剖面研究青藏高原500万年以来环境变化"项目立项的建议讨论，此项目至1992年列入国家科委与中国科学院攀登计划，成为青藏高原大项目的第二课题。

5月，南京，与南京地理与湖泊所相关研究人员一起，再次去苏北废黄河口海岸，考察海面变化与海岸防护工程。

1990年5月在苏北废黄河口海岸考察海面变化与海岸防护工程

5月，与E.Derbyshire共同发起1991年8月在北京举行第十三届国际第四纪大会期间组织"青藏高原第四纪演变"专题讨论会。内容包括更新世冰川类型和范围、冰川地层学、第四纪气候、地貌演变、湖泊沉积与岸貌变化、冰缘与冻土历史等。

6月14～15日，宁夏中卫，应邀参加中国科学院资源与环境局组织的沙坡头沙漠研究开放试验站评议，参加评议的专家组成员有：刘东生、阳含熙、侯仁之、施雅风等15位专家。经过论证后，"中国科学院沙坡头沙漠研究试验站"正式对外开放。

6月16～18日，北京，参加中国科学院学部主任会议，讨论增补学部委员。

6月20日，北京，中国科学院成立自然灾害研究委员会，任主任委员。

7月17日，北京，参加孙鸿烈主持召开的青藏高原课题讨论会。

7月，从本月起享受国务院政府特殊津贴。

8月17日，北京，出席北京地理所建所50周年大会，下午学术报告会。

1990年6月14日于沙坡头活动沙丘上

沙坡头站评议期间，与老朋友刘东生
院士合影

1990年8月17日，北京地理所50周年大会，
下午学术报告会

前排右起：鲍觉民、黄秉维、任美锷、曾世英；

中排右起：施雅风、陈吉余、王颖；三排中：包浩生

8月21～26日，南京，主持"地质灾害与防治国际学术讨论会"，会后与 Clifford Embletton 合作主编文集 *Proceedings of the Symposium on Geo-hazards and Their Mitigation，August 21-26，1990，Nanjing* 由科学出版社 1992 年出版。

9月，与文启忠共同主编的《新疆柴窝堡盆地第四纪气候环境变迁与水文地质条件》由海洋出版社出版。

10月23～25日，南京地理与湖泊所，主持"长江三角洲海平面变化及影响"讨论会。

10月30日，约科协老同事朱传钧及夫人、陈达仁及夫人、冯秀藻及夫人欧阳海、顾知微、张楚宝及来自北京的李秉枢共游南京小九华山，并在九华山菜馆用餐，适逢

张楚宝八十大寿，非常高兴。赠欧阳海两本书《浙大在遵义》《叶良辅与中国地貌学》。

11月，撰写《冰冻圈与全球变化》《全球变化与中国自然灾害发展趋势》两篇文稿。在《冰冻圈与全球变化》（与程国栋合作，中国科学院院刊，1991）一文中简要阐述冰冻圈定义及其与大气圈、水圈、岩石圈、生物圈等的相互作用，同时以相当的篇幅论述了冻土与全球变化的关系，文中还特别提到了天然气水合物在气候变化中的作用。前瞻性地指出冰冻圈与全球变化近期研究的主要内容是：①重点冰芯研究，发展冰芯实验室，重建高亚洲上次间冰期以来精确的气候与环境变化序列，明确高亚洲在全球变化中的位置与所起的作用。②以设站、考察和多种遥感监测手段，监测冰川、积雪、和多年冻土的收缩和扩展对全球变化的响应和反馈。③密切注意海平面变化，研究中纬度山地冰川融化对海面上升的影响，参加国际冰盖变化计划，及早掌握海平面变化趋势。④基本查明高亚洲第四纪冰川分布与规模，与其他学科合作，阐明冰川收缩扩张与高亚洲在不同阶段隆起的关系。⑤冰冻圈科学有高度的国际性，青藏高原已成为国际地球科学家的"热点"，要精心挑选能长期合作的国际合作学术机构。

11月13日，接待苏联科学院海岸、大气物理、地理方面外宾3人，介绍相关课题。

11月14日，为前地下党情报系统工作的五人（冯秀藻、束家鑫、吴士宣、顾知微、邹树民）写材料事，与尚渊如同志商谈，并和卢伯明同志通话。

11月20日，按与尚渊如同志商定及卢伯明同志要求，完成地下党情报系统材料，说明5人均为新中国成立前未入党但为党积极工作者，孙宗裳离休问题自己已解决。

11月22～24日，北京京西宾馆，参加地学部召开的地学发展若干问题及对策研讨会，在会议上提出开展"冰冻圈动态变化"研究。地学发展重大问题增至16个，新增冰冻圈、人地关系、遥感、大气物理基础研究等，推荐秦大河补充冰冻圈研究内容和措施。之后，地学部发布的《地学发展若干问题及对策》中将"冰冻圈动态变化"研究列入第12个重要问题，并提出在近期内应采取的最主要措施是：①建立"冰岩芯实验室"，形成以同位素和超高精度化学分析为中心，具有微粒、电镜、气体检测、物理测试和力学实验为外围的多功能、高效率和冰冻圈测试中心；②研制和引进冰钻机，组建一支研制、维修、打钻队伍；③采用遥感、卫星定位和测量技术，发展大尺度冰冻圈动态变化研究；加强与兄弟学科的协作；④巩固野外台站，提高工作效率，建立完善冰冻圈数据库；⑤加强国际合作、交流，参加有关国际组织和计划，并通过这些活动，培养高级科研人才。

11月25～27日，出席地学部第9次学部委员大会。①讨论增选学部委员；②给计委科技司"八五"攻关项目提意见；③讨论学部91～92年工作。

11月28日，参加环境科学院全国主要湖泊富营养化成果评议会议。

11月29日，参加在院部二层会议室举行的资源潜力与对策研讨会筹备会。

12月1～4日，参加在兰州大学举行的青藏高原第四纪演化与冰川讨论会议，出席者冰川所、兰州大学、北京地理所、北京大学等20多人。

12月5～8日，冰川冻土所博士学位委员会会议，冰芯实验室建设，及天山站学术委员会会议。

12月14～15日，北京，主持"中国气候与海平面变化及其趋势和影响的初步研究"项目进展评议并讨论下一年工作，参加者：评议专家和各课题负责人，谢义炳、陶诗言、王乃樑、叶笃正、左大康、张丕远、赵希涛、王明星、梁友林、姚建文等，确定1991年4月12～20日在北京举行全新世暖期环境工作会议。"中国历史气候研究"专题试图以较高的分辨率来全面研究中国近一万年以来的气候变化，依据孢粉分析、冰芯研究、考古文献和史料的整编器测资料分析等手段，已提炼出多种信息，充实和丰富了对中国历史气候的认识。"中国海面变化及其影响研究"专题从全新世高海面研究到近代海面波动的考证，以及地面升降均衡基准的建立和海面变化影响的试点研究等方面，获得了开创性的成果。"微量气体、云辐射及气候数值模拟的研究"专题从大气微量气体浓度变化的观测入手，研究变化趋势及物理特性，并模拟微量气体成分改变而引起的气候变化过程。由施雅风亲自领导的"气候变化对西北、华北水资源的影响"专题以冰川进退、湖泊伸缩、河流丰枯来指示和反映气候变化，并用一定的理论和方法评价气候变化对水资源的影响。该项目逐渐形成新的认识和概念，不仅丰富了课题的研究成果，也导致了这方面研究更为活跃的开展和趋于深入。

12月17日，作为项目主持人参加乌鲁木齐河项目成果鉴定，评委有：石玉林、赵松乔、张兰生、陆大道、汤奇成、陆亚洲。围绕着解决水源的问题，依托天山冰川站和水利厅径流实验站，深入开展了乌鲁木齐河山区径流的形成和计算研究，指导博士生做了降水资料的修正和降水量的观测。应用深钻孔的采样分析，为进行柴窝堡湖第四纪环境变化和水文地质条件基础研究创造了条件。依据水文地质调查结果和乌鲁木齐市周边生态环境评估，提出乌鲁木齐市调水的方案。通过钻孔，弄清了七八十万年以来气候环境变化情况，这是西北地区非常难得的历史气候变化资料，成果汇总出版了四册专著。这项研究是西北地区水资源研究和为城市供水研究中，考察比较全面深入，理论与实际结合得好的研究成果。评议结果：整体上达到国际先进，深钻孔专项分析国际领先水平。

● 1991 年

1月22日，南京，地理与湖泊所研究员会议，讨论推荐学部委员问题。

1月,经国家科委批准,由中国科学院南京地理与湖泊研究所与中国海洋湖沼学会主办的学术性季刊《湖泊科学》向国内外公开发行。施雅风于1991～2006任主编。

1月24～25日,上海,与老同事老朋友郭传吉和何惧会晤,并看望复旦大学谭其骧先生和前地下党情报系统负责人卢伯明同志。

1月26日至2月5日,赴日本筑波参加气候对环境与社会影响国际会议,在会上宣读了《中国中纬度气候暖干化对水资源影响》论文,发表于会议文集。会后参观农业环境技术所,国立环境研究所,国立极地所等。

2月9日,南京,地理与湖泊所,湖泊沉积与环境开放实验室成立,讨论课题与基金申请事项。

2月19日,南京地理与湖泊所,参加研究员职称评定报告会。

3月1～2日,兰州,冰川冻土所学部委员推荐会,施雅风组长,黄茂桓副组长,共12人参加。

3月4日,北京,参加在院部召开的INQUA十三届大会筹备会议,孙枢主持,刘东生做会议筹备报告。

3月20～22日,西宁,参加青海湖水位下降原因与生态环境保护对策研究会议。

4月12～20日,北京,主持中国全新世暖期学术讨论会,约集国内孢粉、古湖泊、古土壤、考古、冰芯、海岸带变化等多门学科学者三十余人,讨论中国中全新世气候与环境特征,并由施雅风牵头,孔昭宸、王苏民等协助总结,将大暖期定为 ^{14}C 年代的 8.5～3.0kaBP,其间有多次较剧烈的气候波动,如 5.3kaBP 的降温事件,可能是仰韶文化衰落的原因,7.2～6.0kaBP 是大暖期的鼎盛阶段,估计其时华南温度比现代高 1℃,长江中下游高 2℃,华北、东北、西北可能高 3℃,而青藏高原南部可能有 5℃,冬季升温远高于夏季,其时夏季风较强,降水较多,如青海湖区增加 60%,岱海地区增加 40%,许多湖泊扩大淡化,但季风边缘区如柴达木仍很干旱,气候变暖变湿,导致植被带北迁西移,而荒漠区域缩小,亚洲象、犀牛、和獏,那时可能生活于 34°N～41°N 的北方地区。7.5～6.5kaBP 海平面升至现代高度,在 6.5～4kaBP 高过现代 1.5～3m,渤海西岸与长江口附近出现大范围海浸,良好暖湿环境促进农业与新石器文化大发展。之后发表的中、外刊物论文和专著《中国全新世大暖期气候与环境》得到非常广泛的引用。

6月22～23日,北京,参加地学部主任、副主任,常委会会议,研究增选学部委员事宜。

6月24～26日,参加地学、化学、技术科学三学部关于增选学部委员的联席会议,介绍,学部委员候选人共22人。

8月，撰写《喜看冻土学中的重要理论突破》一文，赞扬冰川冻土所程国栋提出的"程氏假说"在冻土理论上的突破和国际影响，在中国科学报8月2日第二版刊出。

8月2～8日，参加在北京举行13届国际第四纪研究联合会（INQUA）大会，与E.Derbyshire共同主持青藏高原第四纪演变学术分会，在会上报告介绍中国大暖期初步研究结果，反映良好，并约定撰稿交*Global and Planetary Change*发表。会上，就青藏

1991年6月29日，地学部主任、副主任小会
左起：叶连俊、施雅风、涂光炽、程裕淇、
孟辉(孟辉提供照片)

高原是否存在统一大冰盖，中国学者与Kuhle各抒己见，会后，有19个国家和地区近90人参加郑本兴率队的横穿高原考察旅行，一路争辩，绝大多数否定冰盖论。

8月26～31日，出席由国际冰川学会（I.G.S.）主办，中国科学院兰州冰川冻土研究所协办，国家自然科学基金委员会赞助的"与人类活动有关的山地冰川学国际学术讨论会"，施雅风主持开幕式，中国科学院副院长孙鸿烈到会致开幕词，甘肃省省长贾志杰出席了招待会，来自加拿大、美国、日本、冰岛、瑞士、英国、挪威、苏联及中国等9个国家的49名科学家（其中国外代表26人，国内代表23人）参加了会议（会议论文汇编：

1991年，北京国际第四纪大会期间与外宾
参观北海公园灯展(左一施雅风)

Annuals of Glaciology，Vol. 16，1992——Proceedings of the Symposium on Mountain Glaciology relating to Human Activity held at Lanzhou，Gansu Province，China，26-30 August，1991）。

9月8～15日，与刘春蓁等人，考察华北平原水资源与海侵，白洋淀—石家庄—德州—衡水—莱州。

9月26～28日，兰州，接待英国E. Derbyshire教授，与李吉均、王靖泰讨论与Derbyshire合作事宜。

10月4日，南京，在宁学部委员讨论计委"八五"科技攻关意见。

1991年8月26日，兰州，国际山地冰川会议。
施雅风报告青藏高原冰川与全球变化

10月11日，兰州，冰川冻土学会理事会，讨论1993年在京举办的第六届国际冻土会议筹备事宜。

10月20～23日，北京，出席中国国际地质灾害防治学术讨论会，来自20多个国家和地区共200余人的专家学者参加了这次会议。

10月24～30日，北京，出席地学部常委会，讨论、评选学部委员有关事宜。

10月，由施雅风主编，多人合作撰写的《中国冰川概论》获1991年度中国科学院自然科学奖二等奖。同月，主持的"中国东部第四纪冰川与环境问题"项目获1991年度中国科学院自然科学奖二等奖。

11月27～28日，兰州，主持天山站学术委员会第四次会议。

12月，冰芯与寒区环境实验室的建立。1980年代，南、北极冰芯记录中所揭示的气候环境信息令世人关注，其丰硕的成果在全球气候变化研究中独树一帜。施雅风敏锐地觉察到中国山地冰川在未来全球变化研究中可以发挥重要作用。冰川冻土所先后派出谢自楚、黄茂桓、秦大河、姚檀栋等多人去澳大利亚、日本、美国、法国进行冰芯研究和极地考察，比较清楚地了解到国际冰芯研究现状、内容和所需的实验设备。施雅风召集时任所长谢自楚、学术委员会主任张祥松以及秦大河和姚檀栋，讨论了建设冰芯与寒区环境研究实验室的有关事宜，会议一致同意尽快建立我国唯一的冰芯与寒区环境实验室，并责成秦大河、姚檀栋负责建设工作。该实验室于1991年挂牌，秦大河任主任，姚檀栋任副主任，施雅风任学术委员会主任。

● 1992 年

1月7～9日，主持召开中国科学院自然灾害研究委员会工作会议和《自然灾害研究系列专著》研讨会议，学部委员陶诗言及中科院各有关所、大学及科学出版社的专家、学者三十余人参加了会议。

2月，施雅风、王明星、张丕远、赵希涛等所著《中国气候与海面变化研究进展（二）》由海洋出版社出版。

2月，施雅风、曲耀光等所编著《乌鲁木齐河流域水资源承载力及其合理利用》

由科学出版社出版。该专著是施雅风主持的乌鲁木齐河项目系列专著之一。

2月13～14日，北京，参加国家环保局召开的三峡生态环境终审会，席承藩、徐琪同机去京参会，提出若干意见。

2月26日，兰州，西北水资源组开会。

2月29日，与曹梅盛、李培基谈积雪研究。

3月4日，北京，地学部主任、副主任会议，讨论换届问题，70岁以上不再任职。

3月5日，参加地学部常委会。

3月6日，参加中国地理学会常务理事会。

3月13日，兰州，参加博士研究生报告会，赠博士研究生5句话：努力学习，善于学习，注意品德修养，打好宽厚基础，创攀高峰。

3月15日，完成《气候变化对水资源影响》引言。

3月24日，兰州，与王苏民、李世杰约谈工作。

4月18～25日，去北京参加第6次学部委员会大会。李鹏代表党中央、国务院在开幕式上致辞。会议期间，江泽民、宋平和温家宝同志在中南海怀仁堂同51位学部委员座谈，江泽民总书记作了重要讲话。宋健在闭幕式上讲了话。地学部换届，选举主任涂光炽和副主任张宗祜、孙枢、苏纪兰。连任地学部常委。

4月，施雅风主编；康尔泗、张国威、曲耀光副主编《乌鲁木齐河山区水资源的形成和估算》由科学出版社出版。该专著是施雅风主持的乌鲁木齐河项目系列专著之一。

5月13日，接电话，地理所老领导、老同事于强于11日上午逝世，与周立三联名电唁。"中国科学院老干部局并于强同志家属：惊悉于老逝世，深感悲痛。我们长期合作共事，在政治思想和事业发展中得于老很多帮助，衷心感念。他的坚强党性、关怀他人、真诚奉献科学事业的精神永远是激励后人的楷模。"

5月底至6月初，完成《中国气候与海面变化及其趋势和影响》一书第2章、第16章稿。

6月10日，南京植物所参加浙大校友会。

6月23日，兰州，起草《中国冰川概论》报奖内容。

6月24～26日，参加冰川冻土所学术报告会。

7月至8月偕沈健去美国探亲，先到 Santa Barbara 施建成家，继去 Dallas 探访阔别45年的沈健姐姐沈权，相聚后住数日。于8月5～8日，施雅风单独去华盛顿参加国际冻土协会理事会。8月9～14日，参加第27届国际地理大会并作报告，访问了美国国家科学基金会、宇航局、马里兰大学地理系，加州大学圣塔芭芭拉分校地理系。后回到建成家，建成开车北至旧金山、南去洛杉矶与圣地亚哥旅游，前后一个月。

9月9～10日，北京，青藏项目会议，讨论项目课题设置和内容。

9 月 17 日，南京，参加地理所学术委员会会议。

9 月 18 日，在江苏地理学会传达 27 届国际地理大会情况。

9 月 26 日，完成参加 27 届国际地理大会、1992 年国际冻土协会理事会与美国大学地理系研究生培养的报告。

9 月 30 日，看望任美锷先生。

10 月 15 日，南京，浙大 1941 级同学会，鸡鸣寺三楼简餐，下午游玄武湖。

10 月 17 日，兰州，讨论《冰川冻土》杂志编辑问题。

10 月 27 日，在兰州大学作"27 届国际地理学会大会与美国地理研究生培养"报告。

青藏高原攀登计划项目启动，项目由 5 个紧密联系的课题组成，施雅风为该项目第二课题"青藏高原晚新生代隆升与环境变化"组长。

11 月，获英国皇家地质学会名誉会员。

12 月 10～14 日，兰州，参加天山站学术委员会第二届委员会会议，当选为学术委员会主任。博士生答辩、"冰冻圈动态变化"专项申请预备会议。

12 月 16 日，北京劳动大厦，出席青藏项目会议，孙鸿烈主持，宣布专家委员会名单。青藏项目的第二个课题"青藏高原晚新生代以来环境变化研究"由施雅风、李吉均和李炳元三人主持，下设四个专题组：湖泊岩芯提取分析组（组长王苏民，副组长李炳元、文启忠），冰芯提取分析组（组长姚檀栋，副组长秦大河），天然剖面组（组长李吉均，副组长崔之久、王富葆），综合研究组（组长施雅风），有九个单位近百人参加。

12 月 22～24 日，青藏项目第二课题组第一次工作会议，设定执行计划内容，具体落实 1993 年工作计划。

12 月 25 日，北京，参加中国科学院"冰冻圈动态变化"基础项目会议，出席者：院资环局欧阳自远局长、黄鼎成、基金会路处长、孙俊杰、王树基、程国栋、黄茂桓、王良纬等，积极推动该项工作进展。

12 月，施雅风主编，孔昭宸副主编 .《中国全新世大暖期气候与环境》由海洋出版社出版。这是施雅风主持的《中国气候与海面变化及其趋势和影响》系列专著 5 本之一。

1992 年，《VI中国冰川目录 昆仑山区（和田河内流区）》，《中国冰川目录 昆仑山区（柴达木盆地南部和黄河上游流域区）》出版，编著者杨惠安、安瑞珍。

● 1993 年

2 月至 3 月，参加地学部组织"海平面上升对沿海地区经济发展的影响和对策"

考察。参加者：张宗祜、苏纪兰、孙枢、任美锷、武衡、施雅风、周立三、陈梦熊、吴传钧、李德生、黄荣辉、陈吉余、季子修等。

其间：2月14日，地学部常委会及关于此次考察活动的研讨会，对珠江三角洲、长江三角洲、黄河三角洲进行初步分析。2月5～15日，珠江三角洲考察，研讨并向省领导汇报。2月16～25日，长江三角洲及上海附近考察，研讨并汇报。2月26至3月3日，黄河三角洲及天津附近考察，研讨并汇报。

3月9日，北京，周光召院长召集考察组成员会议，汇报考察情况，提出建议。

1993年2月8日在广东虎门林则徐纪念馆合影
后排：施雅风(左三)、张宗祜(左四)、陈梦熊(右一)；
前排：吴传钧(左三)、任美锷(左四)、周立三(右三)、黄荣辉(右二)、孟辉(左二)

1993年2月20日，启东海岸考察
陈梦熊(左三)、施雅风(左四)、武衡(左五)

1993年2月，地学部组织的海平面变化考察组在广州附近考察时部分成员合影
左起：陈吉余、施雅风、武衡

3月22日，原南京地下党情报系统的部分老同志相聚夫子庙，遇到情报系统领导人卢伯明和上一级联络人尚渊如，几十年未见，大家欢聚一堂。

1993年3月原南京地下党情报系统部分同志在夫子庙留影
尚渊如(右四)、卢伯明(右六)、施雅风(左一)

4月12日，兰州，"冰冻圈动态变化"专项基金评议。

4月29日至5月2日，参加中国青藏高原研究会在成都召开的青藏高原与全球变化研讨会。会上作了《青藏高原气候变化的问题》报告，陈俊勇、张新时、张彭熹、王富葆、汤懋苍、潘裕生等也都作了报告。

5月3～6日，去贡嘎山站考察，75岁骑马由磨西至海螺沟站（3000m），并步行考察了海螺沟冰川末端。

1993年贡嘎山冰川考察
左起：赵桂久、郑度、施雅风、杨逸畴

1993年5月，施雅风(右)骑马去
贡嘎山海螺沟冰川考察，
李世杰陪同(左)

贡嘎山海螺沟冰川

5月12～13日，南京，参加南京大学海岸与海岛开发实验室学术会。

5月14日，阅秦伯强博士学位论文稿《气候变化对亚洲中部湖泊的影响》。

5月16日，北京，参加中科院地学部海平面变化文集编委会会议，讨论《海平面上升对中国三角洲地区的影响与对策》一书组稿与出版，分工主写《中国海平面上升及其影响评估》。

6月4～5日，兰州，参加"高亚洲冰冻圈对全球变化的响应及其对环境的影响"研究项目第一次学术报告会。

国际冻土会议上施雅风(左一)与外宾交谈

沈健突发急病，至6月9日恢复。

6月8日，冰川编目工作会议。

6月11～12日，冰川编目报告会。

6月17～23日，北京，参加地学部增选学部委员评审会。

7月5～9日，出席在北京国际会议中心召开的、由国际冻土协会主办、中国冰川冻土学会承办的第六届国际冻土会议，做大会致辞。来自美国、加拿大和俄罗斯等21个国家、约300名国内外冻土专家参加了会议。

8月26日，兰州，出席干旱／半干旱地区遥感应用国际学术研讨会。

9月2日，兰州，读李培基《冰川敏感性、南极冰盖雪积累增加与海平面上升》一文。

9月14～15日，兰州，章新平、秦伯强两位研究生博士学位论文答辩。

9月30日至10月2日，南京钟山宾馆，海平面变化文集编委会会议，到会有任美锷、苏纪兰、张宗祜、施雅风、李从先、季子修、孟辉等。其间与赵其国、学部办公室孟辉讨论学部候选人材料。

10月5～6日，应邀参加苏北滨海县中山港评审会，到会有陈吉余、闻庆彬、刘济丹、张德俊等。

10月15日，准备《海岸带灾害加剧发展趋势与防御对策》文稿。

10月23～24日，南京西康宾馆，应邀参加海门港建评审会，到会有南京水科院院长、水利厅、省政府秘书长、评审主任薛洪超、专家严恺、陈吉余、黄胜、施雅风等。

10月28日，北京，应邀作为专家参加徐冠华主持的"遥感灾害与农业估产"项目中期评估。

10月，主持的"乌鲁木齐地区水资源若干问题研究"项目获中国科学院科技进步二等奖。

11月，北京，青藏工作座谈会，到会孙鸿烈、张裕生、郑度、李文华、施雅风等，讨论1994年初专家委员会日程和学术活动。

看重病住院的老友吕东明，虽卧床不起仍提出明年2月要搞竺可桢逝世20周年的纪念活动。

11月17～18日，北京京西宾馆，参加地学部常委会会议，讨论增选学部委员。

11月19～23日，学部委员大会，增选学部委员；地学部学术报告会，作《海岸带灾害加剧发展与防御对策》报告。

其间，学部委员会会议，讨论攀登计划、陈嘉庚奖获奖人选。

11 月 25 日，东明逝世，非常悲痛。有幸在年轻时遇到他，在他的引导下走上正路。近年与东明晤谈，他忧国之情溢于言表。他考虑问题周到，对人极为关心，顾全大局，默默奉献，直到其将遗体交付解剖、不举行告别仪式等遗嘱，真是完全彻底为人民的伟大共产主义战士！

● 1994 年

2 月 1 日，南京地理与湖泊所范云琦书记、虞孝感所长传达院工作会议精神。

2 月 2 日，参加江苏省委、省政府召开的新春茶话会。

2 月 5 日，竺可桢逝世 20 周年纪念会在南京分院召开，到会近 30 人。施雅风、周立三、席承藩、朱炳海、刘振中、陆渝蓉、王鹏飞、竺宁、王颖等发言，作了《竺可桢教授开拓了中国气候变迁研究道路》的报告，决定出纪念文集。

2 月 13 日，去杨鸿芳、杨怀仁、顾公泰、龚鸿麒、陈鸿良五家拜年探访。

2 月 14 日，应黑龙江教育出版社之约，完成《中国冰川学与施雅风》一文，约 4000 字。

2 月 17 日，吴士宣来访，谈吴士嘉有意合作写冰川科普读物，约 4 月 18 日见面。

2 月 19 ～ 20 日，主持《湖泊科学》首届第二次编委会会议，提出扩大稿源组织范围，进一步提高学术质量，上一个新台阶。

2 月 25 日，兰州，议乌鲁木齐河课题二等奖奖金分配，共 5000 元。

2 月 28 日，李世杰博士学位论文答辩，全优通过。前后带博士为：姚檀栋、杨大庆、蔡保林、范建华、秦伯强、章新平、李世杰。

3 月初，与国家科委基础司叶玉江谈青藏高原项目事。

3 月 2 ～ 6 日，兰州，冰川所工程冻土会议室，举行国家攀登计划"青藏高原形成演化、环境变迁与生态系统研究"1994 年专家委员会会议暨学术年会。首席科学家孙鸿烈、专家委员会委员刘东生、张新时、潘裕生、陆亚州、李吉均、汤懋仓、施雅风及资环局赵桂久参会。第二课题研究取得可喜成果：在高原西北部海拔 6400m 的古里雅冰帽成功地取回 10 支总长约 800m 的冰芯样品，其中一个钻孔深达 309m，是国际上山地冰川所获得的最深层的冰芯；在高原东北部若尔盖盆地成功地提取到 120m 和 310m 深的两支湖相岩芯，是在青藏高原打得最深、沉积连续性最好、取芯率最高的湖芯研究钻孔；天然剖面研究方面，在高原东北边缘临夏盆地、喜马拉雅山中段北坡和昆仑山口分别采得剖面样品，厚度达 3000m，取得近

3.0×10^7 年的连续记录。通过全面分析，可重建高原第四纪古气候、古环境的演化序列，有利于对全球变化机理的认识。

3月7日，第二课题联合讨论会，讨论工作计划。

3月10日，原兰州冰川冻土所同事后调长安大学任教的王文颖教授回所，与20年前的巴托拉冰川组多数成员相聚，在一起合影留念。

3月13日，与秦大河谈冰川所干部培养和稳定科研队伍问题，秦建议年轻科学家可以提拔到领导岗位，并解决住房困难。

3月17日，约王宗太谈冰川编目进展，嘱王多宣传冰川编目。

1994年青藏高原攀登项目专家会议暨学术年会上
前排右起：施雅风，汤懋仓，孙鸿烈

1994年原巴托拉工作组部分成员合影
第一排左起：王文颖、施雅风、张祥松、白重瑗；第二排左起：黄茂桓、蔡祥兴、张金华、李念杰、苏珍

3月18日，参加冰川所研究员职称评审。

3月20日，收到宋健、周光召同志发来生日贺电。"施雅风先生，值此您七十五寿辰之际，谨致以热烈的祝贺。感谢您多年来对国家科技事业做出的重大贡献。祝您健康长寿，万事如意。宋健、周光召，一九九四年三月二十一日"。

3月30日，去分院图书馆查找青藏书籍，看到不少书。找出《中国第三系》、《中国第四系》与《西藏地球物理文集》三书，复印了有关章节。下午，看董杰、申松昌。

3月31日，博士研究生张寅生论文答辩，以4优3良通过。

4月1～3日，参加冰冻圈学术会议。开幕前为施雅风祝75岁生日，省组织部副部长韩玉玺，人事局李副局长，兰州分院副院长何易、王大政前来祝贺。仪式上宣读宋健、周光召贺电，武衡、孙鸿烈贺函，何易及省组织部韩玉玺致贺词，姚檀栋等6位博士研究生致礼品及放大合影一份，仪式隆重。4月4～5日，讨论康尔泗初拟西北水资源项目建议书，综合意见提议题目改为"西北干旱区水资源变化趋势、高效利用与发展"。第二天，修改康的第二稿。所学术委员会讨论科委高教司社会发展项目，基金委地球科学部与中科院联合拟定的《21世纪中国地球科学》初稿，建议在自然灾害中增加"泥石流、风沙、冰雪冻灾的形成与防治"。

与郑本兴合作，撰写完成《青藏高原中东部最大冰期时代、高度与气候环境探讨》。

4月7日，偕姚檀栋、邱国庆去北京参加PAGES/PEPII会议。

4月8日，去院部见陆亚洲谈西北水资源研究建议，陆认为项目和内容很好，建议经费压缩，后与黄鼎成谈程国栋托问青藏综合研究基地的落实问题。

4月9～10日，参加PAGES（过去全球变化计划）/PEPII（北极—亚洲—大洋洲—南极大段面）大会，在小组会上作报告。

1994年4月9日北京，过去全球变化(PAGES)极地剖面II讨论会
前排：左五刘东生、左七施雅风、右一姚檀栋

4月11～12日，北京。与院部张琦娟通话谈海平面课题情况，她希望写一个关于简要的补充提纲；去国家科委社会发展司综合处王志雄处长谈西北水资源研究

建议，允考虑并转司长；又去基础高技术司见邵立勤处长，讲西北钻孔困难，请补助5～6万元；并请为冰川编目继续拨款，得到赞同。

4月13日，参加地学部常委会。

4月23日，南京，南京分院院士座谈会讨论院士章程稿。阅读《地理与冰川环境自选文集》文稿。

4月26日至5月7日，沈健近48年未见面的弟弟沈季言夫妇偕子更新来宁。季言1946年15岁跟随叔叔沈观可去台湾读书，一隔48年。时逢千岛湖事件发生不久，即住家里，消除恐惧，建平一家临时借一间房居住。陪同季言一家去雨花台为岳父扫墓；去无锡、苏州、镇江等地游览；顺访太湖站和苏州铁道师范学院。

5月11日，参加江苏省科委召开的海洋经济加强海洋管理研讨会，就海岸带灾害加剧与海平面上升问题提出建议。

5月12日，参加基金委与中科院召开的地球科学九五优先领域讨论会。

阅读王鹏飞所写研究竺可桢的几篇论文，写的最为深入的为竺可桢与姚江学派，叙竺思想渊源。

5月14日，作为评议组长主持土壤所土壤圈实验室设备更新评议。

5月18日，写完《现代海平面上升趋势与可能影响》一文。收到B.Frenzel来信，委托筹备组织明年INQUA大会上关于青藏高原上升及相关环境变化的讨论议题。

5月19日，医院复查空腹血糖升高至8.9，决心从今天起不吃糖，控制饭量。

5月22日，上午，参加南京地理与湖泊所学术委员会讨论太湖站专项基金指南。下午，分院开竺可桢纪念文集编辑审稿会，文集定稿约10万字，请北京竺可桢研究会支持印刷费5000元，其余南京分院负担。

5月24～26日，北京，参加青藏高原研究会组织的青藏高原学术讨论会，会中与刘东生谈明年INQUA大会组织青藏议题事。与唐邦兴步行去苇子坑宿舍看望沈玉昌夫妇。看望高泳源夫妇。

5月28～29日，吕东明纪念文集文稿的收集和阅读。看陈述彭，商议文集中自传性综合文章。知老同学蔡钟瑞于12日逝世。访问黄秉维先生，黄先生对国内腐败、不正之风深感忧虑，又谈及地理学工作应以5%作探索性研究，送去悼念东明的文章。

6月2日，参加学部常委会。与科委王志雄通话，同意先拨10万元作西北水资源预研究用。

6月3～8日，参加院士大会。在中南海怀仁堂合影，朱镕基副总理报告。在地学部全体会议上作《我国海岸带灾害的加剧发展及其防御方略》报告，发表于《自然灾害学报》，后被青岛海洋地质所译为英文刊于该所参加国际会议的文集中。

6月9日，去吕东明家与浙大老同学会合，谈纪念文集编辑事。遇到许良英、陈玖环、庞曾漱等。写《引路的老友》一文。

6月14日，兰州冰川所，讨论西北水资源课题预研究落实问题，检查高亚洲冰冻圈工作进展。

6月21~22日，整理准备 INQUA 大会青藏专题讨论会，13 人提交论文。

6月29日，与秦大河、孙作哲、沈健同去看重病的王靖泰同志。

7月4~5日，去第四纪中心参加英国学者 Jim Ress 关于英国第四纪冰期划分的学术交流，邀请观看介绍冰川所的录像，并初步谈合作形式。

沈健一眼视力模糊，医院诊断为眼底出血。

7月7日，陪沈健看眼病，住省人民医院。

7月8日，参加兰州大学资源环境学院成立大会，致辞：立足兰州，面向西部，放眼全球，创新育人。

7月16日，上午，天山站学术委员会第二届学术会议。下午，去分院参加路甬祥副院长召开的筹备西部科研中心的座谈会，发言建议抓有应用前景基础研究中重大综合性项目，已与兰大商定先合作新项目，从研究生开始。晚宴请兰大、省秘书长和省科委主任，省科委允诺支持 20 万启动西北水资源项目。

7月20日，去兰大参加李吉均组织的国际冰川与环境研讨会，会上作报告"Last Glaciations and Max Glaciations in Tibet Plateau"。

7月22~24日，去医院看病；阅吴士嘉所写《中国冰川学的成长》稿；沈健治疗效果不佳，一眼失明。后转院去兰医一院。

7月29日，兰医一院戴大夫建议沈健去北京 301 医院或同仁医院或上海五官科医院治疗，准备去北京治疗。

7月30日，与高由禧、程国栋前往兰大祝贺生物系郑国锠院士从教 50 周年暨八十华诞。

8月6~8日，与沈健到京。经院机关房大夫联系住 301 医院。

8月9~10日，北京，参加 GCAP 会议，作《气候变化对西北水资源影响》报告。

8月11日，参加现代地球科学中心成立及中国矿物资源探查研究中心揭幕式。见刘东生告 14 届 INQUA 青藏专题研讨会筹备事，他完全赞成。见叶笃正、叶连俊、郑度、马宗晋等多人。

8月，与张祥松合作，撰写完成综合性《气候变化对西北干旱区地表水资源的影响》论文。

8月18日，参加学部常委会。

8月19日，孙鸿烈、秦大河、孟辉去探视沈健。25日，沈健动玻璃体切割手术，大女儿建生全程陪护。

8月29日，去吕东明家开纪念吕东明文集编委小会，与周志成、许良英、陈耀宸、庞曾漱及吕匡益夫妇，讨论前言内容、文章次序。前言稿用周志成、许良英合作稿。

9月8日，沈健出院。

9月9～10日，完成《"青藏项目"第二课题中期评估报告》初稿，寄发第二课题相关人员关于攀登计划中期评估的通知，要求10月10日前将材料寄到南京。

9月13日，与沈健同去阜外医院专家门诊看心脏病。

9月21日，南京，给B.Frenzel去信，告知INQUA青藏议题筹备事宜，提议由李吉均代替施担任下届INQUA大会14组主席。同时抄送刘东生、E.Derbyshire与李吉均。

9月25日，与沈健去刘之远老师家探望。

9月28日，参加在宁的浙大1944级校友聚会祝贺张直中当选工程院院士，到朱传钧、周恩济、张直中、吉上宾、曹铨、吴祖亮等校友16人，中午九华山午餐。下午参加分院组织的院士座谈会。

9月29日，收到王文颖来信谈今年巴托拉考察结果，证明1975年所作预报是成功的。

10月上旬，整理自选文集，完成文集自序约1万字。

10月中旬，写青藏项目第二课题中期评估报告。

10月19日，新中国成立前为地下党提供情报的邹树民之妻邓全来访，谈及邹一生坎坷。邹由肺气肿转为肺心病，在长沙去世，邓现住在二女儿处。

10月24日，约季子修、陈家其、杨桂山商议全球变化与自然灾害课题。

10月26日，参加分院组织的院士座谈会，讨论新院士选举细则。

11月4日，兰州，开小会听取曲耀光、康尔泗等西北水资源预研究调查报告，汇报后意见嘱：①迅速向科学院和国家科委汇报；②写预研究报告准备12月去京汇报。

11月12日，上午，参加在兰州大学举行的西部资源环境中心成立大会，到会省委、省政府和国家教委领导同志，会议颇为隆重。下午，去省科委评议工程院士候选人。

11月20日，完成最大冰期全文，约一万字左右。

11月25～26日，原冰川所同事王靖泰逝世，与孙作哲去王靖泰家吊唁。26日参加遗体告别仪式。王是有志之士，创建甘肃地质灾害所，是最忙的人，最苦的人，操心最多的人。

12月初，与张祥松、刘春蓁等合作完成的《气候变化对西北、华北水资源影响》课题研究成果在南京举行审稿会修改定稿，由山东科技出版社于1995年出版。

12月9日，青藏项目南京片开会，汇报半年来工作进展，王苏民讲若尔盖

300m 钻孔情况。唐领余、王富葆讲全新世高原植被和青藏剖面，讨论热烈。

12 月 13～17 日，乘火车到京陪沈健去 301 医院复查，又去同仁医院，认为上次手术不大成功，没有复明过，再做可能没有意义。

起草姚檀栋杰出青年基金申请评议稿，姚近年来参加中美合作西昆仑山冰帽冰芯研究，成绩显著。

12 月 19 日，参加青藏高原项目中期评估会，评估会的有评估专家组组长李廷栋院士、副组长吴传钧院士（因病未到会，提出书面评估意见）、成员孙儒泳院士、张家诚研究员、张彭熹研究员和国家科委基础司、院协调局的代表、青藏项目专家组成员，各课题、专题负责人以及新闻记者等 50 余人。分课题汇报项目进展情况。晚上开课题组会，决定去尼泊尔为：李吉均、王富葆、崔之久、张青松；去 INQUA 大会为李吉均、李世杰、王苏民；准备明年 4 月年会准备课题专著与专题专著提纲。

12 月 20 日，主持二课题组会议，议定：①保证课题专著，希望出专题专著；②交流学术思想；③讨论九五至 2010 年青藏工作。施最后提出三点意见：①冰芯、湖芯、天然剖面延伸增加新点；②加强现代过程研究，加快定性到定量的步伐；③加强理论研究如地气关系、敏感性分析等。

12 月 23 日，参加在国家科委发展研究中心举行的"青海湖区生态环境保护与可持续发展"立项建议的评议，参加评议的人员有杨纪珂、孙鸿烈、吴传钧、施雅风、刘鸿亮等多人。大家赞成立项，对内容提了不少意见。

期间，陪同沈健去同仁医院、广安门中医院看眼病。去阜外医院看心脏病，有医生建议装起搏器。

12 月 27～28 日，与学部孟辉去北大医院探视黄秉维先生，与沈健探望黄继武同志。

《Ⅵ中国冰川目录 昆仑山区（喀拉米兰河—克里雅河内流区）》《中国冰川目录 长江水系》等 2 卷 3 册（编著人杨惠安、蒲建辰等）出版。

● 1995 年

1 月 6 日，南京，参加地理与湖泊所学位委员会会议。偕沈健、鸿宾看望侄子润君，问候侄孙女允丹病情。

1 月 15 日，北京，出席刘东生主持"我国干旱区半干旱区 15 年来动态过程与发展趋势"项目的中期评估会。

1 月 16 日，国际会议中心，抽空应邀出席"中国湖泊环境工程研究中心"成立大会。

1月16日，下午继续参加"我国干旱区半干旱区15年来动态过程与发展趋势"项目评议。此项目研究水平高，有多处值得借鉴。

1月17日，参加中国地理学会常务理事会扩大会议。看到许多老熟人，吴传钧夫妇、张兰生、赵济、唐邦兴、夏训诚、陈传康、廖克、佘之祥等多人。

1月19日，南京，寄贺卡给老领导、前辈和患病老友，有裴丽生、郁文、武衡、董杰、李秉枢、胡焕庸、李春芬、王乃樑、沈玉昌等。

1月22日，曾资助的六合樊集乡殷洼村失学女童殷春雨由她父亲带领冒雨来访，答谢寄款资助其女儿上学，携鸡3只，鸡蛋鸭蛋若干；留吃午饭，回赠150元。

2月1日，写《全球变化与中国自然灾害》一文。

2月15日，南京地理与湖泊所，讨论青藏"九五"会议的初步意见，到王苏民、王富葆、唐领余。

2月下旬，应院刊约稿，撰写《学部初建阶段回顾》纪念学部成立40周年。

2月28日至3月1日，北京，偕王苏民参加青藏高原与全球变化研讨会。

3月4日，参加南京地理与湖泊所研究员职称评论会议。

3月13～14日，北京，地学部干旱半干旱区水资源座谈会。

3月15～16日，参加水利部科技司召开的西北地区水资源优化配置生态环境与经济可持续发展重大科技问题讨论会。

3月18日，看望方俊先生及方师母。

1995年3月北京，看望方俊老院士(左)

3月21～23日，参加CNC-IGBP第五次年会和学术会议。施任第二天下午会议主席，作《全球变暖对西北水资源影响》的报告。

3月27日，兰州，约郑本兴、刘广琇、叶柏生、李世杰谈青藏高原研究进展。

4月2日，修改最大冰期一义。

4月7日，与刘光琇谈他所撰全新世大暖期文章，建议他出席青藏高原会。

4月11～13日，北京，地学部院士候选人初评。

4月15～17日，参加在水科院举行的西北水资源课题设计征求意见会。看望老领导郁文、廖冰夫妇。

4月19～21日，北京香山植物园，出席"青藏高原攀登计划项目1995年学

术年会"。参加人数达 220 名，收到
论文 170 篇，会上对这些成果进行了
热烈的交流与讨论。在此基础上，将
选择论文编辑成专著。

4 月，由施雅风负责南京分院主
编《先生之风山高水长——竺可桢逝
世 20 周年纪念文集》由中国科学技
术大学出版社出版。

5 月 5 ~ 7 日，兰州，出席冰冻
圈与全球变化学术会议。

5 月中旬，南京，写中国灾害发
展稿。

与老领导郁文、廖冰夫妇合影
左起：施雅风、郁文、廖冰

5 月，由施雅风主编，刘春蓁，张祥松副主编的《气候变化对西北、华北水资
源影响研究》在山东科技出版社出版。该专著是施雅风主持的《中国气候与海面变
化及其趋势和影响》系列专著之一。

5 月 25 ~ 26 日，广州，参加珠江三角洲海平面上升课题中期研讨会。

5 月 31 日，南京，参加江苏地理学会长江报告会。

撰写《全球变化与中国自然灾害》一文，初稿约 2 万字，作为科学院资源环境
局资助项目"全球变暖与中国自然灾害趋势研究"的主要成果。

6 月 14 ~ 15 日，主持"全球变化与中国自然灾害"研讨会，报告内容涵盖水
土流失灾害、冰雪灾害、西北风尘暴灾害、旱涝灾害、海岸侵蚀、热带气旋全球变
暖下增加趋势、全球变暖与中国自然灾害等研究领域。约定 1996 年由《自然灾害
学报》出一专辑。

7 月初至 8 月初，兰州，看各课题交送青藏年会刊出论文共 15 篇；撰写《青
藏高原进入冰冻圈及其对环境影响》论文；李世杰等由西昆仑山钻孔工地回，钻孔
55m 左右，取得这样成果十分不易，约李炳元、王苏民来兰共同拟定明年课题计划，
并设席欢迎慰劳。

8 月，与吴士嘉合作的《中国冰川学的成长》由北京科学技术文献出版社出版。

8 月 15 日，参加所内西北水资源座谈会。

8 月 17 日，偕曲耀光、康尔泗等 6 人，去永登引大入秦工程考察，建设指挥
部张豫生总工程师介绍引大（通河）入秦（王川）工程历史和现状，提出咨询建议。

8 月 19 日，天山站工作汇报讨论。

8 月 21 日，参加冰芯实验室与横穿南极研究成果评议会。到会院士孙鸿烈、
张宗祜、陈梦熊、李吉均、武衡、程国栋、施雅风、吴传钧等。冰芯实验室顺利通

过，南极成果局部国际领先。

8月22日至9月5日，参加地学部组织的河西水资源院士考察咨询。参加的院士有张宗祜、施雅风、陈梦熊、吴传钧、李吉均、程国栋6人，专家陈志恺、汤奇成、曲耀光等。经兰州、武威、民勤、金昌、张掖、金塔、20基地、额济纳旗、敦煌、张掖，最后返回兰州。在车上一路查资料，每到一个地方下车，施都要仔细询问观测站同志最近雨丰还是雨欠，流量多少等。院士考察团最后讨论形成咨询意见向省政府贠小苏副省长汇报。

1995年9月，在内蒙古额济纳旗考察时和当地老人亲切交谈了解情况

1995年9月，地学部组织的西北水资源考察组赴甘肃河西及内蒙古额济纳旗考察
左三吴传钧、左五施雅风、左六陈梦熊、左七张宗祜、左八李吉均

9 月 10 日，参加冰川冻土所内评议方树泉奖学金候选人。

9 月 24 ～ 28 日，赴成都参加青藏高原会议。其间，看望曾任兰州分院院长的刘允中同志。

10 月 4 ～ 5 日，北京，陪沈健去 301 医院复查，手术大夫认为手术不佳。后又去同仁医院，大夫明确主张不动手术。

10 月 6 ～ 15 日，出席中科院院士增选会议和地学部会议。

10 月 9 日，中秋节。受北京市主要负责人的邀请，与院士们一起上天安门城楼赏月。

10 月 13 日，将关于海平面上升海岸带灾害加剧影响的评论与建议书连同文章送科委社会发展司甘师俊司长，一份送王志雄处长。晚上去中央团校中央电视台拍摄额济纳旗生态保护问题的座谈会，到会周光召、张宗祜、施雅风、吴传钧、陈梦熊、李吉均、程国栋。

10 月 15 日下午，看访李普同志，这是自 1946 年后第三次见面，一直把他看作政治上的指路者，交流对民主改革的看法，并送他《中国冰川学的成长》小册子。晚去复兴医院看黄继武同志。

10 月 17 日，去北大看望由美国到北大讲学的浙大老同学谢觉民、阚家蕫夫妇。

10 月 19 日，院图书馆外文杂志室找到若干篇环境气候变化损失评估及可可西里湖泊文章复印。看顾准文集。

与李普同志合影
右李普、左施雅风

10 月 21 ～ 26 日，参加 ICSU—IGBP 科学顾问委员会第四次会议（SAC—IV）。参加中荷双方会谈，介绍中国对全球变化研究贡献，包括海平面研究和青藏高原新生代以来环境变化两方面，并提出海平面上升影响合作研究的建议，荷方（荷兰科学院）意见将在回国后回复。参加大会时发现听力下降。

会议期间获悉浙大老同学赵松乔 20 日晚逝世，托地理所刘昌明转告代献花圈。惊悉冰川所同事张祥松 22 日下午病逝，他工作一贯勤奋努力、忠厚严谨、公而忘私、勇挑重担，对冰川考察研究和灾害防治做出了重要贡献，帮助颇多。电话家属并致奠仪 500 元。

11 月 2 日，南京，应邀出席在南京五台山体育馆举行的河海大学建校 80 周年庆祝大会。

修改《全球变暖与中国自然灾害发展趋势》稿。与季子修、杨桂山商议海平面重点课题申请问题。

11 月 9 ～ 12 日，西安，作为验收组成员参加黄土及第四纪地质国家重点实验室建设验收及黄土室建室 10 周年暨"黄土、古季风、全球变化"学术讨论会。

11 月 13 日，应陕西师大地理系主任（1958 ～ 1959 年曾参加冰川队工作）邀请，至陕西师大地理系参观，并作《中国第四纪冰川问题》的报告。

11 月 16 ～ 18 日，兰州，出席冰冻圈专家委员会会议。

11 月 20 ～ 21 日，参加冰川所高级职称评议，上下午晚上均开会，甚感疲劳。撰写末次冰期的青藏高原文稿。天山站基金评议。去医院看心脏病。

12 月 15 日，参加张祥松图书捐赠仪式，冰川所党委书记和副所长出席，多人发言回顾纪念。最后施发言建议编一本纪念文集，并建议党委研究"向张祥松学习"的决议。

12 月，南京，任地理学会名誉理事。

1995 年，冰芯与寒区环境实验室大楼正式建成并运行。在国家财力还不充裕、科研经费相当困难的时候，中国科学院、国家自然科学基金会、甘肃省政府等领导部门对冰芯与寒区环境实验室的建设给予了大力支持，使它在短期内配备了若干高精度达到国际先进水平的测试仪器，完成了实验楼的基本建设，可以自行分析样品，成为中国科学院的自费开发实验室。

● 1996 年

1 月 4 ～ 6 日，南京古生物所，主持"青藏高原晚新世以来植被与环境"学术讨论会。除青藏项目二课题成员外，还邀请孔昭宸、黄锡璇及本地专家八九人，报告后讨论。

1 月 28 日，早饭后感到不适，后又两次感到心脏不适、乏力。决定院资环局课题"全球变化与中国自然灾害趋势"由杨桂山同志负责验收事宜。

1 月 31 日，因心脏病发作住江苏省人民医院。

2 月 7 日，动手术安装心脏起搏器。 16 日出院。

2 月 17 日，春节前南京市委副书记周振华来家里慰问，送鲜花。

2 月 23 日，与南京地理与湖泊所学术委员会正副主任交流 1996 年应抓大事。拟定青藏高原项目第 2 课题 4 专题参加 4 月会议人员名单。

3 月 9 日，北京，作为顾问参加在科学院地质所举行的极地委员会会议。撰写《黄汲清院士与第四纪冰川研究》一文（冰川冻土，1996)。

3 月 10 日，出席中国科学院南极资源环境与全球变化验收与成果鉴定会，参加会者徐冠华、许智宏、陈述彭、周秀骥、李建栋、章申、孙鸿烈、刘东生、施雅风等 9 位院士。刘东生总报告，秦大河、张青松、刘小汉等作分报告，成果水平很高。

3 月 21 日，南京，开太湖研究专著筹备会议。

3 月 22 日，参加院专项基金湖泊专项验收会。

3 月 23～24 日，与南京地理与湖泊所所长虞孝感等人陪同孙鸿烈副院长、秦大河、陆亚洲去无锡太湖站和南京土壤所常熟站考察。

3 月 31 日，兰州，准备基金会重点项目"青藏高原北部第四纪晚期自然环境演变研究"的项目总结报告。

4 月 10 日，基金会重点项目"青藏高原北部第四纪晚期自然环境演变研究"评议，参加评议的有孙鸿烈、刘东生、张兰生、张青松、赵楚年、夏训诚等，作为项目负责人作项目执行情况与主要成果报告。

4 月 22～24 日，北京，参加全国气象中心组织的气候变化会议。会议由气候变化协调小组第一工作组与中国气象学会气候委员会主办。作《冰芯记录揭示气候变化》的特邀报告，重点讲格陵兰冰芯与古里雅冰芯的研究成果。

4 月 26 日，北京，中科院地质所，作为专家参加西北干旱化与全球变化验收会，到会验收专家还有章申、张兰生、王恩涌、郑度、赵桂久。

4 月 30 日，北京，上午去大气所听 Paul Mayewskil《关于快速气候事件》(*Rapid climate events*) 报告。下午，紫光阁宋健接见，参加有陈宜瑜副院长、秦大河、姚檀栋、施雅风、刘健多人，座谈一小时。

5 月 1 日，涂长望之女涂多彬等来谈涂长望文集编辑事，建议请陶诗言写一学术评价性文章。

5 月 3～10 日，南京，阅读在北京各图书馆复印资料，颇有收获，其中《湖泊沉积》一文交相关人员阅读。参加在南京地学部院士学术会议。

5 月 11 日，参加南京市表彰科技献计献策与好新闻会，荣获表彰。

5 月中下旬，撰写青藏高原与冰冻圈材料。

6 月 3～7 日，北京，出席京西宾馆举行的第八届中国科学院及第三届中国工程院院士大会。李鹏总理和朱镕基副总理讲话。

6 月 8 日，去中央电视台梅地亚宾馆参加浙江电视台与中科院合作《地球之巅》电视片协议签字仪式，到会孙鸿烈、刘东生、秦大河及协调局多人，会后小型座谈，提议在"巅"字上下功夫，以泥石流电影为榜样，出好片。

6 月 9 日，北京，冰冻圈评议。评委会主席孙鸿烈，评委刘东生、王苏民、陆亚洲、赵桂久等，评价较佳。

6 月 12～21 日，兰州，阅《张祥松纪念文集》稿 9 篇，又约稿 6 篇。完成《深切怀念张祥松同志》一稿，与编辑商谈纪念文集稿件审稿。完成《受益与向往——感恩中央地质调查所》一稿。审查杨凌水土保持所土壤侵蚀与旱地农业重点实验室八份课题申请，发现有两份申请大同小异，措辞一样，申请者已为教授、副院长，随后将审查意见寄水保所。

6月24日，兰州，参加西部资源环境中心学术报告会。

6月25～28日，上海，作为评审组长参加上海市科委主持、上海水利局完成的《海平面上升对上海影响及对策》课题成果评审。其间，看望堂姐施淑媛一家，了解家谱。

7月1～3日，兰州，作为会议领导小组成员出席"2000年气候与环境变化"学术讨论会，到会15～20人，会议报告涉及1800年树木年轮、冰芯中NO_3变化、南海海岸带气候变化、湖泊气候变化等内容，根据大会报告准备在期刊上出一期专辑。

7月5～14日，撰写古里雅冰芯夏段年龄、阶段与气候环境变化的初步探讨，完成青藏高原倒数第二冰期。

7月15～16日，接待撰写《冰川在召唤》科普读物的作者吴士嘉一行。

8月4日，北京，综考会，参加青藏项目专家委员会会议。

8月5～14日，北京，出席第30届国际地质大会(30thIGC)，在分组会议上作《青藏高原进入冰冻圈的时代、高度及其对周围地区的影响》（与郑本兴合作）的报告。

8月18～22日，兰州大学，出席中国地理学会冰川冻土分会举办的第五届全

1996年8月22日参加第五届全国冰川冻土大会留影
施雅风(第二排右十)

1996年8月与参加第五届全国冰川冻土大会部分同行合影
右起：任炳辉、白重瑗、朱岗昆、施雅风、郑本兴、汤懋苍、米德生、王德辉、陈建明、王自俊

国冰川冻土学大会。

9月9日，参加在兰州饭店举行的雨水利用会议。

10月10日，江苏东台，受邀参加东台市海岸滩涂开发论证会。

11月16日，张家港，出席江苏省地理学会第七届理事会成立大会。

11月，兰州，出席在兰州大学举行的"青藏高原形成演化、环境变迁与生态系统研究"1996学术年会。第二课题对湖泊岩芯、冰芯及天然剖面等进行了系统采样和样品的试验分析，湖泊岩芯剖面具有明显的沉积韵律，表明古湖泊环境发生过多次剧烈变化。通过冰芯与其他资料对比研究，发现高原冰冻圈具有明显的变暖特征，与全球变化密切相关。黄河上游天然剖面经古地磁、裂变径迹、哺乳动物、化学、粒度等多种分析，取得了自渐新世晚期3000多万年来连续而完整的地层记录。综合已有资料分析，青藏地区在第三纪（古近纪和新近纪）经过二次隆升与夷平的旋回，在 25～17 Ma BP 高原面隆升达到 2000 m 左右高度，和当时大陆与海洋环境耦合，激发了亚洲季风，替代了先前的行星风系，导致第三纪中期我国环境大变化。此后高原面夷平降低，夏季风减弱。3.4 Ma 以来高原整体快速隆起，2.5 Ma BP 开始中国北部黄土堆积。0.8～0.5Ma BP 高原面上升至3000～3500 m 左右。与地球轨道转型导致的降温耦合，进入冰冻圈。冰川面积超过 500000 km^2，我国中东部降水为现代 2～3 倍，西部已很干旱。高原积雪形成强大的冷源，沙漠、黄土面积扩大。150 ka 以来，4 处连续记录显示了晚更新世以来青藏地区新构造上升与气候环境变化及其特点。

参加国家"八五"攀登计划项目96学术年会
第二排：程国栋(左五)、李吉均(左六)、施雅风(左七)、刘东生(左八)、孙鸿烈(左九)

⚫ 1997 年

2月18日，南京，阅读博士研究生秦伯强学位论文，参加南京地理与湖泊所研究员会议推荐院士。

2月19日，邓小平逝世，他坚持解放思想、实事求是的思想路线，改革开放，倡导一国两制。修改青藏高原15万年稿，对青海湖、班公错小节进行修改。

2月25日，北京，约文启忠、王克吾、周昆叔、李炳元谈青藏高原专著中材料与修改问题。

2月26日，北京，地质大学国际培训中心，验收评议刘东生院士主持的国家自然科学基金"八五"重大项目"我国北方干旱半干旱区15万年来环境演变的动态过程及发展趋势"。验收组成员有孙鸿烈、李建栋、施雅风、王富葆、曹家欣、王明星等多人，材料丰富、工作深入，评为优秀。

2月28日，北京，客座公寓，参加院内评议安芷生牵头的季风变化研究项目。

3月1日，去张哲民家，见到张宣三、陈耀寰、陈伯敏、谢学锦等老朋友，交流对当前政治、经济形势的认识及应取的态度。

3月3日，看望涂光炽院士与黄秉维院士。

3月4日，去地理所参加地理学会向科协推荐院士候选人会议。看望许良英与叶笃正。

4月，冰芯与寒区环境研究开放实验室经中国科学院批准，正式对国内外开放，李吉均任学术委员会主任，施改任学术顾问。

5 月 12 ~ 19 日，偕沈健再次去海门老家，希望完成资助故乡树勋乡中学的愿望。先去三星镇访陈倬云老师之子，陈老师 22 年前去世，现正值百岁诞辰，赠菊花、照片及礼金。后参观树勋中学，与俞校长谈奖学基金的事，准备奖学金以父母的名字命名。5 月 19 日，树勋中学举行"施登清刘佩璜纪念奖励基金成立"大会，市长施德威、教育局某书记及《海门报》、海门电视台出席，俞校长主持全校师生参加，乡党委、教师代表和学生代表发言。家乡有很多非常优秀的孩子，但是家里比较贫困，供不起孩子念书，捐赠这笔钱的目的，就是奖励学习成绩优秀、但家里经济困难的学生。树勋中学每年大概有 20 个学生拿到

冰芯与寒区环境研究开放实验室

奖学金。近年来海门经济发展很快，但污染也严重，1984 年曾看到的新河养珍珠已无踪影。

5 月 20 ~ 23 日，杭州，参加浙江大学百年校庆。

6 月 2 ~ 6 日，北京，应邀出席第 76 次香山会议——"东亚环境变化与大陆科学钻探"会议，作《青藏高原隆起与环境变化》的发言，与会议主持者之一的美国 Porter 教授谈青藏成果，提出青藏高原第四纪研究的问题。研究了青藏高原 500 万年来环境变化的情况，主要是根据古冰川遗迹和年代测定资料，判定青藏高原在 0.8 ~ 0.6Ma BP，抬升到 3500m 左右。它与地球绕日轨道转变所导致的降温耦合，出现了面积达 50 万 km^2 的分散的冰川覆盖和大范围积雪，从而改变了高原和周围地区的气候与环境，促使塔克拉玛干大沙漠的形成和黄土沉积的加厚，并且黄土沉积范围扩大到了长江中下游。

7 月底至 8 月初，北京，参加院士会议。在两院院士报告会上作《晚新生代青藏高原隆升与东亚环境变化》报告，正文发表于《地理学报》1999 年 54 卷 1 期。参加院士候选人评议。

在此期间，一些老同志评议对党内、社会上腐败问题和民主体制改革问题，很有感慨，联名写成《我们关于制止贪污腐败，深化体制改革意见》一文，希望院里参加 15 大的代表按正常渠道反映他们的这个意见。

8 月 19 日，兰州，国家科委主任宋健同志视察冰川所，兰州分院院长魏宝文、冰川所所长程国栋与施雅风接待。

8 月底，与汤懋仓合作，撰写完成《青藏高原二期隆升与亚洲季风孕育关系》

梦熊 同志：　　　　　　　　　写

前院士会议上拟联名上书函稿，经叶写正、涂光炽、刘昌明同志和我讨论，将问题集中在制止贪污腐败上，作了较大修改，又经何祚庥同志补充，并在数理学部征集签名，原约定由学部办公室代为上投，以后出现了某些阻力，考虑缓发。思惟再三，按正常渠道向中央领导进言是党员和公民应有的权利，将修改稿带兰州打印，于8月18日经邮局分寄中央常委，并面交宋健同志。现将修改稿分寄原签名院士各一份（因原签名单存学部联合办公室，恳记忆列名，不全、数理学部缺漏较多）。供查询参考。另寄所知的中科院系统十五大代表路甬祥、陈宜渝、孙枢、赵其国等同志殷切期望他们参考我们的意见相机进言，促进中央下大决心制止腐败，深化改革。如果你处有十五大代表，也希望转给一份，共同努力。此事及《意见》内容请勿外传，特别不能给外国人知道，以免断章取意，添曲宣传。此事办理前后有不妥处，请批评指正，但愿我们的呼声能起一定作用，即颂安好。

施雅风上
一九九七年八月二十二日

1997年8月给陈梦熊院士的信(陈梦熊之子陈泽行提供)

一文。在 25 ～ 17Ma BP 喜马拉雅运动二期或青藏高原二期隆升，高原所达到高度可能到 2000m 左右，已大于水汽凝结高度，高原与周围地区的热力差异加上水汽凝结的潜热释放，大大增强高原的热源作用创造高原季风出现的条件。并开始影响从西向东的环流，使地表西风出现南北分支的绕流和中纬度高压带北移。与此同时，东亚和东南亚海盆扩展，为大陆提供丰富近便的水汽来源，亚洲大陆向西延伸扩大，与欧洲联成超级大陆，原位于西亚和中亚的副特提斯海大为萎缩，亚洲中部气候变干，大陆性增强，上述青藏高原与海洋、大陆联合作用共同驱动了亚洲季风的孕育发展，代替了早第三纪的行星风系，使湿润的森林带大扩展，干旱区向西北退缩．这一事件是新生代东亚历史上最伟大的环境巨变，在甘肃临夏 30Ma 连续剖面研究中出现于 21.8Ma BP 以森林植被替代了原先干草原植被。该文发表于 1998 年的《中国科学》。

9 月 23 日，香港，获得何梁何利科技进步奖。参加在恒生银行总部举行的颁奖大会。朱镕基总理亲自下来为获奖者颁奖。握手以后，朱总理说："中国人口众多，困难不少，要解决好这个问题还要依靠科学的发展，还要依靠你们这些科学家。"地学研究，重大的贡献多是集体研究的成果，所以功劳也应该属于这个集体。得到 15 万港币奖金，其中部分奖金作为《中国冰川与环境》的编辑费用、部分资助南京地理与湖泊所图书馆、部分给子女。

青藏项目第二课题部分人员合影
前排：汤懋苍(左二)、李吉均(左三)、施雅风(左四)；
后排：李世杰(左一)、唐领余(左二)、姚檀栋(左三)、王苏民(左五)

11 月 2 ～ 6 日，北京西山，出席以"人类与环境"为主题的第七届全国第四纪学术讨论会。

11 月 8 日，无锡中国科学院太湖湖泊生态系统研究站，主持召开青藏高原项目第二课题组工作会议，总结课题、专题研究内容完成情况。

11 月 26 ～ 27 日，南京，接待南通中学汪校长和南通电视台记者。

12 月，与吴士嘉合作的科普读物《冰川的召唤》，由湖南少年儿童出版社出版。

1997 年 9 月，在香港获何梁何利奖，施雅风在颁奖典礼上

● 1998 年

1 月 22 日，兰州，参加冰川所全所大会，程所长传达院工作会议精神，表彰先进。

2 月，施雅风、李吉均、李炳元主编的《青藏高原晚新生代隆升与环境变化》由广东科技出版社出版。该成果为"青藏高原形成演化、环境变迁与生态系统研究"项目系列成果之一，提出青藏高原隆升过程及关键影响，指出在 0.8 ～ 0.6Ma BP 全面进入冰冻圈，发育最大冰期，进而对高原及其广大地区产生重大影响等。

已多年准备的《地理环境与冰川研究》（施雅风论文选集）由科学出版社出版，从270篇文章中选录了72篇，有较详细的自序，全书共达100多万字。内容分上下两卷，上卷包括自然地理、地貌学、区域地理、水文水资源、泥石流灾害、第四纪气候与环境变化以及纪念地理先哲的文章；下卷为我国西部现代冰川的形成条件、形态特征、历史演变和利用，关于中国东部地区第四纪冰川问题的讨论，以及中国冰川学和第四纪冰川研究的进展等。

3月24～25日，广州。广州地理所与黄镇国教授商定联合培养博士研究生录取事宜。

4月11～16日，南京，接待台湾来访亲的沈健堂叔新叔（沈达可）和季言弟。

4月17日，阅读《中国气候与海平面变化（1987～1992)》研究成果及应用资料。

5月6～9日，兰州，出席"冰芯与全球变化"讲习班。其中，5月8日，与李吉均一起陪同刘东生考察兰州马兰黄土与黄河阶地。

在李吉均(左)指引下，施雅风(中)陪刘东生(右)考察兰州附近阶地

5月10～14日，评审科学基金面上基金项目22份，杰青两份。

5月底，惊悉周立三先生逝世，电话慰问吕庆如女士。回顾1944年在重庆北碚中国地理所与周立三先生相识，至1998年周老逝世，先后54年，其中1949年至1953年新中国成立前后数年朝夕相处，相知较深。周老毕生致力于地理科学研究，为国民经济建设服务。他先后主持并具体参与新疆综合考察、农业区划和国情分析三大科研项目，贡献突出，举世钦佩。

6月1～5日，北京，出席中国科学院第九次院士大会、中国工程院第四次院士大会联合会议，参加地学部全体院士会议。

　　6月7日，参加在京西宾馆召开的青藏高原国际讨论会筹备会及青藏高原研究会会议，该会议的主题为青藏高原的形成、演化与可持续发展。

　　6月30日，兰州，参加院工作组兰州建设基地座谈会，建议各所应在国内国际有特点的科研基础上继承、提高、创新；集中力量、迅速建立几个紧迫需要综合性的新方向，如水资源、气候、环境、生态变化；大力选拔培养高水平人才。

　　7月21～24日，出席由"中国青藏高原研究会"、中国科学院自然资源综合考察委员会和青海省科委联合组织，在青海西宁召开的青藏高原国际科学讨论会，会后去西北高原生物所海北站考察。

施雅风(右一)在西北高原生物所海北站考察

　　7月27～30日，出席国际第四纪研究联合会和国际土壤学会古土壤委员会联合发起，在兰州举行的"古土壤与气候变化国际研讨会"。

　　8月，收集整理青藏高原和西北地区的冰芯、湖泊和孢粉记录，发现一个有趣的现象：各种古环境记录均指示深海氧同位素第3阶段后期，即40～30ka BP的青藏高原的温度高出现代2～4℃，众多高湖面的淡水大湖出现，指示当时特强的夏季风带来了丰沛的降水。得高原大气所刘晓东帮助，做末次冰期旋回以来多种形式的日射变化图，最后确认2万年的岁差周期和4万年的地轴斜角周期所导致的日射变化和海陆分布决定了季风强弱和冰期—间冰期气候变化特征。由此撰写《距今40～30ka青藏高原特强夏季风事件及其与岁差周期的关系》一文。

　　为周立三院士纪念文集，撰写《周立三院士在解放前后重建地理所工作中的重大贡献》。

　　9月5～9日，兰州，出席由国际南极委员会主办、国际冰川学会协办的第六届国际南极冰川学学术讨论会。

9月10日，兰州冰川所，出席庆祝冰川冻土事业40周年大会，倡议发起的《冰川冻土科学创业之路》一书出版。施雅风撰写《老领导、老科学家的热情支持与指导》和《勤恳踏实、克己奉公的好干部周博仁同志》两篇文章，赞扬竺可桢、李四光两位老科学家，裴丽生、郁文、刘允中及新疆分院、新疆水利厅等五位领导干部对新建的冰川冻土事业无私、热情的支持，切实帮助解决问题，克服困难。同时，赞扬最早参加创业工作，一贯勤勤恳恳、克己奉公、任劳任怨、忠于职守的行政干部周博仁。指出，冰川冻土事业的建立发展，是业务人员、党政后勤干部和服务工人团结一致、共同艰苦劳动创造的。在庆祝大会上也为施雅风80岁祝寿。有国际冰川学会秘书长 S. Ommanney 祝词，科技部朱丽兰部长、中科院路甬祥院长贺函，黄秉维师、中国地理学会与地理所、中国第四纪委员会、地质古生物所等贺词。在学术思想讨论会上有程国栋、谢自楚、郑本兴、杜榕桓、张林源等祝寿发言。

9月21～22日，应邀出席成都山地所主办的第一届海峡两岸山地灾害与环境保育学术讨论会，会后去九寨沟考察。

1998年，成都，第一届海峡两岸山地灾害与环境保育会议
李吉均(右一)、施雅风(右三)

11月16日，南京。主持中国第四纪研究会在南京分院召开的专题讨论会，刘东生院士出席大会并致辞。

12月27～29日，应邀出席河海大学水资源开发利用国家专业实验室学术委员会会议。

鉴于冰芯与环境研究、积雪研究、冰雪化学研究、冰川与气候变化研究、第四纪冰川研究均有了相当的发展，产生了再编一本集成中国冰川研究专著的想法。以施雅风为主编，黄茂桓、姚檀栋、邓养鑫为副主编，开始组织27人合作编写《中国冰川与环境——现代、过去与未来》专著。

1998年11月中国第四纪研究会南京专题讨论会主席台
南京分院严寿宁院长(左二)、刘东生(左四)、施雅风(左五)

由于全球迅速变暖，驱动水循环加快，西北许多地方降水量增加。2002年，出于对全球变暖科学研究的高度敏锐性，施雅风立即组织调查研究。发现1987年以来，西北西部主要是新疆大部、甘肃河西西中部与柴达木东南部气候由暖干向暖湿转型，温度上升，冰川消融，河川径流与洪水灾害均有较大幅度增加，湖泊水位上升与扩大，大风与沙尘暴减少。立即撰文《西北气候由暖干向暖湿转型的信号、影响和前景初步探讨》，不仅引起科学界的兴趣，而且也得到政府及各界人士的重视，该文引用次数达1260次。组织完成了《中国西北气候由暖干向暖湿转型问题评估》报告和多篇论述文章，对西部大开发战略具有十分重要的现实意义。气候变暖使受季风影响的长江中下游地区夏季降水特别是暴雨增多，是引发长江洪水频次增高的主要原因，而洪水成灾规模和受损程度也与人为因素影响有关。以83岁高龄率队长江中游考察，撰写了《1840年以来长江大洪水演变与气候变化关系初探》、《长江中游西部地区洪水灾害的历史演变》和《长江中游田家镇深槽的特征及其泄洪影响》等多篇论文。

多年来关于第四纪冰川问题的研究需要系统的总结。由施雅风任主编，崔之久、苏珍任副主编的《中国第四纪冰川与环境变化》专著，全面系统地论述了我国各大山地第四纪冰川遗迹及有关冰川环境，回顾了青藏高原第四纪冰期"大冰盖"之争论和中国东部第四纪冰川的讨论过程，是老中青几代著名学者对过去几十年工作的系统理论总结，对中国第四纪冰川作用和环境变化的关键性问题，提出了非常重要和有价值的观点，极大地推动我国第四纪研究，对国际第四纪科学发展具有重大特殊意义。此项成果被评为2008年度国家自然科学奖二等奖。

冰川编目工程，先后50多人参加，经过二十多年的辛勤努力，分卷出版了22册《中国冰川目录》，后建立冰川目录数据库，出版《简明中国冰川目录》（中文2005，英文2008）。详细查明中国西部14条山系冰川

46377 条，面积 59425km²，冰储量 5600km³，其中面积超过 100km² 的大冰川 33 条，按流域分，内流区冰川面积占 59.69%，外流区占 40.31%。据估算，中国冰川年融水总量为 563.3×10⁸ m³ 至 604.65×10⁸ m³。上述工作，2006 年获得国家科技进步二等奖。

冰川研究进步迅速，如冰芯与环境、积雪、冰雪化学、冰川与气候变化、第四纪冰川等诸多研究分支领域，均有了新发展，主编的《中国冰川与环境——现代、过去与未来》一书，于 2000 年印行，获得了国家图书奖。又进一步充实调整内容，增补新资料，撰成英文版 Glaciers and Related Environments in China 一书，于 2008 年由科学出版社与 Elsevier 联合发行，以便于国外学者了解中国冰川研究的实际情况。还出版了《施雅风口述自传》、自选文集《地理环境与冰川研究》《地理环境与冰川研究续集》、Collectanea of the Studies on Glaciology, Climate and Environmental Changes in China 等回顾性的史料著作。

2008 年由国际冰川学会主办、冰冻圈科学国家重点实验室承办的世界冰川编目国际研讨会在兰州召开。为表彰施雅风对中国冰川编目的贡献，会议期间专门安排为施雅风庆祝 90 诞辰。国际冰川学会前主席 A.Ohmura、世界冰雪数据中心主任 R.Barry，致辞祝贺。2009 年 5 月 23 日，中国科学院寒区旱区环境与工程研究所（简称"寒旱所"）50 年所庆暨施雅风 90 华诞，中国科学院副院长丁仲礼院士及来自全国各地的多位领导、院士、科学家出席祝贺。赞扬施以高明的组织才干、公正无私的高尚品德和海纳江河的开放精神，团结和吸引国内外科研机构和大专院校的科学工作者，提携优秀中青年科学家，组成跨学科的重大科研课题，创造出一系列优秀成果。先后有 5 位院士的成长得到过他的培养和扶持。冰川冻土研究机构已成长为国际高度知名的寒区环境与工程研究中心之一。

科学工作者的成长与老一辈扶植和同事们支持分不开，施雅风深深怀念和感谢他的老师、领导和同事，写过近 50 篇文章，纪念其从初中起，主要是大学时的老师、同辈杰出学者、以及老领导、革命家、共同创业同事的纪念文章，特别对中国科学与教育作出重大贡献、地理学与气象学一代宗师的竺可桢院士尤为敬重。自1978 年至 2010 年，多次发起组织纪念活动，先后撰写发表了十多篇介绍和纪念竺可桢的文章。竺可桢和前辈们异常勤奋和严谨的治学态度，民主思想和作风，一贯实事求是，坚持真理，逆境下仍冒险犯难，公忠为国的大无畏精神，成为前进动力。

生命不息，追求探索不止。施雅风对社会上存在的腐败现象深恶痛绝，多次大声呼吁要反腐败，加强民主和法制。在生命的最后岁月里，还认真撰写了《论李四光教授的庐山第四纪冰川是对泥石流的误读》《中国东部中低山地有无发育第四纪冰川的可能性？》等多篇论文。在病床上完成与年轻人合撰的《中国第四纪冰川新论》的审稿。出资建立科学基金，以表彰和奖励为冰冻圈科学作出贡献的科技工作者。

2011 年 2 月 13 日，因心力衰竭在江苏省人民医院逝世。

● 1999 年

1 月，主持的《全球变暖与中国自然灾害趋势研究》获 1998 年度中国科学院自然科学奖三等奖。

1 月 4 ~ 9 日，兰州，多年的第四纪研究需要系统地总结，商定组织编写《中国第四纪冰川与环境变化》专著。在冰芯实验室七楼主持讨论《中国第四纪冰川与环境变化》一书的编写提纲。参加者：郑本兴、苏珍、周尚哲、焦克勤等。

2 月，春节假期，去合肥游览并参观中国科技大学，适逢黄培华教授不幸受重伤。2 月底黄逝世，撰写悼念文章《悼念黄培华教授》。

3 月 27 日，北京劳动大厦，出席"青藏高原环境变化与区域可持续发展"研讨会。

4 月 13 日，兰州，主持讨论编辑专著的一些问题，参加者黄茂恒、邓养鑫、郑本兴、苏珍等。

5 月，兰州，陈宜瑜副院长到兰商议冰川、沙漠和高原大气三所合并事宜，施雅风建议新所命名为"寒区旱区环境与工程研究所"。

5 月 4 日，兰州，出席地圈生物圈中国全国委员会工作会议。出席者：陈宜瑜、张新时、施雅风、吴征镒、袁道先、章申等院士。

5 月，为《中国冻土》专著写序。从 80 年代初倡议撰写《中国冻土概论》已过去 10 多年，由周幼吾领头，郭东信、邱国庆、程国栋、李树德等同志合撰的《中国冻土》终于得以完成。1959 年冬季，中国科学院决定在兰州建立冰川冻土研究机构，周幼吾当时刚从莫斯科大学冻土专业学成回国不久，带着三个月的身孕，毅然从北京只身一人到兰州创建第一个冻土研究组，到青藏高原上开始他们的首次腾飞。之后，一批批青年学子响应国家号召，到艰苦的西北投身于冻土科学创业之路。作为组织这项任务实施的负责人，和他们一起亲身经历了冻土科学事业从初创、发展到成熟的各个阶段，理解他们的艰辛和喜悦。目前，全球环境正经历一段变暖的时期。在全球变暖和人为活动作用增强的背景下，由于各地区具体条件不同，冻土的反应也不一样。冻土和冰川研究工作者们，应十分注意监测冻土、冰川对气候和环境变化的反应以及冻土、冰川变化对大区域气候变化的反馈。

6 月 19 日，与英国冰川地貌与沉积学家 E.Derbyshire 夫妇座谈，参加者：施雅风、黄茂恒、苏珍、丁永建、王宁练等。

6 月，寒区旱区环境与工程研究所正式成立。

7 月 7 ~ 15 日，召集冰川编目会议，要编一幅现代冰川雪线分布图。按五级流域查看，查找海拔 6200m 雪线及范围等。

夏，应《中国地理学 90 年发展回忆录》征文撰《建立冰川冻土研究事业 30 年》《从中国地理研究所到中国科学院地理研究所》《筹备与举行解放后中国地理学会第一次会员代表大会》《巴托拉冰川考察》等 4 篇文章。

8 月 20～27 日，台北，出席由海峡两岸共同发起、由台湾师范大学、台湾大学、中国文化大学、彰化师范大学和高雄师范大学等五所大学联合举办的跨世纪海峡两岸地理学术研讨会，作《青藏高原隆升与季风演变关系探讨》的报告。

9 月，时任国家副主席的胡锦涛同志到甘肃调查，10 日（11 日）参观中科院兰州化物所时接见在兰院士。胡锦涛副主席握着施雅风的手说，"您的创业精神值得我们好好学习，祝您健康长寿，培养更多的接班人"。

10 月 10 日，召集《中国第四纪冰川与环境变化》一书编写人员，讨论了编写分工，并统一章节的编写格式等。该书以施雅风为主编，崔之久、苏珍为副主编，由 10 多人合作编写。

10 月 18 日，杭州，出席由中国科学技术协会、浙江省人民政府联合主办的中国科协首届学术年会，作《青藏高原二期隆升与亚洲季风孕育关系探讨》（与汤懋仓合作）报告。报告收集在《在面向 21 世纪的科技进步与社会经济发展（上册）》会议文集中，由中国科学技术出版社出版。

11 月 15～18 日，北京，出席中国地理学会成立 90 周年庆祝大会暨 1999 学术年会及中国地理学会第八次全国会员代表大会。

11 月 18 日，出席遥感所建所 20 周年及陈述彭院士 80 华诞大会。

11 月，吴传钧和施雅风主编的《中国地理学 90 年发展回忆录》由学苑出版社出版。

12 月 14 日，兰州，在寒区旱区环境与工程研究所作气候变化方面的报告。

● 2000 年

1 月，主持的《中国气候、湖泊与海面变化及其趋势和影响研究》项目成果获 1999 年度中国科学院自然科学奖一等奖。该研究通过高分辨率历史气候和湖泊、海面变化记录，研究恢复了中国全新世大暖期的气候与环境；依据沿海 6000km 的重复水准测量资料和潮汐站的资料，建立了中国沿海统一"均衡基准"，预估长江三角洲至 2050 年相对海面上升 12～68cm 以及可能的环境效应；依据湖泊沉积记录，建立了我国不同气候区不同时间尺度的环境演化序列；分析了热量、水汽的时空分布与我国季风强弱变化与空间迁移的关系，探讨了青藏高原隆升、季风环流和区域环境分异的关系；研究了历史时期人与自然相互作用的湖泊响应，创建了湖泊沉积与过去环境变化的理论与方法；系统阐明了气候变化对西北、华北水资源的影响机理、程度及未来变化趋势。该项成果为我国气候、湖泊、海面变化研究方面最为深入系统的研究成果之一，具有重要的理论意义和应用前景（该研究成果的第一完成单位为南京地理与湖泊研究所）。

1月下旬，杭州关峰山庄，参加浙大校友总会成立大会。

2000年杭州关峰山庄，
参加浙大校友总会成立大会

2月21日，南京，准备青藏会报告材料。

2月26日，参加古生物所卢衍豪院士遗体告别会。

2月27日，北京，去综考会豹房宿舍看望程鸿老友，特别感念他1952年到南京接替《地理知识》编辑及所务工作。后看望解放初任中科院南京办事处主任的孙克定同志。

2月28～29日，出席青藏高原学术年会，先后参加2、3、4课题分组会，发言宣传21世纪青藏高原气候环境变化，应进行气候、环境、生态评估，供西部大开发决策参考，意见被接受。

2月，被聘为国际第四纪研究联合会名誉会员。

3月2日，去政策管理所参加讨论竺可桢110周年活动，沈文雄介绍竺可桢全集编辑办法。看望老友侯仁之、过兴先。

3月3日，北图查资料复印，看望老友张哲民。

3月7日，南京，北极阁，参加气象局举行的"纪念竺可桢诞辰110周年"座谈会，到会60多人，江苏电视台摄像。发言者：省气象学会理事长、施雅风、濮培民、陈学溶、包浩生、王鹏飞、王颖等。

3月中旬，撰写《可预见的青藏高原环境大变化》稿件。参加南京地理湖泊所湖泊沉积与环境实验室创新研究员和副研评选。

3月24～25日，兰州，约谈《中国冰川与环境》英文稿撰写办法。

3月28日，参加基金会组织的冰芯室评议，专家有袁道先、郭正堂、崔之久等多人。致函地质与地球物理所纪念侯德封诞辰100周年。

4月5日，晚宴请美国加州大学原苏联学者Aizen，1989年访问苏联时他陪同3周，以表答谢。

4月17日，兰州冰川所冻土工程实验室，为纪念竺可桢诞辰110周年，主持召开"竺可桢精神与西部大开发"座谈会。

4月21～23日，科学出版社吴三保编审来兰，商议由施雅风主编，黄茂恒、姚檀栋、邓养鑫为副主编的《中国冰川与环境——现代、过去和未来》中英文版出版事宜。该书是近50年来一部总结性冰川学专著，内容包括中国冰川及其分布特征，冰川物理，冰川能量平衡与物质平衡，冰雪化学及其环境指示意义，中国积雪地理分布、变化与气候关系，冰雪融水与径流，冰川积雪灾害与防治对策，冰芯记录的气候环境变化，第四纪冰川、冰期间冰期旋回与环境变化，冰川积雪和有关水资源及灾害的未来趋势等。与以往中国冰川学著作相比，本书特点是突出了20世纪90年代新发展的冰芯研究和冰川目录的完整统计；增加了积雪和第四纪冰川等内容，并与全球变化相联系；冰雪化学资料得到全面更新等。

5月11日，南京，为引导《湖泊科学》刊物上开展学术争鸣，撰文《21kaBP青藏高原有远高于现代降水量的可能性吗？》，以期读者与作者讨论相关的热点问题。

5月下旬，再次偕沈健、沈健弟沈季言、侄沈更新等由南京回海门老家，在树勋中学颁发奖学金。

6月5～10日，由南京飞成都参加亚洲季风区冰川变化国际会议。会上宣读了《小冰期以来中国季风温冰川对全球变暖的响应》（与苏珍合作）报告。会后经蒲江、泸定到磨西镇贡嘎山站。乘车至海拔3000m三号营地。然后步行2～3km上观景台，看到海螺沟冰川以大幅度变化，冰面下降可达1000m以上。回程看了泥石流沟至海拔2660m二号营地，下山看磨西剖面。

6～7月间，与吴士嘉讨论《冰川的召唤》再版事宜。

9月，去台湾台中中兴大学参加第二届海峡两岸山地灾害与环境保育学术讨论会，会后参加会议组织的环岛考察旅行。中途访问了台南成功大学、高雄中山大学

在成都参加亚洲季风区冰川变化国际会议合影
第一排右起：吴士嘉、韩家懋、Frank Lehmkuhl、Kuhle、施雅风、David Mickelson、李吉均、崔之久、岩田修二、艾南山

2000年6月，参加在成都召开的亚洲季风区冰川变化国际会议后赴贡嘎山考察途中，在一个第四纪红层剖面前留影
左起：施雅风、崔之久、李吉均、德国冰川地貌学家Frank Lehmkuhl

海洋所、台北台湾大学、台湾师范大学与"中国文化大学"，感触很深。看到台湾地理工作者对垦丁、野柳等地景观地貌研究并创作优秀科学普及性著作，感到大陆环境教育的提倡与科学普及工作被忽视。

秋，同曾祖父的施元明兄写信建议续写家谱，从共同的先祖施臣禄开始，他还拟定了编修家谱的方法、框架和传略样稿。编写家谱，以便联络同族的亲友。施元明已近90岁，退休在杭州，希望施雅风多做工作。

10月11～13日，已毕业博士研究生、现在黄河水利委员会工作的史学建研究员邀请，偕沈健访问郑州黄河水利委员会，之后参观黄河小浪底水利工程。

11月，由施雅风主编，黄茂桓、姚檀栋、邓养鑫副主编的《中国冰川与环境——现在、过去和未来》由科学出版社出版，并获国家图书奖。

参加第二届海峡两岸山地灾害与环境保育
学术讨论会会后作野外考察

2000年，参观小浪底水利工程
施雅风(左二)、史学建(左三)

11月26日，与黄茂桓、姚檀栋商谈 *Glaciers and Related Environments in China* 一书联系国外出版社事宜。

11月27日，北京，参加秦大河召集的"西部气候生态环境评估"会议。秦大河报告中科院西部行动计划，其中对西部气候环境评估由气象局丁一汇牵头，丁介绍了内容设想。

11月28日，被第四届国际地圈生物圈计划中国全国委员会（CNC-IGBP）聘为顾问。

11月28～29日，木樨地科技会堂，出席地理学会举办的"地理学21世纪战略研讨会"，作《对21世纪中国地理科学的期望》大会发言。

12月1日，北京，管理科学研究所，竺可桢全集编辑讨论会。到会竺松、竺安、李玉海、樊洪业、黄宗甄、沈文雄、席泽宗、施雅风等12人。沈文雄介绍2000年工作，课题组基础扩大，成立正式编委会，樊洪业从事科学史工作，将负责全集编辑的具体工作。

12月2日，劳动大厦，应邀参加院重大项目"西部生态环境演变规律与水土资源可持续利用"评议。会议由陈宜瑜副院长主持，评议专家为郑度、李文华、施雅风、杨文治、曲耀光等。

11月28日至12月3日，会议中抽空或会后，与郑度一同去看望病重的黄秉维先生，因已住ICU，未能见面。看望陈志德（原南京科学时代社负责人）、孙克定、黄宗甄、张哲民。

12月7日，南京，因不能参加9～11日青藏项目工作会议，写《1997～2000年参加青藏项目的研究进展汇报》，并请有关同志转交孙鸿烈同志。

12月8～10日，应邀赴上海参加"陈吉余教授从事河口海岸研究55年学术座谈会"，之后参加由海洋局主持，对陈吉余教授领导的长江口、黄河口灾害评估项目的验收会。

12月11日，南京，得知黄秉维先生逝世，发传真唁电，自1939年后十年间，在恩师的援引与指导下成长，感念极深。嘱代为献花圈。

12月20～22日，北京，气象局招待所，《西部气候生态环境变化评估报告》工作分工。

● 2001 年

1月初，南京，参加第二届海峡两岸山地灾害会议后感触很深，撰写《台湾的环境保育与水土保持》短文，并向科学时报、科学大众和学部联合办公室寄发。

致杭州施元明兄与海门施友明侄关于撰写家谱建议的函，准备先出《海门树勋乡施氏家族通讯》。自18岁就离开了家，常想着能够为家乡、家族做些事情。

1月中旬，写悼念浙大老同学王蕙文章，王蕙1942年参加倒孔运动，被反动政府逮捕入狱一年，后经营救出狱，一生经历坎坷，2000年年底去世。

撰写 *Glaciers and Related Environments in China* 第二章英文稿。

1月19～20日，与赵其国、龚子同等去合肥科技大学参加科大地球科学系孙之广教授"南极湖泊沉积系统沉积序列与环境事件研究"课题与验收会。该研究有一文在 *Nature* 上发表，得到南极办和基金委奖励。

1月24日，收到树勋中学俞校长寄来1998～2000年"施登清、刘佩璜"奖励金发放名单，奖金共1800元，3届比较，得奖者增多，金额减少，决定除基金的利息外，每年再补充至5000元。

2月，继续撰写修改 *Glaciers and Related Environments in China* 第二章英文稿；与叶柏生、姚檀栋电话，谈天山治理与多年观测研究资料丰富，但总结不足，建议组织天山乌鲁木齐冰川专著，花一两年时间达到请奖水平。与有关人员商议秦大河申请院士事宜，建议补充材料。撰写《西部气候与生态环境评估报告》中冰川部分。被选为南京地理与湖泊所学位委员会主任。

3月1日，北京，院部701会议室，参加由路甬祥院长召集的《竺可桢全集》编委会会议。到会者：秦大河、马福臣、张玉台、沈文雄、樊洪业、叶笃正、李玉海、吴英琦、陆大道、席泽宗、施雅风、陈述彭、周秀骥、竺安、高庄、郭传杰、黄宗甄、戚叔伟、曾庆存等及上海科技出版社代表约40人。路院长主持，樊洪业同志汇报了编辑计划，编辑加工以"存真"为基本原则，力求如实保存文本原貌，如实展现竺可桢的人生道路和社会变迁的历史过程。编辑计划在编委会上通过。此后，《竺可桢全集》的编辑工作由樊洪业具体领导正式启动。

在上海老领导卢伯明家与卢合影
右卢伯明、左施雅风

3月2～3日，参加《西部气候与生态环境变化评估》工作会议，提出三卷编写细节（卷、章、节等，主要问题及王绍武写的工作样板），按统一规划，主写冰川演变、小冰期以来的冰川萎缩及对水资源的影响列入第三卷。看IPCC2001卷文章稿件。

3月4日，访问张哲民，谈建党80周年老党员撰文纪念事。张宣三有一篇《重新认识马克思主义》的文章，李锐为此文写了序。张准备再写一稿件，待完成后相约相知者署名。

3月18日，上海，看望当年地下党情报系统负责人卢伯明同志。

3月19～21日，上海，同济大学，应邀参加汪品先院士主持的大洋钻探成果会议。

4月9日，兰州，主持讨论冰期划分，参加者郑本兴、苏珍、周尚哲、易朝路、焦克勤等。

5月13～19日，西安，出席环境变化会议。

7月4日，兰州，在风洞3楼主持召开了关于全球变暖加速塔里木盆地、西北冰川融冰、发电、灌溉等研究课题设想的讨论会。

7月，撰写完成《40～30 ka BP青藏高原及邻区高温大降水事件的特征、影响及原因探讨》初稿，10月完成修改稿。

8月，撰文《对青藏高原末次冰盛期降温值—平衡线下降值与模拟结果的讨论》。对1999年《第四纪研究》第5期刊登的刘东生、张新时、熊尚发等人合作的《青藏高原冰期环境与冰期全球降温》论文提出不同的看法，认为根据新近若干冰期降温值较大的信息，就得出冰期降温幅度为过去认识的两倍的普遍性推断，还为时过早。

8 月，上海，出席由中国地理学会主办，中国科学院地理科学与资源研究所、华东师范大学承办的 "海峡两岸地理学术研讨会暨 2001 年学术年会"，作《距今 40 ～ 30ka 青藏高原高温大降水事件与东部高海面事件的联系及成因讨论》报告，摘要收录在《海峡两岸地理学术研讨会暨 2001 年学术年会论文摘要集》中。

9 月，与姚檀栋合作，撰写完成《中低纬度 MIS3b（54 ～ 44ka BP）冷期与冰川前进》论文。

多年的第四纪研究需要系统地总结，商定组织编写《中国第四纪冰川与环境变化》专著。

11 月 7 ～ 8 日，海门狮山宾馆，应邀出席海门滨海大桥立项可行性评议会。

11 月 9 日，偕沈健、施友明去启东施氏二房访问，拟 12 月完成海门施氏家谱第三期通讯，2002 年完成家谱样稿。

11 月 10 日，去海门树勋中学颁发奖学金。

11 月 18 ～ 25 日，参加富营养化湖泊治理与湖泊管理国际讨论会，顺道到西双版纳热带生物区游览，大开眼界。云南经济、交通和旅游事业发展迅速，更令人佩服。

12 月，格尔木站已建成为中国科学院青藏高原冰冻圈观测试验研究基地，主要观测试验场地分布于青藏公路或铁路沿线西大滩至那曲间 700 余千米的范围内，最远的观测点位于西昆仑山甜水海附近，观测试验区跨越青海、西藏和新疆三省区，平均海拔高度 4500m 以上，属极度高寒区，年平均气温 –2℃ 以下。是我国目前位于青藏高原腹地针对冰冻圈进行综合监测研究的唯一野外台站。

2001 年，《IV 中国冰川目录 帕米尔山区（修订本）》《X 中国冰川目录 怒江流域》《IX 中国冰川目录 澜沧江水系》（编著者刘潮海、蒲建辰等）出版。

● 2002 年

1 月 21 日，广州。参加学术活动，接受《热带地理》杂志采访，就近年来有关广东 "冰臼" 的报道提出看法，认为冰臼的报道是失实的，利用 "冰臼" 论发展旅游业是一种误导行为，应消除由此所产生的不良社会影响；新闻报道应尊重事实，注重深入调查研究。

3 月，《XII 中国冰川目录 恒河印度河水系》（编著者米德生、谢自楚）出版。

施雅风(右)与李吉均(左)在灵谷寺
风景区的灵谷塔上

3月31日，由李世杰陪同，偕沈健与李吉均院士夫妇一起游览南京灵谷寺风景区，登高远望，谈笑风生。

4月初，偕沈健、及台湾来探亲的季言弟到京。住气象局招待所，游览长城。

主编的《中国冰川与环境——现代、过去与未来》获第十届全国优秀科技图书奖三等奖。

4月13日，兰州，参加寒旱所创新研究员评议。

4月14～18日，处理函件，复印文献资料。

4月21～28日，南京，处理函件，修改《40～30ka BP 青藏高原及邻区高温大降水事件的特征、影响及原因讨论》。

4月29日，参加第一次长江流域环境演变研讨会，听取朱诚教授讲述考古与洪水方面的论题，增加对长江洪水的了解。

浙大老同学谢觉民来函，拟征集纪念浙大史地系创建的文稿；阅浙大历史地理学术研讨会2001年会论文集。

5月2～5日，写信寄发家谱初稿致外地工作的亲友以征集信息。

5月10～16日，南京，《第四纪冰川与环境变化》专著审稿会，到会：李吉均、崔之久、郑本兴、苏珍、焦克勤等。讨论冰期划分并修改划分表。16日，去安徽滁县一带考察夷平面，并游览欧阳修醉翁亭。

2002年5月16日，安徽滁县一带考察夷平面
右起：崔之久、焦克勤、苏珍、郑本兴、施雅风、李吉均、李世杰、易朝路

5月19日，参加南京大学地理系建系80周年庆祝大会，下午6位院士（任美锷、施雅风、吴传钧、赵其国、李吉均、王颖）作报告。

5月20日，参加江苏省委省政府组织的九所高校联合校庆会（南京大学、东南大学、南京师范大学建校百年，河海大学、农业大学、林业大学、工业大学、江南大学、江苏大学办学百年）。

与于革合作，撰写《40～30ka BP 中国暖湿气候和海侵的特征与成因探讨》。

5月23～25日，审阅自然科学基金，对于其中的气候水文生态模拟问题请于革帮助，并参考她的意见提出评审建议。

约姜彤、秦伯强、杨桂山讨论长江洪水与环境研究设想。寄若干材料到兰州。

5月26日，南京，原生物学地学部同事薛攀高夫妇来访，在乐游苑共进午餐。

5月27日至6月2日，北京，参加第十一次院士大会。

6月2日，浙大40～43级校友聚会。遇到多年未曾见面的老同学，校友中有四位院士到会：叶笃正、陈吉余、陈述彭和施雅风。晚，约秦大河、丁一汇及气象所6人谈海平面、长江洪水等方面气候评估问题。

6月3日，出席在地质地球物理所举行的纪念尹赞勋先生诞辰100周年暨学术报告会，施雅风发言缅怀尹先生在地学部担任领导期间为推动地球科学发展作出的巨大贡献。下午报告会后去图书馆阅览室看新到杂志，复印若干。

6月4日，偕张哲民看李普同志。

6月10日，兰州，冰川所内小会，姚檀栋、吕世华、丁永健、沈永平等参加。沈谈新疆中天山的博斯腾湖泊经历30年连续水位下降，90年代末期水位开始回升的事实，这可能是气候变化转型的信号，商议所内先拨20万元搞预研究。

6月12日，沈健到兰。本应11日17时到，不意9日秦岭南洪水冲垮桥梁，火车晚点10多个小时。

6月13～19日，去乌鲁木齐了解情况。去气象局、水利厅水文水资源局、天山站、新疆生地所调研座谈，并去乌鲁木齐河源一号冰川谷底调研，肯定西北西部出现由暖干到暖湿的气候转变。共同讨论《第一号评估气候转型报告》计划事宜，即6月20日至8月20日各单位分列有关记录信息，8月20日集中分析整理，一个月写成初稿交有关单位审阅。

6月21日，应邀出席新疆生地所主持的"生态环境、文化遗产与经济发展论坛"，到会自治区党委书记王乐泉、陈宜瑜副院长、宋郁东所长等。在会上作《新疆气候由暖干向暖湿转型的信号、影响与前景》的发言。

6月23日，兰州，阅读 Ifougton 所著全球变暖翻译本和叶笃正写的"对未来全球变化影响的适应和可持续发展"，颇有收获。

6月25～27日，写《全球变暖、水循环加强；西北气候由暖干向暖湿转型问

2002年在新疆乌鲁木齐河源区海拔3500m左右一号冰川谷底前

题》，准备用 Email 发给水资源香山会议秘书处工作人员。

6月28日，所内讨论西北气候变化转型问题。

6月30日，去七里河中医院看望原冰川冻土室老干部史国才，又去看师大杨成武。

7月1日，兰州，所党委组织七一座谈会，约20多人参加，作《科学品德》讲话发言。

7月3～5日，北京香山饭店，参加第187次香山科学会议，会议主题是全球变化与中国水资源前沿科学问题，由刘昌明、丑纪范、夏军主持。作了《西北气候由暖干向暖湿转型》的报告，科技导报即来约稿。从参加会议的刘春蓁处借 Arnell 论 Climate Change and Global Water Resources 一文，阅后颇有收获。

7月10日，兰州宁卧庄宾馆，甘肃省省长陆浩及两位领导主持为在兰院士配车，代表院士致谢，感到既光荣又惭愧，为甘肃建设贡献太少，所配车交所里管理。

7月11～13日，兰州，修改补充西北气候转型稿，考虑不确定性，还需要比较50～60年代多水期降水是否显著增加。

7月14～15日，路甬祥院长偕傅伯杰、郭华东等领导来兰州视察，参加所里举行欢迎会，听路甬祥院长谈西部大开发中生态环境的重要性，受到鼓舞。

7月19日，儿子施建成应邀到寒旱所作微波遥感在冰川水文学方面应用的研究进展报告，很是欣慰。

7月26日，兰州，出席由青藏高原研究会主办的青藏高原资源环境与发展研讨会。

7月27日至8月5日，昆明，出席第三届海峡两岸山地灾害与环境保育研讨会，会议组织考察中甸、虎跳峡、丽江和大理等地地理环境。

7月底，《西北气候由暖干向暖湿转型的信号、影响和前景初步探讨》一文在《冰

川冻土》杂志发表，不仅引起科学界的兴趣，而且也得到政府及各界人士的重视，该文引用量达 1260 次。

8 月，去大连旅顺，见原冰川所老同事丁德文院士夫妇。

8 月 20 ～ 24 日，出席在都江堰举行的第八届全国第四纪学术大会，会议的主题为"西部开发的资源环境问题与第四纪研究"，参加向青年科学家发奖。作《西北气候由暖干向暖湿转型问题》大会报告，并带 10 份单行本送有关同志。

9 月 6 日，接北京经贸委王远植电话，西北气候转型稿已呈朱镕基总理，朱批请温家宝副总理与秦大河局长阅处。

2002年，施雅风夫妇在丽江雪山脚下

9 月 7 ～ 11 日，兰州，主持西北气候由暖干向暖湿转型讨论会，有新疆、甘肃、青海三省区水文、气象单位，中国气象局与中科院有关 10 个单位，60 多人参加。7 ～ 8 日 30 多篇报告，9 ～ 10 日讨论，11 日结束，少数人整理会议总结和评估报告编写提纲。经较深入讨论，撰写《中国西北气候由暖干向暖湿转型问题评估》专著（气象出版社，2003），摘要性论文发表于《第四纪研究》23 卷 2 期（2003）。此工作在社会影响较大。

9 月 19 ～ 21 日，出席第六届全国冰川冻土学大会暨冻土工程国际学术研讨会。

10 月 9 日，在寒旱所研究生奖学金评审报告会上作《笃学创新，争上一流》的讲话。

10 月 14 日，南京，与杨桂山、姜彤、苏布达商议长江课题事。

10 月 23 日，完成《缅怀黄秉维恩师》一文，发表于次年的《高山仰止 风范长存——纪念黄秉维先生诞辰 90 周年文集》（商务印书馆，2003）。

11 月 1 ～ 3 日，修改沈永平寄来《西北气候由暖干至暖湿转型》一文初稿及提交 CNC-IGBP2002 年会的论文摘要。

11 月 8 ～ 11 日，阅长江洪水相关文献，约姜彤、杨达源谈三峡洪水考察事。

11 月 13 ～ 26 日，以 83 岁高龄率队赴长江中游地区考察，行程近 4000km。此次考察旨在对长江中游各省的防洪形势进行考察和调研，结合考察调研完成向国家有关部门的咨询报告。

13 日，南京地理与湖泊所一行 10 人包乘汽车，上午 8 点半从南京出发，10 点半到达安徽池州梅龙镇的长江大通水文站，听姚站长介绍：大通站始建于 1922 年，过水断面一直很稳定；1998年洪水位不及1954年，1987年以后输沙量显著减少；长江水文局下设若干分局，即河口、下游、中游、荆江、三峡、上游、汉江等7个水文分局，大通站归属下游分局领导。中午在大通站用餐。晚8点到九江，住信息宾馆。14日参观湖口水文站。

15日到武汉，赴长江水利委员会、长江水文总局调查，王俊局长接待，并在长江水利委员会历史档案室查得1946～1947年所作《川东鄂西三峡水库经济调查报告》部分手抄稿，住龙潭宾馆。

16日考察1998年决堤处，晚8点到岳阳；17日参观城陵矶水文站、岳阳堤；下午到长沙，湖南省水利厅接待，谢自楚、章新平来接；18日上午到水利厅座谈讨论，下午省科协组织80多人会，作关于长江洪水研究的学术报告；19日上午至汉寿，赴西洞庭湖自然保护区，张琛来接，下午自汉寿经常德至公安。

20日自公安至荆州，住荆江宾馆。服务员告今天室内游泳池开放。由顾人和陪同，在泳池游一小时左右。水温20℃，下水时稍感寒凉，但始终坚持战胜困难的信心，不停在水中运动，就不怕冷了。

21日到荆江河道管理局座谈；22日从荆州到洪湖，由省水利厅赵总工程师陪同，参观城陵矶以下的螺山水文站，悉荆江南岸的4个分流穴口（即虎渡口、调弦口、藕池口和松滋口）依然存在，考察1998年洪水一管涌处，夜宿洪湖宾馆；23日从洪湖至武汉，途中省防办程主任谈道：湖北省预设分洪区，长江干流与汉江共有26处，分洪人口600万，湖北省水利部门职工共10万，光水利厅就超过1万；24日到武汉水务局座谈，会后由局长陪同考察自龙王庙至江滩长达1km的江边景观带；25日到武穴；26日，访武穴水文站，查阅1951～1987年水文记录，由武穴回南京途中到田家镇考察，晚7点回到家中。

11月28日，上午，曾资助学费5000元的海门学生李玲来家谈学校生活。下午，同姜彤去北京。晚8:00参加陈宜瑜副院长主持CNC-IGBP委员会预备会。

11月30日至12月1日，北京，出席CNC-IGBP 2002年会，陈宜瑜副院长主持，作《西北气候由暖干向暖湿转型特点及影响》大会报告。参加第二专题水循环与水资源会议。

12月2日，偕姜彤到国家气候中心，与任国玉、徐影、罗勇等讨论。与从兰州来的丁永建、李栋梁、康尔泗商讨拟向科学基金会申请西北气候转型项目内容。沈永平因父亲病故提前回陕西老家。

12月4日，偕姜彤去政协礼堂到全国政协副主席钱正英办公室，钱邀约刘东生、刘昌明、施雅风和水利部徐乾清、陈志恒等几位院士交谈，请大家对此问题发表看法。钱说看了稿件三遍，准备在他们起草的《西北水资源及生态环境建设战略意见》中吸取稿件中的部分内容，特别提到转型分区图预测的具体片区，2002年黑河洪

2002年11月22日考察途中

陈家其(左一)、张增信(左二)、施雅风(左三)、秦年秀(左四)、张强(右三)、顾人和(右二)、苏布达(右一)，姜彤拍摄

CNC-IGBP 2002年会合影

秦大河(左七)、施雅风(左八)、叶笃正(左九)、陈宜瑜(左十)、刘东生(左十一)

水到达居延海是洪水加重，也与沿途分水的行政措施有关。徐乾清院士说看了报告很受鼓舞。谈到长江洪水事钱赞成上游修水库。

12月6日，参加秦大河召集的国际气候变化会议筹备情况通报会，讨论改进意见，到会有周秀骥、丑纪范、巢纪平等多人。

12月9～13日，南京，撰写《第四纪研究》第二期所要的《西北气候转型》稿件。电话嘱沈永平寄有关部门。

12 月 19 ～ 21 日，上海，应邀主持同济大学汪品先院士学生田军博士答辩。

12 月 29 日，南京，起草《长江洪水灾害与人地关系调控》发言提纲。

聘为国际冰川学会名誉会员。

● 2003 年

1 月 6 日，南京师范大学专家楼，应邀出席李吉均院士主持的"地理系统综合研究"研讨会，到会有孙枢、任美锷、施雅风、张宗祜、李从先、陈中原、倪绍祥、朱诚、杨达源、邹培新（兰大）。作"长江洪水灾害与人地关系调控"的发言。会中孙枢谈到"西北气候转型"研究成果已寄周光召院长，周院长很关心此事。

1 月 1 ～ 8 日，与姜彤合作撰写《全球变暖与长江洪水》专著中第二篇，九十年代长江洪水与全球变暖的联系。

1 月 13 日，《科学时报》头版头条刊登题为《我国西北气候可能正向暖湿转型——对施雅风院士访谈》，指出"近十几年来，我国西北大部分地区气候环境正发生异乎寻常的变化，出现了降水与径流增加，冰川消融加剧，湖泊水位上升，大风与沙尘暴日数减少，植被有所改善等现象。针对这些现象，研究者提出西北气候可能从暖干向暖湿转型的推断。这对我国西部生态环境与社会经济诸多方面具有重大意义，需要认真和审慎对待。"

1 月 10 ～ 15 日，开始撰写《冰川学开拓与气候环境变化研究回顾》。

1 月 18 ～ 24 日，广西北海，参加由第四纪研究会主办，广西师范学院资源环境学院承办的第四纪教育与普及学术研讨会。会后参观涠洲岛，后乘汽车经东兴口岸至越南下龙湾，然后至南宁访问广西师范学院资源环境学院。

1 月中旬至 2 月，阅读全球变化与长江洪水、西北水资源及人地关系相关文献。

2 月，发表《杰出的冰川与寒区水文学家——杨针娘研究员》，赞扬原冰川冻土研究所同事杨针娘研究员强烈敬业、坚持不懈、克服困难的创新研究精神。

3 月 11 日，长江洪水课题组座谈。向国家自然科学基金会递交题为《长江洪灾演变过程与人地相互机制的研究》的基金项目申请书（申请书报告文本由顾人和执笔起草）

3 月，施雅风主编、沈永平、李栋梁、张国威、丁永建、康尔泗、胡汝骥副主编的《中国西北气候由暖干向暖湿转型问题评估》由中国气象出版社出版，立刻引起科学界和社会各界的高度重视和强烈反响。

3 月 31 日至 4 月 3 日，北京，出席气候变化国际科学讨论会，在会上由主要合作者沈永平作"Discussion on the Present Climate Change from Warm-Dry to Warm-

2003年在北京召开的国际气候变化大会的宴会上
左起：何元庆、沈永平、施雅风、康尔泗

Wet in Northwest China" 报告。中国气象报 2003 年 4 月 1 日刊登该文的中英文内容。

4 月 2 日，看许良英和黄宗甄。

4 月 8 日，血压升高 180/100，休息并去医院检查，起搏器运行良好。

4 月 10 日，南京，长江洪水研讨会。

5 月至 6 月，兰州，撰写完成《摸着石头过河的创新研究——记喀喇昆仑山巴托拉冰川考察与中巴公路修复通过方案》一文。为纪念老同事邱国庆，撰写《鞠躬尽瘁毕生奉献于冻土科学的邱国庆研究员》。

6 月 12 日，南京秦淮河武定门闸考察。

7 月 23 日，兰州大学，应邀出席郑国锠院士从教 60 年暨九十华诞学术研讨会。

秦淮河武定门闸考察合影
施雅风(左三)、佘之祥(左二)、顾人和(右一)

2003年7月23日，与郑国锠院士合影
左起：施雅风、郑国锠、郑夫人、程国栋，
摄影者草原学家任继周院士

郑在美国读取博士后，回祖国选择了兰州大学植物系，带着夫人和孩子来到了当时还很荒凉落后的大西北，发展细胞生物学，令人敬佩。

8月至9月，兰州，撰写《青藏高原大冰盖假说的提出与扬弃》，以及《对崔之久、张威〈末次冰期冰川规模与冰川"异时""同时"问题的讨论〉一文的商榷》等文。

9月，完成《冰川学开拓与气候环境变化研究的回顾》一文，《冰川冻土》杂志2004年刊出。

10月21～22日，出席由中国科学院组织，在北京人民大会堂举行的"青藏高原综合科学考察研究学术讨论会"。会后向同去的苏珍、王宁练倡议给从事多年冰川研究的老同事祝70岁生日，之后冰川室组织全体人员为从事冰川工作45年的郑本兴、王宗太祝寿。

11月20日，南京地理与湖泊所，参加长江课题组小会。姜彤汇报荆江分洪区野外调查情况，讨论明年土地利用调查布点和材料总结。

12月1日，南京地理与湖泊所，参加长江课题组小会。讨论长江中下游洪水灾害与环境变化课题分工。

● 2004 年

1月至2月，南京，阅读历史上长江洪水及人地关系相关文献。看1958年地质专刊第一号《中国大地构造纲要》第226～231页，有记述"长江江底有许多低于海平面以下几十米的峡谷，初步认为它们是季节性洪水冲蚀而成，但有人认为这些地区曾发生隆起作用，这还是一个争论问题"。考虑有必要对可能引起长江壅阻的深槽江底地形作进一步研究。

读《炎黄春秋》杂志，看到转载老领导张劲夫同志《嘤鸣·发声》一书的前言，其中有诗"年衰未敢忘忧国，志寄新生兴九州。释疑有盼后贤晰，切忌茫然度春秋。"看到这个前言，深为感动。随即致函张老问候并请赐一册。很快得到张老赠书。读其所赠《嘤鸣·发声》一书，受益很深，对张老以陶行知先生为榜样，献身科教兴国的伟大事业的精神所感动，张劲夫同志不但是非常杰出的老领导，更是晚年的指路明灯。

撰写《长江中游武汉—九江河段河道卡口及其阻洪可能效应探讨》。

2月，国家自然科学基金项目《长江洪灾演变过程与人地相互机制的研究》获得批准。

2月，中国科学院李家洋副院长调研南京地理与湖泊所，到办公室看望施雅风，南京地理与湖泊所副所长李世杰、杨桂山陪同。

2月底至3月上旬，查阅长江中游田家镇深槽相关地质、水文和降水资料。

3月1日，南京，博士生苏布达开题报告。

撰写《1840年以来长江大洪水演变与气候变化关系初探》一文。

3月21日，85岁生日，全家一起游夫子庙，其乐融融。

4月30日至5月2日，南京，长江课题组和南京地理与湖泊所开会两次，讨论"长江中下游环境变化与可持续发展的地理学研究"，作关于研究目标、研究内容和队伍建设的主要发言。

5月8～14日，长江中游田家镇附近的河床地质地貌考察，参加此次考察还有姜彤、张强、吴敬禄和陈中原（华东师大）等。由武穴至田家镇，乘长江水文测量专用船靠近南岸上行，一路考察河床及沿途周边的地质地貌情况。然后到黄石，访问水利局，与水文局技术专家座谈。根据水文、地质、地形历史资料及实地考察数据测算，卡槽深度约低于海拔90m，卡口深槽段约8km，河床存在超长度的深槽，无疑对流量50000～60000m³/s的洪水有明显的壅阻作用。

李家洋副院长(右三)到办公室看望施雅风(右一)，副所长李世杰(右二)、杨桂山(右四)陪同

2004年5月11日，湖北赤壁市野外考察途中
施雅风(左三)、姜彤(右三)、张强(右二)、陈中原(右四)、赤壁市官员(右五)、湖北省水利厅人员

5月21～23日，出席在天津举行的中国地理学会第九届代表大会，在大会上宣读《竺可桢教授与中国地理科学》，在这次代表大会上获中国地理学会地理科学成就奖，并被选为地理学会名誉理事长。

6月初，参加十二届院士大会，会议期间中央电视台为施摄制《大家》栏目中专题片，放映后安徽教育出版社约撰《地学创新经验论》一书。

6月7日，应邀出席"黄汲清百年诞辰纪念大会"，发言谈到黄汲清先生是最令人仰慕的师长。黄先生1943～1944年对天山南麓台兰河谷中游的地质调查中，对冰碛与非冰碛沉积物进行了仔细正确的调查，最早提出和划分了台兰河第四纪冰期与间冰期，利用古冰斗底部高度所指示的古冰川平衡线位置，判识末次冰期雪线较今下降的高度，是我国名副其实的第四纪冰川研究的先驱者。

8月16日，北京，出席中国第四纪科学研究会理事扩大会。

8月下旬，去乌鲁木齐参加学术会议。会后，应李忠勤站长邀请回访天山冰川站，"文革"后曾花大力气重建天山冰川站，观看冰川水文观测设施，与青年科技工作者交流。之后去阿尔泰地区观光。

与在站工作的青年工作者合影
右三施雅风

在天山冰川站内观测场
右一施雅风

9月13日，兰州，主持《中国冰川目录》成果鉴定会。自1979年以来，按照国际统一规范的要求，系统地开展了中国各山系冰川目录的编制工作。科研人员历时24年、参加人数40多人、在大量野外考察的基础上完成了中国地学界大型基础资料编纂项目《中国冰川目录》。《中国冰川目录》应用了大量的航测图、航摄图像和卫星图像，按水系划分中国冰川，内含流域、山脉和分级等统计表及编纂说明、流域冰川分布图与典型冰川图，共12卷22册，首次建立了中国冰川信息系统数据库。中国冰川编目的完成为区域冰川学研究提供了可靠的依据。通过中国冰川编目，科研人员首次获得了中国各流域、山脉和各省份的冰川准确数量，在世界冰川最多的中国、加拿大、美国和俄罗斯四大国中，中国是唯一按国际冰川编目规范全部完成冰川目录。在鉴定会上，有人建议能否合成一本《简明中国冰川目录》，以便对外推介和科普宣传。当天下午，召集课题组布置出简缩本任务。

9月至10月，撰写《中国第四纪冰川与环境变化》专著相关章节。

10月，召集《简明中国冰川目录》编写工作汇报会议。撰写《中国第四纪冰

2004年冰川目录编写人员合影

前排左起：叶柏生、王宗太、施雅风、刘潮海、刘时银、杨惠安；

后排左起：朱国才、蒲健辰、焦克勤、丁良福、米德生、吴立宗、何兴

川与环境变化》专著相关章节。

　　11月8日，听张新时院士《关于西北生态圈》的报告。

　　11月15～19日，长沙，偕沈健出席地理学会长江分会年会，开幕式时致辞。会后随旅行社游览张家界。

　　11月21～23日，随长江分会部分人员在湖北公安—南平（公安老县城）—三峡考察。

2004年在《简明中国冰川目录》编写工作汇报会议上发言

11月29日，北京，出席在人民大会堂举行的"中国气象事业发展战略研究成果汇报会"。

《西北气候由暖干向暖湿转型的信号、影响和前景初步探讨》一文获中国科协期刊优秀学术论文奖；获科学出版社知名作者奖。

2004年，去上海参加学术会议时看望老领导张劲夫。

● 2005 年

1月初至2月，大部分时间用于阅读长江中游公安、荆江分洪区及湖北水文站材料。

1月28日至2月3日，负责冰川目录的刘潮海来宁，经他等人多年努力，历时20年终于完稿。看了提出若干图件与文字改正意见，又约上海科普出版社王佩英于3月去兰州看稿件，出版社同意5月出书。中午宴请刘潮海，并约冰川所在宁老同事季子修、沈国荣、唐领余参加。

1月30日，出席南京分院举行的中科院在宁院士座谈会。发言引用张劲夫老院长"年衰未敢忘忧国"的诗句，担忧北方缺水、经济发达的南方污染严重；又谈由南京地理所和成都山地所换届而引申的对青年科学家的培养问题。

2月10～13日，春节期间由建平一家陪同去桂林旅游。游漓江、阳朔、银子岩、世外桃源；因心功能不佳，以1964年攀登希夏邦马峰的办法，向上登20步，休息一会儿，再向上登，坚持登上叠彩山。

2月19日，看望郭令智、侯学煜夫妇；又去省人民医院看望任美锷先生。

3月上旬，为张德二主编《中国三千年气象记录全集》撰书评；《科学时报》登山东科技大学某教师发现泰山白状岩穴是"冰臼"，认为这证实韩同林教授以"冰臼"作为第四纪冰川运动遗迹标志物的研究成果。海拔1500多米的泰山在气候环境上没有冰川存在的条件，为此向《科学时报》投稿反驳；商议"长江洪水灾害环境"课题；《长江中游田家镇深槽的特征及其泄洪影响》定稿。

3月17日，在宁浙大耄耋老校友在金鹰大酒楼聚会。

3月21日，兰州，约刘潮海、刘时银、

2005年春节期间去桂林旅游，在漓江船上
施雅风夫妇合影

叶柏生谈冰川目录英文稿问题。

3 月下旬，白天准备 Clic 大会讲演材料。晚上看《中国科学院早期领导人物传》，从张劲夫、杜润生、裴丽生，又接郭沫若、竺可桢、吴有训、严济慈、钱三强、秦力生、武衡等，深深敬佩早期老科学家、老干部和当时还是中青年的高级干部。他们全心全意为人民服务、为科学家服务，在张劲夫主持领导期间成果累累。

4 月 11 ~ 16 日，北京，应 Clic International Project office Director Dr. Chad Dick 之邀请，出席在气象局举办的第一次冰冻圈与全球变化国际科学讨论会。作 *The Impacts of Global Warming on Glaciers of China* 大会报告。会议期间，见老友 R.Barry，J.Azison，国际冻土协会主席 Brown 及夫人。中国学者中杨大庆、叶柏生作的报告较好，蒲建辰展板冰川变化内容与照片充实。会议期间，抽空见老领导老朋友郁文、廖冰、李普、张哲民、薛攀高、过兴先、吴传钧。

2005年4月第一届Clic会议合影
前排：傅伯杰(左三)、施雅风(左五)、秦大河(右二)、周光召(右一)

4 月 18 ~ 24 日，南京，审阅博士生苏布达论文初稿；理出 200 多册藏书，准备送南通大学；在京会议期间看了气象局所摄纪念涂长望纪录片，回宁后重读《纪念涂长望》，深深怀念涂先生，敬仰他为民主革命及创建中国科学工作者协会作出的巨大贡献。

5 月 13 日，南京，长江流域座谈会。第一个发言讲了长江流域水问题初步思考，包括：①水环境变迁，三峡工程影响；②全球变暖水循环加快、降水与暴雨增加、工业化和城市化带来的污染问题；③监测、适应与防御。

5 月 15 日，南通大学地科院盛明院长一行来宁，赠书 586 本。

与蒙古族学生苏布达合影

5月19日，苏布达博士学位论文答辩，论文题目是《长江中游荆江分蓄洪区历史演变，前景及风险管理探讨》。

5月20～23日，偕沈健由新建宁杭高速公路汽车到杭州，参加浙大校庆及校友会，得识仰慕已久的96岁施平老学长。

6月4～9日，兰州，应邀参加在西北宾馆举行的院台站工作会议。分组讨论时，建议在塔里木河上游天山南坡建一冰川和气候观测站。

6月20日，讨论《中国第四纪冰川与环境变化》书稿的修改问题，参加者有施雅风、李吉均、崔之久、苏珍、周尚哲、王宁练及河北科学出版社李向海、张京生等。

6月20日至7月18日，主要修改 Glaciers and Related Environments in China 英文稿11章《气候变化对中国西部冰川变化及其对环境影响》初稿。

7月19～20日，应邀参加教育部在兰州大学举办的自然地理骨干教师讲习班，作《冰川、气候、水资源问题》报告。

7月，施雅风主编，刘潮海、王宗太、刘时银、叶柏生副主编的《简明中国冰川目录》由上海科学普及出版社出版（中文）。

7月，作为《湖泊科学》主编，在《地理学报》上发表《地理学研究发展的方向——地理学期刊主编笔谈》，追述了中国湖泊学发展的历史，展望了湖泊学研究在中国未来社会与经济发展中的重要意义。文章指出：湖泊科学已经和地理学其他分支科学一样，通过与地质、化学、生态学、环境科学等学科的交叉融合，发展成为研究对象清晰、内容丰富的综合学科。通常，湖泊被当作陆表相对独立的水体，但它无不与所在流域有密切联系，包括陆表地貌过程、土地利用与城市化等人类强迫作用等。反过来，湖泊的生态环境问题又制约流域的经济与社会发展。因此，将湖泊与及其流域有机结合的整体开展研究，体现了人与自然相互作用这一地理学永恒主题的重要性。目前，中国湖泊环境乃至生态退化问题非常突出，一方面给湖泊科学以前所未有的机遇，同时也向湖泊研究工作者提出挑战。《湖泊科学》必须解放思想，进一步拓宽思路，引导全国湖泊研究针对湖泊生态与环境恢复、湖泊治理、湖泊管理等实践中暴露、揭示出来的科学问题，深入思考，不断提高研究水平。

8月上旬，关于冰川变化问题，以往认为小冰期冰川覆盖面积比现代冰川大20%左右，随遥感资料增加，认识也在提高，拟组织一次关于小冰期以来到20世纪中期变化的小型讨论会。

与多人合作主编的《简明中国冰川目录》由上海科普出版社出版，经甘肃省科技厅评选，中国冰川目录获得甘肃省科技进步一等奖。

8月13～14日，为《中国国家地理》杂志撰稿。

8月14日赴京，15日看望北大侯仁之教授。

8月16～17日，出席在北京举行的全球华人地理大会，参会者有上千人，开幕式上主席台就座有刘纪远、刘昌明、袁道先、孙枢、陆大道、陈述彭、施雅风、杨桂山、史培军、宋长青及美国、中国台湾、中国香港地理学家。地理学会理事长陆大道致开幕词，施等多人发言祝贺大会召开。在分组会上作《全球变暖背景下中国西部冰川变化及其对环境影响》的报告。

8月18日，由王涛陪同去温泉老年医院看望原沙漠所所长朱震达。

9月5～9日，兰州宁卧庄宾馆，出席国际冰川学会年会，主题是"高海拔地区冰冻圈及气象记录"。在"冰川变化"报告会上，就"Two Peculiar Phenomenon on Climatic and Glacier Variation in the Tibet Plateau"发言。发现青藏高原冰川问题复杂，青藏西北部近20～30年存在一个降温带，青藏高原东南部有不少前进的冰川，当前还不宜作出全球快速升温，冰川普遍大幅度后退导致水资源萎缩的推断。

9月16日，约刘潮海、叶柏生、王宗太关于《冰川目录》报奖问题，《冰川目录》获甘肃省科技进步一等奖，需进一步补充材料，报国家科技进步奖。

9月18日，去兰医二院看望住院的好友李吉均院士。

9月28日，看亲家胡老夫妇，再次去医院看李吉均，祝他早日康复再创辉煌。

10月9～14日，桂林，出席青藏高原研究会举办的"青藏高原环境与变化"研讨会，作《青藏高原气候环境变化中两个特殊现象》大会报告。儿子施建成也参加此次会议，作《青藏高原土壤水分参数反演研究》的分组报告，会中建议寒旱所派人去北京遥感所进修应用遥感资料进行冰川编目问题。会后参观岩溶所，并游漓江阳朔及龙胜梯田。

10月下旬，南京，接刘时银寄来英文版《中国冰川目录》文稿，修改28处后快件寄兰州。

11月，据中国科学技术信息研究所最新公布的《2003年度中国科技论文统计与分析年度研究报告》（科学技术文献出版社，2005年），施雅风院士所发表的科研论文，在2003年《中国科技论文与引文数据库》1576种统计源期刊上累计被引用达114次，位居全国论文被引最多的作者第四位。

11月3日，考察南京江宁气象站。

江宁气象站考察合影
施雅风(左一)、姜彤(右一)

11月15～20日，偕沈健访问南通大学，举行赠书仪式，并作《地理科学的社会作用》讲话。之后，参观母校南通中学和南通博物苑；去树勋中学参加奖学金发放仪式；受邀访问初中母校麒麟中学（原启秀中学），并看望施家亲戚多人。

12月9日，参加纪念浙大老同学唐熊在新四军阵亡64周年纪念会，唐在1941年皖南事变反共高潮时，被迫离开遵义浙大，步行由广州经上海到苏北参加新四军，后在东台阵亡，今天纪念唐熊同学仍有重要意义。会后大家高歌一曲"同学们大家起来……"

12月19～22日，由大女儿建生陪同，偕沈健参加旅行社组织的厦门3日小团游。参观集美陈嘉庚旧居和陈嘉庚墓地、厦门大学海洋学院、鼓浪屿，又乘出海游船经由大担岛附近水域。

12月，由秦大河为主任、姚檀栋为副主任的冰芯与寒区环境实验室通过国家重点实验室的评审，成为科技部冰冻圈科学国家重点实验室。自冰芯实验室1997年成为院开放实验室后，始终关注实验室的建设。特别是秦大河院士担任气象局局长、姚檀栋调任中国科学院青藏高原研究所所长以后，更加关心冰芯实验室如何进一步发展。多次组织会议在不同会议呼吁进一步加强实验室建设。2000年以后的一段时间里，冰芯实验室由中国科学院寒区旱区环境与工程研究所、中国科学院青藏高原研究所和气象局气象科学院联合运行。冰冻圈科学国家重点实验室已拥有国际一流的仪器设备，与美国、法国等著名实验室一同被认为是国际上冰冻圈与环境研究的权威实验室。

● 2006 年

1 月，与多人合作，主持的《中国冰川目录》项目，获 2005 年度甘肃省科技进步一等奖。

元旦，外甥王汝士夫妇来访，正逢建成、建生在宁，全家人去金桥饭店中餐，并照相留影。

元旦假期期间，外出看望欧阳海、顾知微、杨怀仁、张长高、周恩济、胡新等老校友。

1 月 10 ～ 18 日，沈健陪同施雅风在南京军区总医院肾病研究所住院，检查肾病情况，诊断为高血压肾损伤（肾病三期）、2 型糖尿病、冠状动脉硬化和心脏病。经调整，血压控制在 110 ～ 130/70 ～ 90，空腹血糖控制在 5 ～ 7，带药出院。

1 月 20 日至 2 月 4 日，完成《近 30a 青藏高原气候与冰川变化中的两种特殊现象》中文稿，发《气候变化研究进展》杂志。准备撰写《近 3 千年来长江中游西部人地关系变化与当前问题》一文，看相关材料。与浙大杨达寿商议写自传内容，拟定备忘录。

1 月 31 日至 2 月 1 日，南京电视台综合频道播出《冰川之父——施雅风》节目，每次约半小时。

2 月，南京，参加在人民大会堂举行的南京市科技自主创新大会，30 位院士上主席台，市委书记和市长讲话并颁奖，会议非常隆重。

3 月，撰写《长江中游西部地区洪水灾害的历史演变》，看了不少文献，探讨了近 3000 年来长江中游西部洪水灾害发展演变的人文因素。古代人口较少，多择地势高的岗地居住，只有少数沿江城市需要堤防保护；自宋代开始，低地筑垸围湖，与水争地，但洪水灾害不严重；清代以来，人口激增与水争地矛盾加剧，荆江河道洪水位大幅度上升，因溃堤和溃坝造成的洪水灾害较明代成倍出现；1949 ～ 1985 年，人口又一次迅速增长，进一步加强围湖垦殖，大量通江湖泊面积萎缩，人类与洪水的矛盾达到了顶点；改革开放后，尤其是三峡大坝的修建，极大地改变了长江中游的水文情势；应抓住时机，总结经验，制定 21 世纪前半期的长江水利和水资源利用的发展规划。

3 月 18 日，施雅风 88 虚岁生日，时逢沈健 80 周岁，一家人聚在一起吃饭，并照相留念。

2006年3月，88岁生日与夫人沈健

3 月 21 日，兰州，寒旱所二楼会议室，接受甘肃电视台、《甘肃日报》和甘肃人民广播电台采访。

3 月 22～24 日，《中国冰川目录》获甘肃省科技进步一等奖，得省上奖金和所内匹配奖金，与刘潮海商议奖金发放事宜。开《冰川目录》人员会发奖金，说明获奖名单次序不代表贡献大小，如不合适处由施承担责任，晚在西北宾馆宴请《冰川目录》工作者及合作者达 40 余人。

3 月，由施雅风主编，崔之久、苏珍副主编的《中国第四纪冰川与环境变化》由河北科学技术出版社出版。

4 月初，《近 30a 青藏高原气候与冰川变化中的两种特殊现象》修改定稿。

4 月 11 日，获得 2004～2005 年度甘肃省科技功臣奖，省委书记亲发奖状。为此兰州报刊均予宣传。甘肃日报社记者采访到国际冰川学会主席 A. Ohmura 与刘东生等评语报道。奖金 60 万元，其中 20 万元用以改善科研条件，20 万元发给参加工作的有功人员，开了 60 人名单分发这笔奖金，另 20 万元捐助农村办学。

5 月 7～8 日，南京，参观地理所秦伯强领导的无锡太湖梅梁湾水污染控制与处理工作实验区，参观实验室与办公处及水上试验区。

5 月 17 日，去北京参加中国气象局首任局长涂长望百岁诞辰纪念活动，晚上看望 97 岁高龄的涂师母。

5 月 18 日上午，应邀出席全国气象科技大会，由国家气象局、科技部、中国科学院、国防科工委、自然科学基金会联合召开，会议表彰了全国多个气象科技先进单位和先进个人。下午，在人民大会堂举行涂长望百岁诞辰纪念大会，大会上作《为民主与科学，为中国气象事业献身奋斗——怀念我的老师涂长望院士》发言，全文刊中国气象报。后发表《学习涂长望教授为民主与科学和为中国气象事业的献身奋斗精神》一文，收录于《百年长望——纪念涂长望百年诞辰》（气象出版社，2006）。

5月19日，看望李普同志，借他的新著《记刘帅》一书。

5月21～26日，南京，修改完成《长江中游西部地区洪水灾害的历史演变》稿件。

5月26日，参加地理与湖泊所张奇（百人计划）、姜彤等人研究讨论会，张奇介绍流域水文模式所含内容与方法；姜彤介绍全球变化与长江洪水；施雅风建议两组联合深入研究。之后向杨桂山所长建议南京地理与湖泊所成立流域水文室。

6月2日，参加博士研究生王艳君的博士学位论文答辩会，论文题目为《城市化流域的土地利用变化对水文过程的影响——以秦淮河流域为例》。

6月4日，偕沈健去北京参加两院院士大会。6月5～6日，出席两院院士大会，听胡总书记激励自主创新报告，受到深刻教育。

6月7日，青藏所，参加孙鸿烈院士主持的关于青藏高原研究的会议，作《青藏高原冰川变化及其作用》报告。

6月8日，出席地学部新当选院士报告会。

6月9～12日，北京，贵阳饭店遇来京参加《中国冰川目录》的评审答辩的刘潮海、王宁练等人，听刘讲答辩内容，内容充分，建议增补一些文字说明。10日参加科技部评审会。12日得知基于《中国冰川目录》的《中国冰川分布与资源调查》被评为国家科技进步二等奖。

6月15日，与儿子建成一起陪同沈健去同仁医院做白内障手术。

6月17～18日，参加学部咨询项目"青藏高原冰川冻土变化对生态环境影响与对策"研讨会。

6月19日，陪沈健去同仁医院复查，情况良好。下午，中国铁道建筑报高级记者朱海燕来访，谈冻土研究工作起源、经过。

6月30日，兰州，用"科技功臣奖"奖金捐资20万元为1970年劳动过的康乐县景古乡中心小学，建一座教学楼，偕沈健亲往参加奠基仪式。

7月23日，应邀参加在兰州大学榆中校区举办的"青藏高原隆升及其对资源环境的影响"讲习班，作《青藏高原的环境效应》讲课。

7月25～26日，应邀出席兰州大

景古乡中心小学参加奠基仪式
施雅风(右二)、沈健(右三)

学陈发虎教授组织的"亚洲中部干旱半干旱区全新世气候环境变化"国际研讨会。

7月底，撰稿《缅怀杰出的自然地理学家周廷儒》一文，收录于北师大地理与遥感学院《山高水长——周廷儒院士纪念文集》。

7月28日，兰州，移居由甘肃省为院士配置的安宁科教城新居。

8月1～10日，撰写1959～1960年冰川组织工作失误与教训，记这两年组织天山考察和融冰化雪实验规模过大，结果劳民伤财。稿件供张九辰《施雅风口述自传》参考。

8月1日，沈健意外摔伤，因离所里和医院较远，之后又搬回原旧居居住一段时间。

8月5日，兰州寒旱所行政楼，约天山站及青藏各站讨论寒区旱区近期环境变化研究工作内容，起草子课题计划。

8月17日，应邀参加秦大河主持冰冻圈与环境变化实验室为申请国家重点实验室召开的学术委员会扩大会议，对申请内容提出修改意见。

8月18日，参加冰川冻土学会理事会，商议冰川冻土科学创立50周年纪念活动。

8月19～21日，出席在甘肃省政府礼堂举行中国地理学会2006年学术年会，作大会发言，回顾经过50多年发展，地理学有了长足的发展，勉励中青年地理学家加倍努力。20日到西北宾馆参加农业地理分组会议。

8月29至9月1日，乌鲁木齐，出席由中德中心举办（中国国家自然科学基金委员会（NSFC）和德国科学基金会（DFG）共同成立的科研资助机构）在新疆大学召开的主题为"中国西部大河流域水资源与气候变化效应"研讨会，作《西北气候变化》的大会报告。

8月31日～9月1日，曲耀光陪同重访乌鲁木齐河水源地，并与1980年代参

2006年8月31日，重访乌鲁木齐河水源地
施雅风(左二)、曲耀光(左三)

加乌鲁木齐河水资源课题的同事相聚。

9月2日，去新疆生态与地理所参加在乌各野外站关于寒区旱区近期环境变化研究的座谈，施介绍项目意义、要求和时间。下午返兰。

9月11~13日，兰州，听Ohmura讲课，在安宁科教城家中宴请Ohmura，并赠《中国第四纪冰川与环境变化》一书。

9月14~16日，偕郑本兴、苏珍、赵井东去西宁，出席由Glenn Thackray、易朝路、Lewis Owen、周尚哲、马海洲等组织，青藏所与盐湖所主办的INQUA Workshop on Timing and Nature of Mountain Glaciations from High Asia to the world，作Mid and phase of MIS3 and Glacier advance in China大会报告。会后邀请Michelle Koppes博士2007年去天山考察工作一个月。

在西宁施雅风(左)与Michelle Koppes博士(中)会谈，右为赵井东

10月4~5日，南京，地理所湖泊楼3楼会议室，出席第四纪研究会培训班开学典礼，第二天作第四纪冰川报告，讲了近一个小时，提出问题较多，效果良好。

为庆贺刘东生院士九十华诞，购置云锦礼品，准备在刘东生参加全国第四纪大会时送刘东生。但刘东生临时因病不能出席，托人会后带回北京。

10月9日，南京国际会议中心，出席第九届全国第四纪学术大会，上午听了一场重要学术报告；在下午举行第四纪研究委员会成立50周年纪念会上，应邀发言介绍第四纪研究会成立背景、介绍刘东生坚持黄土研究所作出的贡献，祝刘东生90大寿。并与任美锷、孙殿卿、刘东生、张宗祜、曾昭璇、丁国瑜等其他6位老科学家一起获得第九届全国第四纪委员会"杰出科学家"奖。

10月13~17日，应原寒旱所毕业博士研究生叶玮邀请，由李世杰陪同，去金华浙江师大旅游与资源管理学院作《浙江潮与浙江地理学发展》的讲演，听众约

300 多人。从钱江大潮讲起，由对潮汐作用的认识从而建造海堤保护耕地，到现代全球变暖对江湖环境的影响；浙江省地理学会学者成千上万，浙江籍著名的地理学者有竺可桢、张其昀、赵松乔、丁仲礼等，可像台湾许多大学一样进行环境研究和环境教育；同时讲了庐山冰川问题和西北气候转型问题。会场多次热烈掌声，效果较好。之后考察金华北罗店附近冰期海面下降冰后期上升在地形上的表现，鼓励开展全球变暖区域响应研究和针对义乌小商品市场进行人文地理学研究。

10 月 19 日，看望老同学欧阳海。

10 月 20 日，校对《缅怀杰出的土壤学家马溶之》一文，约 4000 字。

10 月 24～28 日，24 日偕沈健去海门麒麟中学（原启秀中学）参加该校建校百年庆祝活动。为纪念启蒙的陈倬云老师，捐资建立了"陈倬云奖学金"。值校庆之日，为十名优秀学生发放"陈倬云奖学金"。后为学校题词"百年华诞，根深叶茂，桃李芬芳，更上层楼"。26 日去树勋乡祭祖，再去树勋中学颁发第十届"施登清刘佩璜"奖学金，希望同学们努力读书但不要死读书。27 日去南通大学，参观地理学院资料室、实验室，并作《地理学家与地理科学》讲演，说明地理学家的主要特点为发现、创新，提供前人没有的地理知识，大学地理教育应是系统学习地理知识，研究创新的过程。南通大学地理学院一年来有了较大的进步。

2006年10月27日，参观南通大学地理学院资料室

11 月 4～10 日，贵阳，由姜彤陪同出席在贵州师大召开的中国地理学会长江分会学术年会，作《长江中游西部地区洪水灾害的历史演变》学术报告。会前考察遵义，经乌江、乌江大桥到遵义市，访浙大旧址。参观乌江水电站、回访 1941～1944 年曾去过的南白镇、鸭溪及当年在此曾居住过一周的八里（水）村，当年居民约 100 多户，现有 300 多户，人均收入 3800 元。访地方志办公室，说明来意，索要最初两期《遵义地方志》。

11 月 12～20 日，南京，核对张九辰《施雅风口述自传》稿件。

11 月 20～28 日，接待张九辰，核实《施雅风口述自传》中有关历史内容，提供部分日记和工作记录，并谈近年来政治思想活动。

11 月 30 日，写纪念周立三文章。

12 月 2 日，偕沈健参加钱汝泰 90 岁祝寿宴会。

12月3～6日，完成《地理学的帅才，科学工作者的楷模》纪念周立三先生文章。

12月11～13日，北京，出席周立三思想座谈会，会后约张哲民看望李普同志。

12月15～20日，南京，写纪念老领导张劲夫文章。

12月21～30日，患肛周脓肿住江苏省人民医院，沈健陪同，手术后康复出院。身体状况大不如前，左耳全聋，右耳半聋，靠助听器解决听力；视力下降到0.3左右。

2006年11月，重访遵义，
在乌江大桥旁留影

● 2007 年

1月10日，与顾人和、李世杰商议在近年论文的基础上，编辑自选文集《地理环境与冰川研究续集》。

1月14日，应邀参加在南京信息工程大学举行的移动气象站鉴定会。

1月15～23日，撰写《坚持创新完成的中国冰川目录》。

1月25日，树勋中学任校长、龚会计等来宁，资助奖学金2万元。

2月1～3日，在计算机上作英文函寄 Jane G. Ferrigno，告卫星影像图集中部分中国冰川说明修改情况，发现部分地名、经纬度有误。

2月7日，《中国第四纪冰川与环境变化》一书是根据多年来，特别是近20年来中外学者对我国第四纪冰期的研究进展，较系统地阐述了中国各地第四纪以来冰期和间冰期气候变化及遗留下来的地貌、沉积物以及化石证据，籍以探索气候变化在不同时间尺度上所能达到的规模和幅度，并提出了对未来冰川与水资源变化的初步预测。该书一经面世就得到各界的关注。国际冰川协会主席、世界辐射监测中心主任、地球气候研究室主任、瑞士联邦理工学院大气和气候科学研究所教授 Atsumu Ohmura 从苏黎世发来电子邮件，对这部著作给予了极大的肯定和极高的评论："施雅风主编，崔之久，苏珍副主编，拜读了这本巨著后，我觉得撰写一篇较详细的书评在《冰川学》(Journal of Glaciology) 杂志上发表，因为这本专著不仅是中国科学家成就的具有里程碑意义的巨著，而且对于国际上所有在冰川学和第四纪科学方面的科学家都是极为重要和很高价值的"。"至今，国际上已出版了一些关于第四纪的书，例如美国，英国，日本，阿尔卑斯地区和新西兰等国所出版的关于第四纪的书籍。新出版的这本关于中国第四纪的专著绝对是由一个国家的一批科学家，所完成的具有顶级科学水平的著作。"

2月10日，参加南京分院院士新春座谈会，发言谈环境问题与民主化进程问题，博多人鼓掌。

2月12日，参加地理湖泊所学位委员会会议，通过两位博士研究生论文答辩1位硕士研究生论文答辩。收到 A. Ohmura 评第四纪冰川专著函，颇多表扬，产生请奖思想。

2月14～18日，全家5人一起随旅行社去海南旅游，游三亚亚龙湾、天涯海角、热带植物园、琼海、万宁、博鳌等地，以88岁高龄骑大象、赤足沙滩，非常开心。

2007年2月游览海南，拥抱大海，热爱生活

2月22日，刘东生先生用传真发给施雅风，介绍《中国第四纪冰川与环境变化》一文。文中对该专著进行了高度的评价，认为施雅风等的专著是对我国第四纪科学研究的一大贡献，将它介绍给广大第四纪工作者。该文以后发表于《第四纪研究》第22卷3期。

2月27日，由施主持、多人参加，基于《中国冰川目录》的"中国冰川分布与资源调查"获得2006年度国家科技进步二等奖。

4月，主编的《中国第四纪冰川与环境变化》一书，2008年荣获中华人民共和国新闻出版社总署的第一届中国出版政府奖图书奖提名奖，并入选新闻出版署第一届"三个一百"原创图书出版工程。

4月3～8日，撰写《珠穆朗玛

《中国第四纪冰川与环境变化》主要编写人员
前排左起郑本兴、施雅风、崔之久、苏珍；
后排左起焦克勤、周尚哲、易朝路、李世杰

峰冰川研究总结中创新》一文。

4月10日，接待浙大老友、叶良辅恩师最后一个学生李治孝，在外设宴招待。

4月11～12日，南京，斯亚花园，参加李世杰主持的人类活动和气候变化相互作用对湖泊影响国际学术讨论会。出席者孙鸿烈、郑绵平、张虎才、陈发虎、王苏民及外国学者约30多人。

4月14～15日，写纪念张謇文稿。

4月17～18日，去海门参加张謇研究会年会。

4月19日，看望患重病的浙大老友吴士宣，吴已不能下床，已决定下周回原工作地徐州。

4月20～24日，偕沈健参加在苏州举行的沪宁两地资深院士联谊会，参观苏州工业园、游苏州博物馆、太湖东山、寒山寺等名胜景点。

4月底至5月初，撰写《近年创新文集》序言文稿。

5月3日，建平陪同，偕沈健去隐龙山墓园为父母及岳父母扫墓。

5月10～11日，撰写《打基础的乌鲁木齐河冰川研究》一文。

5月12～15日，张九辰来宁，修改补充《施雅风口述自传》内容。

5月22～23日，北京，去青藏所参加冰川资源二次普查项目启动会；去地理所参加资环项目"青藏高原冰川冻土变化对生态环境影响"讨论会。

5月24～25日，与沈健去同仁医院看眼病，医生认为施应尽快动白内障手术。看望在北京住院的李吉均，后去看刘东生、吴传钧。

5月31日至6月7日，南京鼓楼医院动白内障手术，术后视力恢复到0.6。

6月22日，兰州，悉省上要求7月份上报报奖材料，要求项目组抓紧准备。定7月10日初稿，20日前定稿。

6月26日，偕沈健参加原冰川所退休支部聚会，见多年不见的老同志，相见甚欢。

7月，准备"中国第四纪冰川与环境变化研究"评奖材料。

7月19～20日，国际冰川学会主席A.Ohmura偕夫人来兰，与A.Ohmura、任贾文、王宁练、康尔泗等讨论国际冰川编目问题。

7月27日，将修改后的《施雅风口述自传》复印后，快件寄张九辰。

7月底至8月初，撰写庆贺刘东生院士九十华诞文章。

8月13～14日，参加冰冻圈与环境变化重点实验室学术委员会报告会，赠《中国第四纪冰川与环境变化》书与秦大河、傅伯杰等多人。

8月21日，北京，上午，去中关村看望陈述彭与叶笃正。陈曾因急性心梗及时去医院抢救，做搭桥后基本痊愈。下午看张哲民同志。

8月22日，同姚檀栋去院部资环局综合处并约计划局谈请奖之事，知10月报材料。

8月23日，参加环境专家咨询座谈会，到会有秦大河、李华梅、安芷生等20余人。发言者讲水污染和土地污染问题，及GDP高增长可能造成的危害，赞同此意见。

8月24～25日，与张九辰见面补充材料，看许良英、过兴先和李普同志。恰建成、小兰一家及建平、晖晖在京，一家人在外专大厦一起晚餐并合影。

9月初，兰州，准备英文前言。

9月7日，由办公室张小军陪同去康乐景古小学，祝贺之前捐款共建的教学楼建成。该楼为一二层小楼，有教学办公室、教室若干。县长、县宣传部长出席，仪式隆重。

景古小学新建教学楼　　　　　　　　　　　　　　小学生与施爷爷交流

9月中旬至10月中旬，兰州，主持讨论"中国第四纪冰川与环境变化研究"请奖报告修改稿。参加会议人员：施雅风，崔之久，李吉均，郑本兴，苏珍，李炳元，周尚哲，李世杰，焦克勤，蔡英，赵井东等。

10月21～22日，兰州，出席"青藏高原及毗邻地区气候与环境变化"讨论会。

11月2日，南京，出席"中美地理学交流30周年"纪念会。与会者有美国学者马润潮教授，中国学者吴传钧院士夫妇，郭来喜、唐邦兴等约40多人。1977年中美两国地理学家克服外交上的重重障碍，第一次组团互访，具有非常重要的历史意义。发言谈到中美地理学交流有助于借鉴他山之石，为发展我国的地理科学起了积极作用。

11月5日，南京东郊国际会议中心，参加中国地理学会年会开幕式。在开幕式发言希望中青年地理学家提高提高再提高，产生一大批世界知名的地理学家。中国有地理学者近2万人，要由地理学大国变为地理学强国。

11月6～9日，应徐州师范大学邀请，由原徐州师范大学与寒旱所联合培养的博士研究生赵井东陪同，偕沈健去徐州师范大学讲学。在徐师大城市环境学院作《中国第四纪冰川》报告，并开座谈会，师大韩校长参加，在提问基础上就如何进行研究工作做了较多的阐述。并作"努力学习，努力提高，团结合作，争创一流"的题词，赠《中国第四纪冰川与环境变化》书。后去电力医院看望病危的吴士宣老友，吴对电力建设贡献很大，与他相交70年，甚为难得。

会议期间老朋友到施雅风办公室留影
前排左起唐邦兴、施雅风、吴传钧；
后排左起沈道齐、郭来喜、黄漪萍

11月12日，南京，开始用汉王笔在电脑上写吴传钧祝寿材料，不熟练，写得很慢，并多次重写。

11月13～15日，去鼓楼医院查前列腺。

11月21日，在电脑上用汉王笔完成《热忱祝贺吴传钧院士九十华诞，共同努力发展地理科学》一文，经晖晖帮助，发Email至中国地理学会。

11月24日，乘动车去京，途经徐州，赵井东上车在同一车厢，晚21点到京。

11月25～29日，崔之久、周尚哲、苏珍、赵井东、施雅风、寒旱所科技处蔡英等6人在京准备报奖评审材料，27日参加资环局组织的评审会。29日，上午偕蔡英、赵井东去科技部奖励办公室了解评奖规定，下午立即修改有关内容。

参加报奖评审活动后去北京民族园合影
左起：赵井东、易朝路、崔之久、施雅风、苏珍、周尚哲、蔡英

12月7～8日，陶辉陪同去兰州，参加冰冻圈学术会议和973课题（冰川资源课题）汇报会。

12月10～20日，全力修改《中国第四纪冰川与环境变化研究》申报国家自然科学奖材料。

● 2008 年

1月1日，查阅张九辰书稿所需照片，寄贺卡，有衰老感觉。

1月3日，去医院做24小时血压测量。

1月8日，开始写科学出版社约稿关于学术贡献的文章《贡献与教训——九十自述》，计算机总是出问题，陶辉、顾人和同志帮助解决。

1月11日，参加浙大老校友会，有多人参加。

1月21～24日，建成由北京到宁出差，一家人去东郊建平新居，午饭后返回九华山宿舍。

2月1日，树勋中学俞校长、陈校长携年礼来宁，告奖学金发放情况。

2月3日，去省中医院看望朱传钧夫妇，又去省人民医院看望顾知微。

2月5日，去鼓楼看望郭令智。郭夫人侯学焘重病住鼓楼医院重症监护室。

2月7～9日，去小女儿建平新居小住。

2月12日，参加南京地理与湖泊所老友侯学焘遗体告别仪式。

2月15日，看重病住院的侄子润君，赠轮椅和现金2000元。

2月18～23日，去鼓楼医院住院，作左眼白内障手术，术后恢复到0.5。

3月7日，悉刘东生逝世，电话慰问家属，发唁电，拟写悼念文章。

3月16日，浙大校友会江苏校友分会在熊猫集团会议室专门举行施雅风90寿辰庆祝会，施雅风偕沈健出席会议，参加会议的有：浙江大学校友总会、江苏省校友会、中国科学院南京地理与湖泊研究所、北美校友会及北京校友会的代表和在宁校友60余人。会场热烈，浙大副校长倪明江致辞祝贺，并送来1937年浙大入学成绩单和1938～1942年大学四年成绩单。

2008年3月20日座谈会上
右一屠清瑛、右二施雅风

3月20日，南京地理湖泊所组织召开"地理环境变化研究学术研讨暨祝贺施老90岁诞辰"座谈会，到会40多人，应邀出席座谈会的为在宁南大、南师、分院、土壤所、地理与湖泊所的部分老友，包括赵其国院士、王颖院士、王建副校长、杨桂山所长、朱大奎、王富葆、佘之祥、徐琪、屠清英、唐领余、王苏民、沈道齐、季子修等，及学生30多人；中央政治局委员、组织部长李源潮专程发来亲笔书写的贺卡，地学部办公室专门打电话祝贺，多人发言，赞扬施的业绩。

4月初，完成《贡献与教训——九十自述》，开始写《冰川学与地理环境变化开拓创新》。

南京地理与湖泊所祝贺施雅风院士九十华诞座谈会合影

前排左起：沈道齐、屠清瑛、王颖、沈健、施雅风、王富葆、唐领余、朱季文、张忍顺；第二排左起：佘之祥、王苏民、陈家其、朱大奎、李世杰、姜彤、朱诚；右一吴明琪、右二邢录宁、右三沈吉、右四杨桂山、右五王建；后排左起：苏布达、季子修、李万春、朱小卫、吴敬禄、张强、秦伯强、杨金华

4月5日，接待中央电视台文化专题部导演唐玲，拍摄抗战时浙大西迁《文军长征》专题片，介绍当年情况。

4月16日，南大招待所开会，评议杨达源长江地貌工作。到会孙枢、施雅风等。

4月下旬，分别去李星学院士家和浙大同学周恩济家看望。

5月1日，与吴士嘉合作的《冰川的召唤》，被选入中宣部"五个一工程的一本好书"，由江苏人民出版社重新发行。

5月5日，出席南京地理与湖泊所纪念周立三院士逝世十周年会议，作《地理学帅才、科学工作者楷模》发言。

5月6日，接气象出版社让郭彩丽寄来45条编辑存疑信息，交顾人和同志编辑处理。

5月8日，偕于革、李栋梁去浦口信息工程大学参加江苏省教育厅主办"全球气候变化"研讨会，作《3万～4万年古气候变化》报告。

5月12～15日，兰州，约崔之久、周尚哲、郑本兴、赵井东讨论《中国第四纪冰川与环境变化研究》科技部请奖汇报材料。遇汶川地震，兰州有震感。

5月18日，北京，院资环局小会议室试讲报奖材料，施雅风、崔之久、周尚哲、赵井东及王涛所长等参加，再次修改材料。

5 月 20 日，参加科技部自然科学奖初评报告会，由崔之久主讲，答辩后当晚返回兰州。

5 月 21 日，兰州，回复气象出版社郭彩丽关于同意《地理环境与冰川研究续集》一书采纳的封面设计方案。

5 月，施雅风主编，刘诗银、叶柏生、刘潮海、王宗太副主编的 *Concise Glacier Inventory of China*（《简明中国冰川目录》英文版）由上海科学普及出版社出版。

5 月 30 日至 6 月 1 日，校对张九辰寄来的《施雅风口述自传》稿件。

6 月 12 日，出席冰冻圈实验室会议，作《争当一流学者，做出重大创新，解决国家困难》的发言。

6 月 17～18 日，参加学部咨询项目"青藏高原冰川冻土变化对生态环境影响与对策"研讨会。气象出版社郭彩丽寄来《地理环境与冰川研究续集》"施雅风著述目录"的修订意见征求稿。

6 月 21 日，科技奖励办公室正式通知：7 月 8～10 日在京召开 2008 年国家自然科学奖评审委员会评审会议。

6 月 23～27 日，北京，出席中国科学院第 14 次院士大会，中国工程院第 9 次院士大会。胡锦涛总书记在开幕式上讲《科技创新》问题，温家宝总理作报告，讲了汶川地震灾害和经济问题，强调靠科学技术支持经济全面发展。会后向地学部相关院士赠《中国第四纪冰川与环境变化》一书。

7 月 8 日，友谊宾馆，国家自然科学奖评审委员会对《中国第四纪冰川与环境变化研究》成果评审，由崔之久主讲，评委二三十人，关于东部第四纪冰川问题施雅风作答辩。

7 月 16 日，校核 *Collectanca of the Studies on Glaciology，Climate and Environmental Changes in China* 英文文集。

7 月下旬，根据王涛所长安排，向全所研究人员传达院士大会上胡锦涛主席关于创新的讲话精神。

7 月底，参加在冰芯实验室举行的学术沙龙。

7 月，自选文集《地理环境与冰川研究 续集》由气象出版社出版。该书内容涵盖西北地区水资源与环境变化、海平面变化与影响、青藏高原隆升与环境变化、冰川与气候以及长江洪水演变等研究方向，均为当今相关领域研究的热点和国家迫切需要解决的重大科学问题，体现了作者对国际学术前沿和对国家需求的准确把握。

Collectanea of the Studies on Glaciology，Climate and Environmental Changes in China（《中国冰川、气候与环境变化研究文集》）由气象出版社于 2008 年 7 月在北京出版发行。该文集收集了施雅风 1964～2007 年间发表的 59 篇英文论著。

8 月，准备《30～40ka BP 中国暖湿气候环境变化之发现和研究》材料，拟讲稿提纲；准备国际冰川编目会议讲稿。

8月底，《中国第四纪冰川与环境变化》编写人员由全国各地聚集兰州，平时是一个松散的学术团队，集中一次很不容易，同时又值团队中苏珍70岁生日，施雅风提出请合作多年的老朋友们聚聚，并为苏珍祝寿。崔之久建议去兰州"昨日重现"西餐馆，20多人欢聚一堂，这次欢聚意义多重，真是难得。

9月21～24日，兰州，出席由国际冰川学会主办，中科院寒旱所冰冻圈科学国家重点实验室承办的世界冰川编目国际研讨会，开幕式后作《中国冰川编目的回顾》大会报告。由国际冰川学会提议，21日在下午专门安排了一个 Special Session 庆祝施雅风90岁寿辰。由秦大河院士主持，姚檀栋做主旨报告，国际冰川学会前主席，杰出的冰川气候学家 A.Ohmura、世界冰雪数据中心主任 R.Barry，致辞祝贺。代表自由发言，高度评价施雅风对中国冰川学乃至世界冰川学的贡献。

世界冰川编目国际研讨会与会人员合影
一排右九 施雅风、一排右八 A.Ohmura

9月30日，南京，沈健在兰州整理东西时腰部受伤，回宁后建平陪同去鼓楼医院急诊，诊断为压缩性骨折。

10月13～20日，校对照片集。修改定稿《冰川学与地理环境研究的创新贡献》（《20世纪中国知名科学家学术成就概览》，科学出版社。）

10月25～28日，由顾人和陪同与季子修夫妇一起到南通。参观母校南通中学，赠《地理环境与冰川研究》《简明中国冰川目录》《中国冰川、气候与环境变化研究文集》（英文版）等书，建议赠书放图书馆，让广大师生阅读并喜爱地理科学。

2008年9月21日A.Ohmura
发言

再访南通大学地理学院，建议集中开展海岸带资源环境的研究。后重上狼山登高望远，回宁途中参观苏通大桥，并在大桥纪念馆签名留念。

11月5日，任美锷先生逝世，与杨桂山所长同去南京大学地科院悼念任美锷先生。

11月10～12日，完成《悼念涂光炽院士》一文。

11月15～19日，由顾人和陪同去江西南昌，参加在江西师大举办的中国地理学会长江分会2008年学术年会，作题为《庐山沉积与侵蚀形态——李四光学说误解与修正》的大会报告。报告详细追溯了和李四光先生在庐山第四纪冰川问题上学术分歧的由来和发展的历史过程，同时又从现代庐山发育冰川的必要气象条件、庐山山麓"泥砾"的堆积成因等方面对李四光庐山第四纪冰川学说提出质疑，认为李四光先生研究第四纪冰川问题时尤其忽视了古气候的重建等重要因素，以致得出错误结论。报告还强调为保障科学的发展与进步需要百家争鸣的学术环境，不能停留在一个水平上。此报告后经推荐到《中国国家地理》官方网站发表，题为《庐山的困境——CNG创刊人施雅风院士的呼吁——关于庐山第四纪是否存在冰川的争论》。与会代表在会后专程考察了鄱阳湖国家自然保护区。休会期间，在顾人和及贾玉连陪同下，参观了20世纪80年代重建的有"江南三大名楼"之称的滕王阁，还访问了居住南昌的外甥陆鸿飞一家。

2008年10月，在新建的苏通大桥旁留影
(顾人和摄)

考察鄱阳湖国家自然保护区(顾人和摄)

11 月 21 日，南京，偕沈健去月牙湖老年公寓看望朱传钧与周颖夫妇。

11 月 26 日，悉陈述彭院士逝世，老同学、老同事多年，陈有超群的创新能力，编制国家大地图、遥感应用、地理信息系统引进、设计中巴资源卫星，贡献很大。拟唁电发地理所并嘱代送花圈。

12 月 6 日，侄润君病情危重，友人小陈陪护，接待小陈在家住宿。

12 月 11～12 日，张青松等来访。为纪念地理所建所 70 年，了解地理所的历史。与张青松谈地理所早期历史，特别是 1956 年科学规划前后。

12 月 12 日，侄润君病逝，去医院向遗体告别，后建平、柏恒、小陈帮助处理后事。

12 月下旬向众亲友寄发《2009 新年贺词》，贺词最后附小诗一首："人生九十不稀奇，常怀亲恩师友谊，求是创新唯贡献，异日西归少憾遗"。

12 月 16～19 日，偕沈健去海门老家，先去麒麟中学，后去树勋中学参加建校 50 周年活动，自 1997 年开始资助奖学金，至今已资助近 20 万元。

● 2009 年

1 月，施雅风主编，黄茂桓、姚檀栋、何元庆副主编，*Glaciers and Related Environments in China* 一书由科学出版社出版。该书在《中国冰川与环境——过去、现在与未来》一书的基础上，增添了截至 2005 年的最新研究数据并优化了结构。

由施雅风口述，张九辰访问记录而编写的《施雅风口述自传》由湖南教育出版社出版。

1 月 7～11 日，赵井东陪同赴京领取奖。先看望涂师母，后看张哲民，并与张九辰谈口述自传事宜，参加国家科学奖励颁奖大会预备会。9 日。在人民大会堂参加国家科学奖励颁奖大会，胡锦涛、温家宝、李长春等参加大会。《中国第四纪冰川与环境变化研究》获国家自然科学奖二等奖。10 日，地理科学与资源研究所聘施雅风为地貌室荣誉主任。

1 月 15 日，南京，南通大学地科院盛明等 5 人来宁商议申请基金项目事。

1 月 16 日，去西康宾馆参加在宁两院院士新春座谈会，会上谈江苏已先进入小康，海门年收入 36 亿，但环境治理和教育不能忽视。

接受地理科学与资源研究所聘书
左一夏军、左二周成虎、坐者施雅风、右一刘毅

1月23～24日，五四纪念筹备会议。为准备此次活动，曾多次与张哲民、高亮之等老同志商议，认为纪念五四精神，不只是青年人的事情，主要是传承民主与科学，应促成南京老年校友会开好纪念五四的会。到会有许荏华（南京市委退休，前中大地下党员）、徐家福（南大，中大校友会）、吴大录（徐州市委党校，浙大校友会）、高亮之（江苏省农科院、浙大校友会）、龚子同（土壤所，浙大校友）、王定吾（熊猫集团、浙大校友会）等多人。

为纪念老友刘东生院士逝世一周年，撰写《深深悼念挚友刘东生院士》一文，缅怀刘东生先生。

2月初，看老领导张劲夫院长近著《嘤鸣·友声》，前言中有这样两句："年衰未敢忘忧国……切忌茫然度春秋"，一直拿这两句话激励自己。晚上和睡中醒来常阅读《炎黄春秋》《同舟共进》《李慎之文集》等书刊，加深对近现代史问题的认识。虽然年老力衰，但思维尚可，读好书，交好友，激励自己，老有所为，继续为社会有贡献。

在中国科学院研究生院成立30周年之际，被中国科学院研究生院授予"杰出贡献教师"荣誉称号。

2月13日，由建平陪同去医院看左腿疼痛，发现严重的骨质增生，又作B超，发现下肢动脉硬化显著。

2月14日，中国科学院科技政策与管理研究所樊洪业研究员等人来访，为编撰《竺可桢全集》事，谈及明年竺可桢诞辰120周年纪念活动。收到张九辰编《施雅风口述自传》样本，近200页28万字。阅后致电张九辰表示感谢。

2月16～17日，与秦大河通电话，建议由他牵头发起明年竺可桢诞辰120周年纪念活动，秦马上表示同意。即告沈文雄、樊洪业，发起与部署纪念竺老活动。

2月22日，参加地理与湖泊所评议秦伯强申请自然科学奖事宜，建议多下功夫修改提高。

2月28日至3月10日，沈健脑梗急诊后住院，阿姨陪同。先住条件较差观察室，后经李世杰帮助住进正规病房。每天早上与建平一起先去医院探视，鼓励老伴战胜疾病，陪她在病房散步，然后回所。

修改顾人和根据张青松访谈录音整理的访谈录。校对为90岁生日而准备的照片集。

2009年3月，施雅风先生在南京地理与湖泊所办公室留影（顾人和摄）

3月1日,悉原冰川冻土所同事吴紫汪病逝,不胜悲痛。紫汪同志自1961年到冰川冻土所工作以来,毕生致力于冻土科学事业,为解决冻土工程问题与实验室建设作出了巨大贡献,发唁电以致悼念。同年5月回兰州后,亲自去吴家中慰问悼念。

3月,收到老友吴士嘉为施雅风自题小诗"人生九十不稀奇,常怀亲恩师友谊,求是创新唯贡献,异日西归少憾遗"而创作的书法中堂,挂在南京办公室以咏志自勉。

3月11～16日,为浙大校友会五四纪念活动,准备《发扬五四精神,加快政治改革》的发言稿。

3月17日,参加南京地理与湖泊所沈吉主持的关于太湖深钻孔研究环境变化问题的研讨会,与会者有汪永进、王苏民、朱诚、于革、唐领余等在宁第四纪研究学者十余人。建议钻孔选在太湖东侧,时间标尺参考石笋记录,目的是研究与冰期变化同步的海侵与海退。

3月18日,收到路甬祥院长祝贺施雅风九十岁寿辰函,赞扬施为"现代冰川研究、冻土和泥石流研究的主要开创者和倡导人""开创的冰川冻土事业对我国干旱区水资源合理利用、寒区道路工程建设起到了重要作用""言传身教培养了一支冰川冻土科研队伍,使我国冰川冻土科学在世界冷区科学领域占有一席之地"。

3月29日至4月1日,由顾人和陪同去北京,参加遥感所由建成主持的遥感与地球系统模拟实验室成立大会。看望刘东生夫人胡长康,并由张哲民陪同看望李普,《中国国家地理》杂志社李栓科来访,并摄影赠书。

遥感与地球系统模拟实验室成立会议合影
右起:姚檀栋、施建成、施雅风、吴国雄、李小文

接受《中国国家地理》
杂志采访

4月3～16日，南京。北京出差时恰逢停暖气偶感风寒，去医院检查前列腺PSA，TPSA增高近十倍，住鼓楼医院。住医院期间南京党史办及南京广播电台前来采访1949年南京解放前情报系统情况，并赠送陈修良文集。经医院消炎治疗后指标下降，详细检查排除前列腺肿瘤后出院。

4月25日，参加浙大校友会组织的五四纪念会。在会上做《发扬五四精神，加快政治改革》发言。指出五四运动表达出来的爱国、民主与科学、思想解放、百家争鸣的风气，对中国社会的过去和现在均具有深刻影响。呼吁继续发扬科学民主精神和加快改革步伐。

4月26日至5月7日，阅读刘东生主编的《黄土与干旱区环境》，写书评。期间去隐龙山公墓扫墓。

5月9日，参加曾小凡和刘波两位博士研究生的论文答辩。

博士研究生曾小凡(左一)和刘波(右一)与导师施雅风(左二)

5月12日，在开发旅游资源、发展地方经济浪潮的推动下，各地发现第四纪冰川遗迹的报道又多起来。准备组织撰写《中国第四纪冰川新论》，普及第四纪冰川知识，约20万字，联系上海科普出版社。

5月17日，因刚出院不久，年事已高，身体欠佳，不宜远途旅行。犹豫再三，沈健决定最后一次去兰州。由建平、赵井东陪同，一同赴兰。

5月23日，兰州，中国科学院寒区旱区环境与工程研究所50年所庆暨施雅风90华诞，中国科学院副院长丁仲礼院士、孙鸿烈院士、李吉均院士、安芷生院士、丑纪范院士、吴国雄院士、陆大道院士、孙枢院士、刘昌明院士、程国栋院士、秦大河院士、姚檀栋院士等来自全国各地的多位领导、院士、科学家出席祝贺。中央组织部长李源潮、中国科学院院长路甬祥、中共甘肃省委书记陆浩、甘肃省省长徐

2009年5月23日在寒旱所成立五十周年暨施雅风院士学术思想研讨会上
左起：孙枢、孙鸿烈、侯长安、施雅风、丁仲礼

守盛、甘肃省科协、中国科学院院士工作局、资源环境科学与技术局等48家单位和个人发来贺信。

由中国科学院寒区旱区环境与工程研究所主编的《求实创新伟业卓著——恭贺施雅风院士九十华诞文集》由甘肃科技出版社出版，同时印制了《庆祝施雅风院士九十华诞照片集》。

5月24日，主持《中国第四纪冰川与环境变化》研究小组讨论下一步工作问题。中国第四纪冰川与环境研究中，东部和西部都遗留有问题。东部现在越来越乱，出现一些指鹿为马的闹剧，需要进行"拨乱反正"，澄清与科普。西部主要是黄河源冰川规模问题，存在不同意见，也需进一步考察。会后决定写一本关于第四纪冰川的科普读物。参加人：施雅风、崔之久、郑本兴、苏珍、周尚哲、李炳元、李世杰、赵井东。

5月24～26日，听前来参加所庆的部分中外学者的学术报告。

6月1日，开始起草第四纪冰川科普读物提纲及"第四纪冰川冰期间冰期基本概念"，初步考虑该读物名称为《中国第四纪冰川新论》，建议由赵井东博士和王杰博士作副主编，以锻炼培养后人。

6月初，沈健血压升高，且肺部炎症严重住院。

6月16日，科技部召开第一次全国野外科技工作会议，列出20位突出贡献科学家。6月17日《科技日报》刊登的报道中刊载有四位科学家的照片，施雅风位列第一。

6月24日，沈健病尚未缓解，因床位紧张出院，每天吸氧、日渐衰弱。按照医保条例，需出院两周后再次住院。决定下周住院治疗。

6月30日，国家自然科学基金委主任陈宜瑜偕助手前来，赠中英文两本文集和《施雅风口述自传》。出席寒旱所关于黑河项目的基金评审会。

7月1日，沈健起床大便失禁，病情严重。7月2日上午住院，哮喘严重。

7月3日，下午雅风去医院看望沈健，见沈病重喘息不止。子女恐父亲过于焦虑神伤，即由女儿建平陪同回家。不久丁永建等人来家探望，得知沈健病危在抢救，即去医院，傍晚20时左右沈健去世，雅风与之最后吻别，亲自扶送遗体去华林坪殡仪馆安放。

2009年7月6日，在沈健遗像前

7月7日，沈健遗体告别仪式。建成、柏恒、晖晖分别从美国和南京赶来，全家8人及所里约200多人参加告别仪式。吕世华书记致悼词，建成代表家属致词，讲沈为全家特别是为丈夫所做的牺牲和贡献。火化后骨灰由建平带回南京，由建生照顾施雅风的生活起居。沈健去世之后，多个老同事老朋友前来吊唁，谢觉民、谢自楚夫妇、张哲民、龚子同、裘善文、杜榕桓分别自美国、北京、南京、长春、成都来电慰问。自1948年端午节相识到如今，风雨同舟、相濡以沫60载，感到异常的悲痛。

7月10日，为纪念沈健，决定从两人积蓄中捐资20万元，在与沈健共同下放过的甘肃康乐县设立沈健女士奖学金，鼓励贫困地区高中女生学习上进。

7月17日，开会讨论《中国第四纪冰川新论》编写提纲和分工，与会者有李忠勤、苏珍、郑本兴、赵井东、黄茂桓、米德生等。

7月22日，因多日咳嗽，入住兰医一院。后经检查怀疑是心功能不全引起的咳嗽，患慢性心功能不全。

8月4日，建成、小兰、光光从美国回来探望。下午，建成一家、建生一家及建平，全家8人一起吃晚饭。建平之前于8月1日来兰。

8月13日，下午出院回家。晚王知伊之子王有朋来，谈老友王知伊（原名王天心）1989年患癌症逝世的情况，送《施雅风口述自传》，照片集等。

8月中旬至9月初，撰写《中国第四纪冰川新论》相关章节。

9月1日，中午，应邀与一批老同事在华宇饭店共进午餐。晚上，秦大河及冰冻圈实验室一批同志来访。

9月20日，参加兰州大学百年校庆大会，建成作为毕业校友参会。甘肃省委

2009年9月沈健女士奖学金发放仪式在康乐一中举行

书记陆浩、中国科学院副院长詹文龙均为兰大校友，中午陆浩在宁卧庄宾馆宴请。

9月28日，捐赠设立的"沈健女士奖学金"颁发仪式在康乐县第一中学举行。

10月17日，傍晚18：30左右，温家宝总理在省委书记陆浩、省长徐守盛陪同下，由程国栋院士、王涛所长接待参观寒旱所冰芯实验室后，专程到家慰问。温总理问施多大年纪，回答90岁，1947年在南京参加地下党。温说他父亲93岁，比施大3岁，祝施健康长寿。向温总理赠送《中国第四纪冰川与环境变化》《中国西北气候由暖干向暖湿转型问题评估》两本书，提出两条意见：一是注意对生态环境的保护和治理，GDP发展能否放慢一些，使得污染尽量少一些；二是加强基层民主选举，希望中央领导加快我国政治改革的步伐。温总理说这两点都非常重要。

10月19日，由建生陪同火车到宁。因身体不好，上楼困难，暂从地理湖泊所租借一楼住房居住，所里大力相助，帮助腾房和简易装修。

10月22日，杨怀仁先生20日去世，建生陪同去杨家吊唁。

11月，撰写《中国第四纪冰川新论》相关章节。

11月20日，沈文雄、张九辰来宁，请二位到家中共进晚餐。沈文雄受地学部主任秦大河委托，谈及明年竺可桢诞辰120周年纪念活动。作为纪念活动的发起人，施认为目前科学界和教育界存在着一些问题，进一步宣传和研究竺可桢非常必要。原准备去北京参加纪念大会，因身体不好决定在南京参会。

11月底，外甥女旦明、陈丽萍及外甥陈旦平一家分别从上海专程来宁看望；亲戚倪端爱人偕女儿前来探望。

12月7日，撰写完成《悼念爱妻沈健——我想对你说的话》一文，回顾从相识到结婚，从北京到兰州，"文革"中风雨同舟，相濡以沫60载的历程。

12月11日，上海浙大老同学陈吉余偕夫人、女儿来访，摄影留念。

12月下旬，写《送别09年告亲友》印100份，发兰州、北京、乌鲁木齐、西安、成都、上海、中国台湾、美国等地。

与陈吉余交谈，两位老友的手紧握一起

12 月 14 ～ 15 日，去所内听学术报告。

12 月 18 日，晚上咳嗽加剧，去鼓楼医院看病，开若干抗生素。

12 月 22 日，看韩同林关于"冰臼"的材料包括郑本兴批判韩"冰臼论"的材料，开始写文章批驳"韩同林冰臼论"。24 日冒雪去南京大学宿舍请教王德滋院士。

12 月 30 日，与新招博士生王涛交谈，王做初步报告。

● 2010 年

1 月，完成《韩同林的冰臼论是对花岗岩类岩石负球状风化的误解》初稿。

南通大学来谈商议举办一次学术研讨会。指导王涛看相关文献，要他写一篇综合性的述评。

2 月，北京日报记者来访谈浙大地下工作情况，谈及雷达所张叶明和吕东明情况，赠《施雅风口述自传》。

撰写《民主精神与科学创新——纪念竺可桢诞辰 120 周年》一文。

3 月初，浙大校友会偕浙大档案馆来访，赠送《地理环境与冰川研究续集》《施雅风口述自传》《施雅风近年文汇》等著作。

3 月 7 日，参加了由江苏省浙大老校友会组织的纪念竺可桢诞辰 120 周年会议，在大会上作了发言。回顾了竺可桢院长在民主精神与科学创新方面的业绩，并引用了钱学森之问，提出建言："党和国家都很重视科技创新问题，但我觉得更重要的是要具有创新型思想的人才。""像竺校长那样，实行科学创新与民主精神，这样才能使大学涌现大量科技创新人才。国家整体政治改革更要发扬民主。"会上浙大陈子辰副书记颁发捐赠证书，接受母校记者艾静采访。

3月15日，经桂鸣大夫联系，入住省人民医院心内科。

3月17日，阅汪永进申请何梁何利奖材料，建议修改后发出。

3月26日《韩同林的冰臼论是对花岗岩类岩石负球状风化的误解》一文定稿，试投《地质论评》杂志。3月30日，《地质论评》杂志编辑部来函，决定刊用，责任编辑章雨旭来长信专述他对此问题的看法，并转发孙洪艳博士和吕洪波教授的详细评阅意见。

3月底至四月初，建成、小兰和孙子星星、光光从美国来宁，与建生及建平一家共9人在医院附近餐馆相聚。之后，去隐龙山安葬夫人沈健骨灰，恐施伤感，孩子们未让父亲出行。4月中旬出院回家后，由建平陪同单独去隐龙山扫墓。

2010年3月，在江苏浙大校友会纪念竺可桢诞辰120周年纪念会上发言（洪一新摄）

2010年3月底，在医院与家人的最后一张合影
前排左起：柏恒、施雅风、建成；后排左起：建平、建生、晖晖、星星、光光、小兰

4月下旬，赵井东、郑本兴、黄茂桓、赖祖铭来宁，商议处理《中国第四纪冰川新论》稿件。

5月，咳嗽严重，查CT后发现肺部有炎症、积水，入住省人民医院呼吸科约三周，略有好转后出院。

2010年，江苏省人民医院，生命的最后岁月依然笔耕不辍

5月14日，《冰期之庐山VS泥石流之庐山——论李四光教授的庐山第四纪冰川是对泥石流的误读》，投稿《地质论评》杂志，当日收到章雨旭来函，告诉决定刊用。

6月初，接待来自美国老同学谢觉民，谢参加上海举行的中国地理学会2010年学术年会后到宁，一同看望当年浙大同学欧阳海和地理所老同事郭令智。《施雅风近年文汇卷5》编印完成。

6月13日，完成《是科学新闻还是科幻小说》，批评《科技日报》5月21日所登徐卓人关于《第四纪冰川曾经覆盖苏州大地》的文章，指出利用大众媒体过于夸大第四纪冰川的分布范围，将对社会舆论和旅游文化产生不良的误导作用。投稿《科技日报》，但无回复。

7月中旬，入住江苏省人民医院心内科。

7月27日，完成《论李四光教授的庐山第四纪冰川是对泥石流的误读》的修改稿，并致章雨旭一信，寄《地质论评》编辑部。

7月底，完成《中国东部中低山地有无发育第四纪冰川的可能性？》一文，委托顾人和同志向《地质论评》投稿。

8月9日，在医院悉特大泥石流突袭甘肃舟曲，剪报保存，关心地质灾害隐患点。

8月17日，章雨旭传来《论李四光教授的庐山第四纪冰川是对泥石流的误读》一文刊登《地质论评》2010年第5期的PDF清样稿，求最后校正。

8月底，出院。

9月，右心衰加重了引起胃肠道反应，经常呕吐、便秘、吃不下东西，身体更加虚弱，主要靠轮椅活动。

9月5日《中国东部中低山地有无发育第四纪冰川的可能性？》一文投稿《地质论评》杂志。

9月27日，在顾人和协助下，完成《中国东部中低山地有无发育第四纪冰川的可能性？》的修改稿。

9月28日，院士体检时第四次住院。

10月18日，南京地理与湖泊所70周年所庆，专门从医院请假坐轮椅参加会议。忍着病痛作了最后一次发言，希望年轻一代科学家继承周立三先生的贡献，特别把农业地理学传承下去，学习周老，德才兼备，抵制社会不良风气，不搞权钱交易，杜绝学术腐败。

2010年10月18日，南京地理与湖泊研究所
70周年所庆大会主席台上
左起：许厚泽、施雅风、孙鸿烈

2010年10月18日，为周立三院士铜像揭幕
左起：孙鸿烈、孙颔、施雅风、朱小卫、赵其国

10月21日，建生从兰州来。由心衰引起的胸腔积液一直存在，肿瘤标记物指标也偏高，考虑到以后的身体可能会更差，做了心脏起搏器更换术。

11月中旬，术后病情急转直下，出现股动脉血栓，行动困难，饭后呕吐也越来越严重。

坚持完成了《中国第四纪冰川新论》的审稿，撰写了《回顾泥石流科学研究的开创与科学普及》文章，接待了《中国国家地理》的两次采访。

11月下旬，约李吉均院士到医院面谈，希望写文章为长期困扰科学界的东部第四纪古冰川问题发表看法。

12月初，医院报病重，不能下床。

12月12日，姚檀栋院士专程去南京医院看望，施雅风提出了由《中国第四纪冰川与环境变化研究》自然科学奖二等奖个人奖金为基础设立科学基金的想法。

12月中旬，中国科学院副院长詹文龙、南京分院院长周健民、浙江大学副书记王玉芝、南京分院院士办公室、寒旱所、地理湖泊所、青藏所、浙江大学江苏校友会相关领导、同事

2010年病重期间，与南京地理与湖泊所所长杨桂山(后排右)及建成(后排左)合影

和学生先后到医院了解病情，嘱尽一切力量救治。

12月底，血压骤降，进重症监护室，但坚强地挺了过来。

● 2011 年

1月6日，回到普通病房。

1月中旬，在病床上考虑冰冻圈科学领域的发展，用积蓄100万元建立了"施雅风科学基金"，推荐第一届施雅风科学基金受奖人为谢自楚、刘潮海，以推动和鼓励科学研究中做出创新性的学术成果。

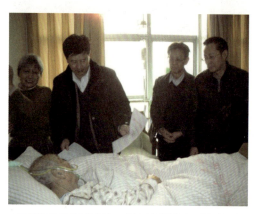

寒旱所王涛所长(左二)从兰州前来看望施雅风，并告知"施雅风科学基金"筹备情况

咯血并消化道出血。

1月下旬，第二次进了重症监护室，心衰BNP指标已经达到17000。2月1日，消化道大出血，2月8日后发生室颤。

2月12日，建成由美国赶来。

2月13日，在亲人陪伴下，18时35分心脏停止跳动，面容安详。杨桂山所长赶到医院告别。

2月17日，由兰州寒区旱区环境与工程所和南京地理与湖泊所共同主持了遗体告别仪式。来自兰州、北京、成都、长沙、江苏海门等地专程赶来的老同事、老朋友、家属和家乡资助学校的老师，约300多人前来与施雅风先生做最后的告别。遗体告别大厅布置得庄严肃穆，大厅外高悬着巨幅挽联：冰川科学铸先生伟业雄心映千古，丹青风范存巨匠遗风英名誉神州。施雅风先生的遗体安放在鲜花丛中，身上覆盖着中国共产党党旗。花圈如潮、哀乐低鸣，人们以无比沉痛的心情告别中国冰川学之父、现代地理学先驱施雅风先生！

施雅风先生逝世后，党和国家领导人胡锦涛，温家宝，李长春，习近平，李克强，朱镕基，刘延东，李源潮，路甬祥；中共江苏省委书记罗志军、省长李学勇，中共甘肃省委书记陆浩、省长刘伟平以及30多位两院院士等分别以电话、唁电、送花圈等方式，对施雅风先生的去世表示沉痛哀悼。杨桂山所长主持告别仪式，王涛所长致悼词。

2011年2月17日遗体告别仪式

后续事件

● 2011 年

6 月，施雅风主编，赵井东、王杰副主编的《中国第四纪冰川新论》由上海科学普及出版社出版。

6 月 25 日，凤凰卫视播放《我的中国心——施雅风》专题片，介绍施雅风院士是中国现代冰川科学的开拓者和奠基人，领导和促进开展冻土学与泥石流的研究，在发展中国地貌学、干旱区水文学、青藏高原综合科学考察、第四纪气候和环境变化研究等方面，都有重大建树。

夏，寒旱所决定为施雅风院士制作铜像，并在 2012 年施雅风逝世一周年时举行铜像落成典礼。

秋，《施雅风院士纪念文集》征集稿件。

寒区旱区环境与工程所委托南京地理与湖泊所在南京制作施雅风院士铜像，具体由办公室和建平操作。经几次小样征求同事、学生和家属意见，最后选定式样，制作泥塑在山东浇铸铜像后，于 2012 年春节前运至兰州。

● 2012 年

2 月 13 日，在杰出的地理学家、中国现代冰川科学的开拓者和奠基人——施雅风先生逝世一周年的日子，纪念施雅风先生暨铜像落成典礼在中科院寒旱所隆重举行，副省长郝远，中国科学院院士孙鸿烈、程国栋、秦大河、姚檀栋、赖远明等出席并为施雅风先生铜像揭幕。北京大学、兰州大学、中科院兰州分院有关负责人，中科院寒旱所全体职工及离退休职工，施雅风先生的亲属 200 余人参加了当日的纪念活动。中科院寒旱所所长王涛研究员致辞时说，施雅风先生是享誉海内外的著名科学家，是我国现代冰川、冻土和泥石流研究的开创者，领导并推动了我国冰川物理、冰川水文、冰芯与环境、冰雪灾害、第四纪冰川等方面的研究，系统发展了冰川学理论，为我国冰川科学跻身世界冰川研究先列奠定了基础。先生开创的冰川冻土事业对于我国干旱区水资源合理利用、泥石流及冰雪灾害预防和寒区重大工程建设起到了重要作用，影响深远。他历经 20 多年出巨资资助贫困地区的学校和学生，并捐资 100 万元设立科学基金，用于每年表彰获得突出成绩的科技工作者。先生开拓创新、求真务实和锐意进取的科学精神，勤奋刻苦、谦虚谨慎和事必躬亲的工作作风，正派为人、淡泊名利和平易近人的人格魅力将永世长存。孙鸿烈、程国栋、秦大河、姚檀栋、赖远明等五位中科院院士深情追忆曾与先生工作、生活的点滴，以期把先生未竟事业的接力棒一代一代传承下去。

在纪念施雅风先生暨铜像落成典礼上，秦大河院士(右1)、孙鸿烈院士(右2)、
郝远副省长(右3)、程国栋院士(右4)为铜像揭幕

北京大学教授崔之久，中科院寒旱所研究员汤懋苍、周幼吾、董光荣4名学者荣获第二届"施雅风科学基金"奖励。

由中国科学院寒区旱区环境与工程所主编，《上善若水　厚德载物——施雅风先生纪念文集》由甘肃科学技术出版社出版。

● 2013 ~ 2018 年

2015年6月9日，第三届"施雅风科学基金"授予季子修（研究员，中科院南京地理与湖泊研究所），陈发虎（教授，兰州大学），邬光剑（研究员，中国科学院青藏高原研究所），熊川（助理研究员，中国科学院遥感与数字地球研究所）。

2016年9月22日，中国冰冻圈科学学会（筹）成立，冰冻圈科学学会（筹）理事会讨论了中国冰冻圈科学奠基人之一的施雅风先生奖励基金的日常管理。

2017年11月17日至18日，中国冰冻圈科学学会（筹）2017年学术年会在广西北海市举行。会议期间颁发了"施雅风冰冻圈与环境基金"2017年度优秀科学家和青年科学家奖。西北生态环境资源研究院黄茂桓研究员、童伯良研究员荣获优秀科学家奖；中科院青藏高原研究所张强弓副研究员、西北研究院徐建中研究员、北京大学杨军副教授、兰州大学牟翠翠副教授及西北研究院吴晓东副研究员分别获青年科学家奖。

2018年11月17日至18日，中国冰冻圈科学学会（筹）2018年学术年会在广东佛山举行。会议期间颁发了"施雅风冰冻圈与环境基金"2018年度优秀科学家和青年科学家奖。西北生态环境资源研究院郑本兴研究员、陈肖柏研究员荣获优秀科学家奖；西北研究院李传金副研究员、北京师范大学蒋玲梅副教授、北京大学刘永岗研究员、中国气象科学研究院丁明虎副研究员和大气物理所郭东林副研究员获青年科学家奖。

施雅风冰冻圈与环境奖励基金将继续按照施雅风先生的生前愿望，鼓励冰冻圈与环境科技工作者做出创新性学术成果，为推动我国冰冻圈与环境研究领域的发展服务。

自 2009 年至 2018 年，施雅风先生捐助的资助甘肃康乐县女中学生的"沈健女士奖学金"共发放奖学金 22 万元，奖励学生 440 人次。

施雅风百年诞辰纪念活动将于 2019 年举行。

附录 1　人才培养

研究生

姓名	入学年份	毕业年份	现所在单位	备注
季子修	1963	1967	南京地理与湖泊研究所	研究员

硕士研究生

姓名	入学年份	毕业年份	现所在单位	备注
李述训	1979	1982	西北生态环境资源研究院（筹）	研究员
任贾文	1980	1983	西北生态环境资源研究院（筹）	研究员
何元庆	1981	1984	西北生态环境资源研究院（筹）	研究员
康建成	1981	1984	上海师范大学	教授
张廷军	1981	1984	兰州大学，美国 NOAA 及科罗拉多大学博尔德分校环境科学联合研究院	教授
陈吉阳	1981	1984	出国	
沈永平	1982	1985	西北生态环境资源研究院（筹）	研究员 / 编审
李世杰	1982	1985	南京地理与湖泊所	研究员

注：硕士研究生指导导师还有丁德文、王靖泰、苏珍、周幼吾、陈肖柏、张祥松、郑本兴、黄茂桓、童伯良

博士研究生

姓名	入学年份	毕业年份	现所在单位	备注
姚檀栋	1983	1986	青藏高原研究所	研究员，院士
杨大庆	1984	1988	出国	研究员
蔡保林	1986	1989	出国	
李世杰	1987	1993	南京地理与湖泊所	研究员
叶柏生	1988	1994	西北生态环境资源研究院（筹）	研究员，因公去世
张寅生	1989	1994	青藏高原研究所	研究员
章新平	1990	1993	湖南师范大学	教授
米海珍	1990	1995	兰州理工大学	教授
范建华	1987	1991	中国香港	
李建仁*	1987			

续表

姓名	入学年份	毕业年份	现所在单位	备注
王珏*	1987			
秦伯强	1989	1993	南京地理与湖泊所	研究员、杰青
周克俊*	1989			
杨桂山	1993	1997	南京地理与湖泊所	研究员
吴敬禄	1993	1996	南京地理与湖泊所	研究员
史学建	1995	1998	黄河水利科学研究院	研究员
杨保	1997	2000	西北生态环境资源研究院（筹）	研究员、杰青
贾玉连	1998	2002	江西师范大学	教授
焦锋	1999	2003	澳大利亚	
于兴修	2000	2003	湖北大学资源环境学院	教授
苏布达	2002	2005	中国气象局国家气候中心，中国科学院新疆生态与地理研究所	研究员、青年千人
王艳君	2003	2006	南京信息工程大学地理学院	副教授
吕宏军*	2004		南京水务局	教授级高工
曾小凡	2005	2009	华中科技大学水电与数字化工程学院	副教授
刘波	2006	2009	河海大学水文水资源学院	副教授
王涛	2009	2012	西安科技大学测绘科学与技术学院	讲师

* 出国或退学中断学业
注：博士研究生指导导师还有陈肖柏、黄茂桓、王苏民、姜彤、沈吉

博士后

姓名	入学年份	毕业年份	现所在单位	备注
张强	2003	2005	北京师范大学	教授，杰青
曾燕	2005	2007	江苏省气象局气候中心	研究员

注：博士后指导导师还有姜彤

附录2 施雅风著述目录
(1935—2016)

一、文章

1935 **施雅风**. 理想的江苏学生. 江苏学生, 5(4)增刊.

1936 **施雅风**. 德意志第三帝国与欧洲政局, 通中学生, (2). 南通. (未存).

1937 **施雅风**. 战时中国的生存线. 五山日报(连载; 八一三抗日战争爆发后). 南通. (未存).

1938 **施雅风**. 皖南地形与东南战局. 扫荡报. 桂林. (未存).

1940 **施雅风**(笔名: 夏峰). 列宁格勒. 中央日报, 贵阳. 或益世报, 重庆. (未存).

1941 **施雅风**(笔名夏峰). 地形与战争. 中国青年, 4(4). 重庆. (未存).

1944 杨怀仁, **施雅风**. 贵州遵义、金沙、黔西、修文四县地质矿产调查报告. 资源委员会矿产测勘处临时报告36号B (油印). 重庆.

1944 **施雅风**. 华中水理概要(上). 硕士论文. 经济建设季刊, 3(2): 37~53. 重庆.

1944 **施雅风**. 华中水理概要(下). 硕士论文. 经济建设季刊, 3(3~4): 168~191. 重庆.

1945 **施雅风**(笔名: 夏峰). 地理政治学的新观念. 政治生活, 2(4): 8~14. 重庆.

1945 **施雅风**. 山是怎么形成的. 学生杂志, 22(6): 18~24. 商务印书馆.

1945 **施雅风**. 中国古代土壤地理. 东方杂志, 41(9). 重庆.

1945 **施雅风**. 遵义附近之地形. ①地质论评, 10(3~4): 113~121. 重庆. ②//张其昀主编. 遵义新志. 57~62. 杭州: 国立浙江大学. ③//国立浙江大学张其昀主编, 遵义市地方志编纂委员会办公室点校. 遵义新志. 遵义市资料选辑(2). 遵义市志编纂委员会办公室重印(1984).

1945 **施雅风**(笔名: 夏峰). 北极区域——空运时代的世界中心. 政治生活, 2(9): 25~32. 重庆.

1946 **施雅风**. 川西地理考察记. 地理, 5(1~2): 21~33. 重庆.

1946 杨利普, 黄秉成, **施雅风**, 毛汉礼. 岷江峡谷之土地利用. 地理学报, 13(0): 30~34. 南京.

1946 **施雅风**(笔名: 夏峰). 喇嘛教在西藏. 中学生, (1). 重庆. (未存).

1946 **施雅风**(笔名: 黄宗甄). 介绍《科学时代》. 新华日报. (未存).

1947 杨利普, 黄秉成, **施雅风**, 毛汉礼. 成都平原之土地利用. 地理学报, 14(1): 4~12. 南京.

1947 **施雅风**(笔名: 蒲良). 关于三峡工程的评论. 科学时代, 上海. (未存).

1948 **施雅风**. 三峡区鹞子砾岩成因的探讨. 地理, 6(1): 7~10. 南京.

1948 **施雅风**. 遵义区域地理. ①//张其昀主编. 遵义新志, 135~156. 杭州: 国立浙江大学②//国立浙江大学张其昀主编, 遵义市地方志编纂委员会办公室点校. 遵义新志. 遵义市资料选辑(3~4). 遵义市志编纂委员会办公室重印(1984).

1948 **施雅风**(笔名: 蒲良). 达尔文进化论的时代基础. 新民报科学副刊, 1948-04-19. 南京. (未存).

1948 **施雅风**(笔名: 蒲良). 科学、技术、工业三界底团结与合作. 新民报科学副刊. 南京. (未存).

1948 **施雅风**(笔名: 蒲良). 科学与青年. 新民报科学副刊. 南京. (未存).

1948 **施雅风**(笔名: 蒲良). 过阴历年怀阳历法. 新民报科学副刊, 南京. (未存).

1949 **施雅风**. 悼叶良辅先生. 地质论评. 14: 105~106, 南京.

1949 **施雅风**. 川东鄂西区域发展史. 地理, 6(2, 3, 4): 7~2, 南京.

1949 施雅风. 两年来的科协南京分会//中国科学工作者协会南京分会编, 科协手册. (未存)

1950 施雅风. 《地理知识》发刊词. 地理知识, (创刊号). 封面. 南京.

1950 施雅风. 在地理学领域中掌握辩证唯物主义. 地理知识, (创刊号): 1~2. 南京.

1950 施雅风. 中国的河流. 地理知识, 1(2): 16~17. 上海.

1950 施雅风(笔名: 蒲良). 世界经济地理讲座. 地理知识, 1(2): 19~20. 上海.

1950 施雅风, 高泳源. 论白吕纳的人地学思想. 地理知识, 1(3): 21~23. 上海.

1950 施雅风(笔名: 蒲良). 盛叙功著世界经济地理评介. 地理知识, 1(3): 25. 上海.

1950 施雅风(笔名: 蒲良). 从历史观点认识地理环境的作用. 地理知识, 1(4): 34~36. 上海.

1950 施雅风, 静如. 苏联气候新学说. 地理知识, 1(5): 51~52. 上海.

1950 施雅风. 论地理学的阶级性. 地理知识, 1(11): 128~129. 上海.

1951 施雅风(笔名: 蒲良). 推荐毕黎译的《自然地理》. 地理知识, 2(2): 32. 上海.

1951 施雅风. 美国地理讲话(一). 地理知识, 2(3): 60~61. 上海.

1951 施雅风. 美国地理讲话(二). 地理知识, 2(4): 85~87. 上海.

1951 施雅风(笔名: 蒲良). 伟大众多而优秀的祖国人民. 地理知识, 2(5): 105~106. 上海.

1951 施雅风. 新中国的工矿业. 地理知识, 2(9): 198~199, 上海.

1953 施雅风. 沙伊奇柯夫博士论地理学上的几个基本问题. ①科学通报, 4(2): 79~82; ②地理学报, 19(1): 99~104.

1953 施雅风. 这一期的内容. 地理学报, 19(1): 125~126. 北京.

1953 施雅风. 纠正错误改进工作. 地理学报, 19 (1): 120~121. 北京.

1953 施雅风. 认识我国的地理环境是经济建设的一个必要条件. 地理知识, (8): 211~212. 北京.

1953 施雅风(笔名: 蒲良). 巴朗斯基著《苏联经济地理》及其两种中译本. 光明日报, 1953-08-01.

1953 施雅风. 我国的自然环境. 北京: 中华全国科学技术普及协会.

1954 施雅风, 杨郁华. 苏联科学院地理研究所介绍. 地理学报, 20(2): 249~253.

1954 施雅风, 陈述彭. 大别山区一剖面(自安徽霍山至湖北罗田的路线考察资料). 地理学报, 20(3): 333~344.

1954 施雅风. 中国自然地理分区讨论总结, 地理学报, 20(4): 419~425.

1954 施雅风. 总路线照耀着地理研究工作的方向. 地理知识, (4). (未存)

1955 孙敬之, 施雅风. 参加苏联地理学会第二届会员代表大会纪要. ①科学通报, (4): 67~72. ②地理知识, (5): 137~140.

1955 施雅风. 我国的地形. 北京: 中华全国科学技术普及协会.

1956 周廷儒, 施雅风, 陈述彭. 中国地形区划草案.//中华地理志编辑部. 中国自然区划草案. 北京: 科学出版社, 21~36.

1956 施雅风. 长江流域的自然区划. 武汉: 长江流域规划办公室.

1956 施雅风. 中国自然资源的考察研究. 北京: 科学普及出版社.

1956 施雅风. 地学的特性与分类问题. 自然辩证法研究通讯. 创刊号, 105~106.

1956 施雅风. Геоморфология应译为地貌学. 地理译报, (1). 68.

1957 周廷儒, 施雅风, 陈述彭. 华北区地貌.//中华地理志编辑部. 华北区自然地理资料. 北京: 科学出版社, 3~24.

1957 施雅风, 陈梦熊, 李维质, 易仕明. 青海湖及其附近自然地理(着重地貌)的初步考察(摘要). 科学通报, (3): 727~728.

1957 施雅风. 华北区改造自然.//中华地理志编辑部. 华北区自然地理资料. 北京: 科学出版社, 88~97.

1957 施雅风. 长江. 地理知识: 99~102. (未存)

1958 **施雅风**. 祁连山冰雪利用研究初步开展. 科学通报, (18): 574～575.

1958 **施雅风**, 陈梦熊, 李维质, 易仕明. 青海湖及其附近地区自然地理(着重地貌)的初步研究. 地理学报, 24(1): 33～48.

1958 **施雅风**, 方永. 中国大地貌形成构造条件的初步分析. 中国第四纪研究, I(I): 136～138.

1959 **施雅风**, 朱岗昆等. 祁连山现代冰川分布、储量、发育及利用问题. //中国科学院高山冰雪利用研究队(**施雅风**主编). 祁连山现代冰川考察报告. 北京. 科学出版社, 1～25.

1959 **施雅风**. 祁连山现代冰川资源及其利用问题. 科学通报, (3): 73～76.

1959 **施雅风**. 让高山冰川参加社会主义建设. 人民日报. 1959-01-23. 新华月报转载.

1959 **施雅风**. 让高山冰川为改造西北干旱气候服务. //中国科学院地理研究所编辑. 大跃进中的中国地理学. 北京: 商务印书馆.

1959 **施雅风**, 吴申燕, 朱景郊等. 天山冰川积雪考察试验报告(油印稿). 1～59. 乌鲁木齐.

1959 **施雅风**. 高山冰雪资源利用研究的远景设想和目前任务(油印稿). 1～12. 兰州.

1959 **施雅风**. 中国地貌形成的构造条件. //中国自然区划工作委员会地貌区划组(沈玉昌主编). 中国地貌区划. 北京: 科学出版社, 10～15.

1959 **施雅风**. 中国地貌形成的外营力初步分析. //中国自然区划工作委员会地貌区划组(沈玉昌主编). 中国地貌区划. 北京: 科学出版社, 15～21.

1960 **Shi Yafeng**. Glaciers al Servicio de la agricultura on China Popular. Revisita Geografica de Chine, (19): 44～50 (in Spanish).

1960 **施雅风**, 朱景郊等. 天山冰雪水资源利用意见书(油印稿). 1～64. 乌鲁木齐.

1960 **施雅风**, 郑本兴, 白重瑗等. 祁连山冰雪水资源利用指南(油印稿). 1～150. 兰州.

1961 **施雅风**. 开发高山冰雪资源, 支援西北农业生产. 科学通报, (1): 20～26.

1961 **施雅风**. 地质地貌冰川学的理论与实际任务及今后发展问题(油印稿). 兰州.

1961 **施雅风**, 朱景郊, 郑本兴等. 中国西北高山地区的古代冰川作用(油印稿). 1～58. 兰州.

1961 **施雅风**. 1958～1960三年来高山冰雪利用研究工作总结(铅印稿). 国务院科委西北防旱组会议文件. 北京.

1961 **施雅风**. 西北地区的冰川作用及有关交通问题(提纲, 油印稿). 在兰州第一铁路勘测设计院工程地质班讲演.

1963 **施雅风**, 白重瑗. 人工促进冰雪消融, 以增加西北地区河流径流量的可能(油印稿). 1～42. 兰州.

1963 **施雅风**. 西北高山冰川的现代特征与历史演变(提纲, 油印稿). 中国科学院地理研究所的学术报告. 1～14.

1964 **施雅风**. 五年来的中国冰川学、冻土学与干旱区水文研究. 科学通报, (3): 218～225.

1964 **Shi Yafeng**. Chinese research on glaciology, permafrost and arid land hydrography in the past five years. Office of Technical JPRS, Washington D. C. 25016. 1.

1964 **施雅风**, 谢自楚. 中国现代冰川的基本特征. 地理学报, 31(3): 183～213(1965获中国科学院优秀成果奖).

1964 **施雅风**, 刘东生. 希夏邦马峰地区科学考察初步报告. 科学通报, (10): 928～938.

1964 **Shi Yafeng**, Liu Tungsheng. Preliminary report on Mount Shisha Pangma scientific expedition 1964. Contributions at the 1964 Peking Symposium, 279～292.

1964 **施雅风**. 奇异的希夏邦马峰. 光明日报, 1964-07-21.

1964 **施雅风**. 探索希夏邦马峰的秘密. 人民画报, 1964-07-21.

1964 **施雅风**, 杨宗辉, 谢自楚, 杜榕桓. 西藏古乡地区的冰川泥石流. 科学通报, (6): 542～544.

1964 **施雅风**. 中国西部山地晚更新世玉木冰期探讨(提纲, 油印稿). 参加西安第二次全国第四纪学术会议论文.

1965 **Shi Yafeng**, Chi Tzuhsiu. Scientists Study Mount Shisha Pangma. China Reconstructs, 14(3): 19～23.

1965 施雅风. 山区建设必须注意泥石流的危害. 人民日报, 1965-02-08.

1965 施雅风. 冰川冻土沙漠所的方向和任务. (在1965年8月2日建所会上的报告, 刊登新华社内部参考).

1965 施雅风, 唐邦兴, 王明叶等. 云南禄劝大崩坍调查报告(油印稿). 给云南科委考察报告(1966～1968)

1965 施雅风, 苏珍. 天山乌鲁木齐河源冰川的形态特征与历史演变. // 中国科学院地理研究所冰川冻土研究室(施雅风主编). 天山乌鲁木齐河冰川与水文研究. 北京: 科学出版社, 83～87.

1972 施雅风, 张祥松编译. 冰川学的发展趋势. 冰川冻土沙漠科技情报资料, (1): 32～38.

1972 施雅风. 中国冰川研究事业在发展. ①中国新闻, 北京: 中国新闻社, 1972-08-22(6569). ②香港大公报, 1972-09-17. ③马来亚中国报, 1972-09-04.

1973 中国科学院西藏科学考察队(刘东生, 施雅风主笔). 我国西藏南部珠穆朗玛峰地区的自然特征和地质发展史. 科学通报, 18(1): 11～21.

1974 施雅风, 谢自楚, 张祥松等. 我国西藏南部珠穆朗玛峰地区冰川的基本特征. 中国科学, (4): 383～400.

1975 **Shi Yafeng**, Xie Zichu, Zhang Xiangsong, et. al. Basic features of the glaciers of Mt, Jolmo Lungma region, southern part of the Tibet Autonomous Region. China Scientia Sinica, 18(1): 106～130.

1975 施雅风. 中国天山冰川目录说明. //新疆维吾尔自治区科学技术委员会编. 中国天山现代冰川目录. 乌鲁木齐: 新疆维吾尔自治区科学技术委员会, 1～6.

1975 施雅风. 努力攀登科学技术新高峰. 甘肃日报, 1975-01-29.

1975 施雅风. 前言. //中国科学院西藏科学考察队(施雅风主编). 珠穆朗玛地区科学考察报告(1966～1968): 现代冰川与地貌. 北京: 科学出版社, 77～91.

1975 郑本兴, 施雅风. 珠穆朗玛峰地区冰川的变化. 中国科学院西藏科学考察队(施雅风主编). 珠穆朗玛地区科学考察报告(1966～1968): 现代冰川与地貌. 北京: 科学出版社, 77～91.

1975 王富葆, 王宗太, 施雅风. 珠穆朗玛峰地区冰川消融区的冰塔林及其它冰面地貌. //中国科学院西藏科学考察队(施雅风主编). 珠穆朗玛地区科学考察报告(1966～1968): 现代冰川与地貌. 北京: 科学出版社, 77～91.

1976 郑本兴, 施雅风等. 珠穆朗玛峰地区第四纪冰期探讨. //中国科学院西藏科学考察队. 珠穆朗玛峰地区科学考察报告(1966～1968): 第四纪地质. 北京: 科学出版社, 29～62.

1976 施雅风. 《青海昆仑山垭口盆地第四纪湖相沉积孢粉及其意义》(唐领余著)一文的补充. //中国科学院兰州冰川冻土沙漠所集刊, 第1号, 北京: 科学出版社, 116～117.

1976 施雅风. 喀喇昆仑公路巴托拉地段冰川影响和工程修复意见(油印稿). 交呈援巴筑路工程指挥部及总后勤部、交通部、外经部等有关部门的报告, 1～7.

1978 中国科学院兰州冰川冻土研究所巴托拉冰川考察组(施雅风主笔). 喀喇昆仑山巴托拉冰川及其变化. 中国科学, (9): 657～670.

1978 施雅风, 张祥松. 喀喇昆仑山巴托拉冰川的近代进退变化. 地理学报, 33(1): 27～40.

1978 施雅风. 科学工作者的学习榜样——记我国卓越科学家竺可桢同志. 地理知识, (2): 1～6.

1979 **Shi Yafeng**. The Batura Glacier in Karakoram Mountains and its variations. Scientia Sinica, 22(8): 958～974.

1979 **Shi Yafeng**, Li Jijun, Zheng Benxing. Quaternary China. Geographical Magazine, 51(9): 636～643. London.

1979 施雅风, 李吉均, 郑本兴. 青藏高原的隆起和它对冰期中国的影响. 冰川冻土, (1): 6～11.

1979 施雅风, 谢自楚, 李吉均, 余杰. 访问欧洲三国所见国际冰川学研究的现状. 冰川冻土, (1): 52～

57.

1979 施雅风. 冰川冻土学术会议总结. 冰川冻土, (1): 2～5.

1979 施雅风, 任炳辉, 谢自楚. 三十年来的中国冰川学研究的主要成就. 冰川冻土, (1): 2～5.

1979 施雅风, 王宗太. 历史上的木扎特冰川谷道和中西交通. 冰川冻土, (2): 22～26.

1979 施雅风, 许良英, 黄秉维等. 竺可桢生平与贡献. //竺可桢文集编辑小组, 竺可桢文集, 北京: 科学出版社, 1～6.

1980 施雅风, 许良英. 竺可桢传略 (1889～1974). 中国科技史料, (2). 1～25.

1980 **Shi Yafeng**, Xie Zichu, Zheng Benxing, Li Jijun. Distribution, features and variations of glaciers in China. //World Glacier Inventory. Proceedings of the Riederalp Workshop, Sept. 1978. IAHS Publ. No. 126. 111～116.

1980 **Shi Yafeng**. Some achievement on mountain glacier researches in China. Seppyo (Journal of the Japanese Society of Snow and Ice), 42 (4): 215～228.

1980 施雅风. 序言 (中、英文版). //中国冰川. 上海: 上海科学技术出版社.

1980 施雅风, 任炳辉. 中国冰川地貌 (西部地区). //中国自然地理·地貌卷. 北京: 科学出版社, 202～231.

1980 施雅风, 黄茂桓. 日本雪冰学界一瞥. 冰川冻土, 2 (3): 59～61.

1980 施雅风, 黄茂桓, 本刊编辑部. 参加日本雪冰学会1979年度秋季大会及访问日本雪冰研究机构. 地理学报, (2): 185.

1980 **Shi Yafeng**, Wang Wenying. Research on snow cover in China and the avalanche phenomena of Batura Glacier in Pakistan. Journal Glaciology, 25 (94): 25～30.

1980 施雅风. 喀喇昆仑山巴托拉冰川研究概述. //中国科学院兰州冰川冻土研究所 (**施雅风**主编). 喀喇昆仑山巴托拉冰川考察与研究. 北京: 科学出版社, 1～7.

1980 张祥松, **施雅风**, 蔡祥兴. 巴托拉冰川末端冰融水道的变迁与新河道的稳定性. //中国科学院兰州冰川冻土研究所 (**施雅风**主编). 喀喇昆仑山巴托拉冰川考察与研究. 北京: 科学出版社, 153～165.

1980 施雅风. 巴托拉冰川末端公路桥位附近的埋藏冰问题. //中国科学院兰州冰川冻土研究所 (**施雅风**主编). 喀喇昆仑山巴托拉冰川考察与研究. 北京: 科学出版社, 166～172.

1980 张祥松, **施雅风**. 巴托拉冰川在第四纪与近代的历史变化. //中国科学院兰州冰川冻土研究所 (**施雅风**主编). 喀喇昆仑山巴托拉冰川考察与研究. 北京: 科学出版社, 173～190.

1980 施雅风, 王文颖, 张祥松. 巴托拉冰川本世纪内前进的预测和下世纪内变化的趋势. //中国科学院兰州冰川冻土研究所 (**施雅风**主编). 喀喇昆仑山巴托拉冰川考察与研究. 北京: 科学出版社, 191～207.

1981 施雅风, 张祥松, 任炳辉. 中国西部现代冰川与冰川地貌研究概述. //中国地理学会地貌专业委员会编辑. 中国地理学会一九七七年地貌学术会议论文集. 北京: 科学出版社, 137～144.

1981 施雅风, 袁远荣, 李械, 曾群柱. 中国现代冰川及其融水. // 中国科学院《中国自然地理》编辑委员会. 中国自然地理: 地表水. 北京: 科学出版社, 122～136.

1981 施雅风. 庐山真的有第四纪冰川吗? ①自然辩证法通讯 (中国科学院自然辩证法通讯杂志社), (2): 41～45. ②冰川冻土, 4 (1): 64～68 (1982, 转载).

1981 施雅风. 竺可桢与中国冰川研究. ①冰川冻土, 3 (2): 1～5. ②纪念科学家竺可桢论文集. 北京: 科学普及出版社, 87～94 (1987).

1981 施雅风, 王宗太, 刘潮海. 祁连山冰川目录编纂说明. //施雅风, 王宗太等主编. 中国冰川目录I: 祁连山区. 兰州: 中国科学院兰州冰川冻土研究所, 1～9.

1981 施雅风. 序——《中国冰川目录》. //施雅风, 王宗太等主编. 中国冰川目录I: 祁连山区. 并刊于以后出版的各卷冰川目录. 兰州: 中国科学院兰州冰川冻土研究所.

1981 **施雅风**, 王宗太. 祁连山冰川资源的新认识. 甘肃日报, 1981-01-09.

1981 **施雅风**. 开展冰川编目, 查明冰川资源. 科学报, 1981-01-29.

1981 **施雅风**. 要鼓励边远地区科技事业的发展. 人民日报, 1981-05-23.

1981 **施雅风**. 科学工作者应该具备的品德. ①科学报, 1981-12-10. ②人民日报, 1982-04-18. ③卢嘉锡主编. 另一种人生——当代中国科学家随感(下). 上海: 东方出版社, 329~331 (1998).

1981 **施雅风**. 要把加强和改善边远地区的科研工作放在重要的战略地位. ①中国科学院简报(19), 1981-04-16. ②光明日报, 1981-04-20.

1981 **Shi Yafeng**, Wang Jingtai. The fluctuations of climate, glaciers and sea level since Late Pleistocene in China. //Sea Level, Ice and Climatic Change. Proceedings of the Canberra Symposium, Dec. 1979. IAHS publ. No. 131, 281~293.

1981 **Shi Yafeng**, Li Jijun. Glaciological research of the Qinghai-Xizang Plateau in China. //Liu Tungsheng ed. Geological and Ecological Studies of Qinghai-Xizang Plateau (2). Beijing: Science Press, 1589~1598.

1981 **Shi Yafeng**, Zhang Xiangsong. Batura Glacier of Karakorum Mountains: An example of the complex type glacier. //Liu Tungsheng ed. Geological and Ecological Studies of Qinghai-Xizang Plateau (2). Beijing: Science Press, 1619~1624.

1981 **Shi Yafeng**, Wang Zongtai, Liu Chaohai. Progress and problems of glacier inventory in China. Zeitschri ft fur Gletscherkun, de und Glazialgeologie, 17 (2): 191~198.

1981 **施雅风**, 李吉均, 关口武译. 中国青藏高原の冰河研究. 日本地学杂志, 90 (3): 203~209(日文发表).

1982 谢自楚, 郑本兴, 李吉均, **施雅风**. 中国冰川的分布、特征及变化. //中国地理学会冰川冻土学术会议论文选集(冰川学). 北京: 科学出版社, 1~13.

1982 **施雅风**, 邓养鑫. 庐山山麓第四纪泥石流堆积的确证——以庐山西北麓羊角岭为例. 科学通报, 27(20): 1253~1258.

1982 **施雅风**, 王靖泰. 中国晚第四纪的气候、冰川与海平面的变化. //第三届全国第四纪学术会议论文集. 北京: 科学出版社, 111~121.

1982 **Shi Yafeng**, Zheng Benxing. Glacial variation since Late Pleistocene on the Qinghai- Xizang (Tibet) Plateau of China. //Liu Tungsheng ed. Quaternary Geology and Environment of China. Beijing: China Ocean Press, 161~166.

1982 **Shi Yafeng**. China recent glacier work. Ice, (68): 15~18. Cambridge, UK.

1982 **施雅风**, 杨针娘. 我国冰川资源估算及其对河流的作用. ①中国水利(我国水资源专辑), 69~70. ②水文(水资源专辑), (增刊): 6~12.

1982 **施雅风**, 丁德文, 傅连弟. 巴托拉冰川末端动态的数值预报. 冰川冻土, 4(1): 35~44.

1982 **施雅风**, 王宗太, 刘海潮. 中国冰川目录的进展与问题. 冰川冻土, 4(2): 27~34.

1982 **施雅风**. 兰州冰川冻土研究所的若干进展(1978~1980). 冰川冻土, 4(3): 81~86.

1982 **施雅风**. 悼念弗里茨·牟勒(Fritz Müller)教授. 冰川冻土, 4(3): 104~108.

1982 **施雅风**. 祝贺与希望. 环境研究与监测, (1): 1.

1982 **施雅风**. 《瑞士和她的冰川——从冰期到现在》书评. 冰川冻土, 4(4): 83~85.

1982 爱·德比希尔, 陈吉阳, 邓养鑫, **施雅风**. 庐山的困境: 长江以南的更新世冰川作用. 冰川冻土, 4(4): 1~26+95~102.

1982 **施雅风**. 希夏邦马峰附近的山文和水系. //中国希夏邦马峰登山队科学考察队(**施雅风**, 刘东生主编). 希夏邦马峰地区科学考察报告. 北京: 科学出版社, 21~23.

1982 **施雅风**, 季子修. 希夏邦马峰地区现代冰川的分布和形态类型. //中国希夏邦马峰登山队科学考察队 (**施雅风**, 刘东生主编). 希夏邦马峰地区科学考察报告. 北京: 科学出版社, 24~39.

1982 **施雅风**, 季子修. 希夏邦马峰北坡冰川的冰塔林及有关消融形态. //中国希夏邦马峰登山队科学考察队 (**施雅风**, 刘东生主编). 希夏邦马峰地区科学考察报告. 北京: 科学出版社, 74~91.

1982 **施雅风**, 崔之久, 郑本兴. 希夏邦马峰地区冰期探讨. //中国希夏邦马峰登山队科学考察队 (**施雅风**, 刘东生主编). 希夏邦马峰地区科学考察报告. 北京: 科学出版社, 155~176.

1983 **Shi Yafeng**, Cheng Guodong. A brief introduction on permafrost research in China. //Proceedings of Permafrost Fourth International Conference, Fair banks, Alaska, 1983. Washington DC: National Academy Press, 1143~1147.

1983 **Shi Yafeng**, Mi Desheng. A comprehensive map of snow, ice and frozen ground in China. // Permafrost Fourth International Conference, Proceedings Fairbanks, Alaska, 1983, Washington DC: National Academy Press, 1148~1151.

1983 **Shi Yafeng**. Das Institute für Glaziologie und Kryopedologie der Academia Sinica. Die Erde, 2~3. (未存).

1983 **Shi Yafeng**, Deng Yangxin. Concrete evidence of quaternary debris flow deposits at the foot of Lushan—taking the yangjiaoling at the northwest foot of Lushan as example. A Monthly Journal of Science, (6): 798~806

1983 **施雅风**, 白重瑗. 冰雪资源的利用. ①冰川冻土, 5 (1): 85~88. ②现代农业科学知识, 北京: 科普出版社, 9~95.

1983 **施雅风**, 任炳辉. 中国冰川研究发展简史. 冰川冻土, 5(1): 21~31.

1983 **施雅风**. 冰川冻土研究与国民经济建设. ①光明日报, 1983-02-04. ②叶永烈编. 党政干部必读. 上海: 上海交通大学出版社, 294~295.

1983 **施雅风**. 《山地研究》发刊词. 山地研究, 1(1): 1.

1983 **施雅风**. 制定人才优待政策, 促进经济文化发展. 科学·经济·社会, (1): 7~8. 兰州.

1983 **施雅风**, 程国栋. 兰州冰川冻土所研究工作的若干进展 (1981~1982). 冰川冻土, 5(4): 63~66.

1983 **施雅风**, 樋口敬二. 《中日联合天山博格达峰考察专辑》前言. 冰川冻土, 5(3): 1.

1984 **Shi Yafeng**, Zhang Xiangsong. Some studies of the Batura Glacier in the Karakoram Mountains. // Miller K J ed. The International Karakoram Project. The Royal Geographical Society, London, 1: 51~63.

1984 **施雅风**, 郑本兴, 苏珍, 牟昀智. 天山托木尔峰—汗腾格里地区第四纪冰期探讨. 冰川冻土, 6(2): 1~14.

1984 **施雅风**. 序. //中国科学院兰州冰川冻土研究所编. 中国及毗邻地区冰川冻土文献目录 (1920~1982). 兰州: 甘肃人民出版社.

1984 **施雅风**. 乔戈里峰地区的冰川群是晚更新世冰川的残留吗? 新疆地理, 7(3): 1~4.

1984 **Shi Yafeng**. Progress in the study of glaciology cryopedology and mountain hazards in China. ①Geography in China. Beijing: Science Press, 79~88. ②Tu Guangzhi ed. Advances in Science of China Earth Science (1). Science Press and John Wiley and Sons, 427~436 (1986).

1985 **施雅风**, 唐邦兴, 杜榕桓. 四川西昌附近铁路建设中的泥石流问题. //中国科学院兰州冰川冻土研究所. 中国科学院兰州冰川冻土研究所集刊第四号 (中国泥石流研究专辑), 北京: 科学出版社, 153~160.

1985 苏珍, 郑本兴, **施雅风**, 王志超等. 托木尔峰地区的第四纪冰川遗迹及冰期划分. //中国科学院登山科学考察队. 天山托木尔地区的冰川与气象, 乌鲁木齐: 新疆人民出版社, 1~31.

1985 **施雅风**. 在争议中前进的中国第四纪冰川研究. //中国地质学会中国第四纪研究委员会. 中国

第四纪冰州冰缘学术讨论会论文集. 北京: 科学出版社, 1~8.

1985 **施雅风**. 竺可桢的学术思想指引我国的冰川研究. //竺可桢逝世十周年纪念会筹备组. 竺可桢逝世十周年纪念会论文报告集. 北京: 科学出版社, 223~236.

1985 **Shi Yafeng**, Yang Zhenniang . Water resources of glaciers in China. Geo-Journal, 10(2): 163~166.

1985 **施雅风**, 谢自楚, 张祥松, 黄茂桓. 二十五年来中国冰川学的回顾与展望. 地理学报, 40(4): 367~376.

1985 邱国庆, **施雅风**, 童伯良. 特洛伊·路易斯·裴伟教授. 冰川冻土, 7(2): 105~194.

1985 **施雅风**. 热烈祝贺山地研究委员会的成立. 山地研究, (1): 6~8.

1986 **施雅风**. 中国现代冰川简史. 中国科技史料, 7(3): 42~53.

1986 **施雅风**. 学习竺可桢的学术领导思想和品德. 中国科学院工作会议文件.

1986 **施雅风**. 缅怀竺老, 学习竺老. 科学报, 1986-03-01.

1986 **施雅风**. 徐近之先生与青藏地理研究. //中国科学院南京地理研究所编. 徐近之先生纪念论文集, 南京: 中国科学院南京地理研究所.

1986 **施雅风**, 周尚哲, 崔之久, 李吉均. 桂林地区古冰川遗迹何在? 冰川冻土, 8(2): 97~106.

1986 **施雅风**. 行将出现的气候和环境大变化及对策建议. 未来与发展, (3): 9~11.

1986 **施雅风**. J. L. R. 阿加西——近代冰川学说的奠基人. 冰川冻土, 8(2): 179~182.

1987 **施雅风**. J. L. R. 阿加西(1807~1873). //中国大百科全书总编辑委员会本卷编辑委员会, 中国大百科全书: 大气科学·海洋科学·水文科学. 北京: 中国大百科全书出版社, 1.

1987 **施雅风**. 冰川//中国大百科全书总编辑委员会本卷编辑委员会. 中国大百科全书: 大气科学·海洋科学·水文科学. 北京: 中国大百科全书出版社, 22~25.

1986 **Shi Yafeng**, Ren Binghui, Wang Jingtai, E. Derbyshire. Quaternary glaciation in China. //Quaternary Science Reviews, 5: 503~507.

1987 **施雅风**. 南高、东大时期的竺可桢教授. ①地理研究, 6(2): 57~63. ②南京师范大学学报(第四纪地质与泥炭专辑), (增刊): 1~22. ③高教研究与探索(南京大学学报校史专刊), 45~52.

1987 **施雅风**, 赵希涛. 迎接未来海平面明显上升的挑战. 地球科学信息, (6): 1~2.

1987 **施雅风**, 许良英. 求是精神——竺可桢. //叶永烈编, 浙江科学精英. 杭州: 浙江科学技术出版社, 28~32.

1987 曹梅盛, **施雅风**. 当代著名冰川学家马克. F. 迈耶教授. 冰川冻土, 9(2): 190~198.

1987 王文颖, **施雅风**. 杰出的高山摄影测量学家B. 华士本博士. 冰川冻土, 9(4): 375~380.

1987 **施雅风**. 行将出现的气候和环境大变化. //江苏地理学会. 江苏地理与经济建设. 南京: 南京大学出版社, 6~10.

1987 **Shi Yafeng**, Cui Zhijiu, Li Jijun. Reassessment of Quaternary Glaciation Problems in East China. //①Tu Guangzhi ed. Advances in Science of China: Earth Sciences. Beijing: Science Press, 45~54. ②Abstract INQUA 87, XII International Congress, 264.

1988 **施雅风**. 中国东部第四纪冰川问题的新认识. //中国科学院地学部第二次学部委员论文集, 北京: 科学出版社, 118~121.

1988 **施雅风**, 谢自楚, 杨针娘, 李培基. 国际雪冰研究动态与展望——国际大地测量与地球物理联合会第19届大会简介. 冰川冻土, 9(1): 90~93.

1988 **施雅风**. 对于南极科学研究的几点意见(油印稿). 1~3.

1988 **施雅风**. 沿海地区经济建设要注意海平面上升的危害. ①科学报, 1988-06-17. ②百科知识, (9): 2~3. ③警惕未来海平面的上升, 科技日报, 1988-06-21.

1988 **施雅风**. 一个应当重视的问题——未来的西北可能更加干旱化. //中国自然资源研究会等编. 中国干旱、半干旱地区自然资源研究. 北京: 科学出版社, 27~32.

1988 **施雅风**. 三十年的回顾与教训. 冰川冻土, 10(2): 201～214.

1988 **施雅风**, 米德生, 曹群柱. 中国若干地区冰川卫星影像解释. //中国科学院冰川冻土所集刊, 第6号. 北京: 科学出版社, 1～14.

1988 姚檀栋, **施雅风**. 乌鲁木齐河气候、冰川、径流变化及未来趋势. 中国科学, B(6): 657～666.

1988 黄茂桓, **施雅风**. 三十年来我国冰川基本性质研究的进展. 冰川冻土, 10(3): 228～236.

1988 **施雅风**, 白重瑗. 中国西部高山冰川形成的地貌、气候条件和雪线分布. //**施雅风**, 黄茂桓, 任炳辉等编著. 中国冰川概论. 北京: 科学出版社, 11～28.

1988 **施雅风**. 任炳辉. 中国现代冰川类型与区域分布. //**施雅风**, 黄茂桓, 任炳辉等编著. 中国冰川概论. 北京: 科学出版社, 138～170.

1989 **施雅风**, 任贾文. 南极洲——国际上的科学竞技场. 科技导报, (1): 48～50.

1989 **Shi Yafeng**, Wang Zongtai, et a1. Glacial water resources of the arid regions in Northwest China and their utilization . //Utilization and Development of Natural Resources in Arid and Semiarid Lands. Beijing: Science Press, 1～9.

1989 **施雅风**. 如何解决乌鲁木齐地区的缺水问题, 在中国科学院地学部水资源合理开发利用(以华北为主)研讨会上的报告: 1989-01.

1989 **施雅风**. 《湖泊科学》发刊词. 湖泊科学, (1): 6.

1989 **施雅风**. 解放前南京科技界部分革命活动回顾. 南京日报, 1989-03-24.

1989 **施雅风**. 温室效应与气候环境变化. //江苏省科协, 省人民广播电台编. 江苏省第一届科普宣传周科普报告集, 15～17.

1989 **施雅风**. 回忆通中. //江苏省立南通中学八十周年纪念册. 江苏省南通中学, 36～37.

1989 杨怀仁, **施雅风**, 陈述彭, 陈吉余, 李治孝. 叶良辅教授的生平与贡献. //杨怀仁主编. 叶良辅与中国地貌学. 杭州: 浙江大学出版社, 1～18.

1989 **施雅风**. 怀念叶良辅教授, 开展地貌与冰川研究. //杨怀仁主编. 叶良辅与中国地貌学. 杭州: 浙江大学出版社, 295～368.

1989 **施雅风**. 李四光教授与中国地理学的发展. 第四纪研究, (2): 231～236.

1989 **施雅风**. 前言——气候与海面变化研究专辑. 地球科学进展, (3): 4～5.

1989 **施雅风**, 曲耀光, 胡琳等. 柴窝堡水源地开发利用建议. //**施雅风**, 曲耀光等编著. 柴窝堡—达坂城地区水资源与环境. 北京: 科学出版社, 187～191.

1989 **施雅风**, 周尚哲. 中国东部第四纪冰川研究的发展和争论. //**施雅风**, 崔之久, 李吉均等著. 中国东部第四纪冰川与环境问题. 北京: 科学出版社, 1～10.

1989 **施雅风**. 山地冰川发育条件. //**施雅风**, 崔之久, 李吉均等著. 中国东部第四纪冰川与环境问题. 北京: 科学出版社, 11～13.

1989 崔之久, **施雅风**. 冰碛与泥石流堆积的判别. //**施雅风**, 崔之久, 李吉均等著. 中国东部第四纪冰川与环境问题. 北京: 科学出版社, 31～52.

1989 崔之久, **施雅风**. 中国东部末次冰期冰川分布规律. //**施雅风**, 崔之久, 李吉均等著. 中国东部第四纪冰川与环境问题. 北京: 科学出版社, 129～132.

1989 **施雅风**. 冰期的基本观念. //**施雅风**主编, 崔之久, 李吉均副主编. 中国东部第四纪冰川与环境问题. 北京: 科学出版社, 271～277.

1989 **施雅风**. 黄土记录的气候演变. //**施雅风**, 崔之久, 李吉均等著. 中国东部第四纪冰川与环境问题. 北京: 科学出版社, 277～284.

1989 顾嗣亮, **施雅风**. 南方红色风化壳与气候. //**施雅风**, 崔之久, 李吉均等著. 中国东部第四纪冰川与环境问题. 北京: 科学出版社, 321～325.

1989 谢又予, **施雅风**. 几种沉积类型所反映的环境特征. //**施雅风**, 崔之久, 李吉均等著. 中国东部第四纪冰川与环境问题. 北京: 科学出版社, 325~331.

1989 **施雅风**. 东部冰期雪线重建讨论. //**施雅风**, 崔之久, 李吉均等著. 中国东部第四纪冰川与环境问题. 北京: 科学出版社, 363~374.

1990 **施雅风**. 饮水思源怀念遵义. //贵州省遵义地区地方志编委会. 浙江大学在遵义. 杭州: 浙江大学出版社, 119~132.

1990 **施雅风**. 序一. //张祥松, 周隶超等. 喀喇昆仑山叶尔羌河冰川突发洪水研究. 北京: 科学出版社.

1990 **施雅风**. 山地冰川与湖泊萎缩所指示的亚洲中部气候干暖化趋势与未来展望. 地理学报, 45 (1): 1~13.

1990 **施雅风**, 郑本兴, 李世杰. 青藏高原的末次冰期与最大的冰期. 冰川冻土, 12 (1): 1~16.

1990 **施雅风**. 第二届国际地貌学大会及有关学术活动. 冰川冻土, 12 (2): 182~185.

1990 **施雅风**. 国际冰川学会冰与气候讨论会及美国若干科研单位. 冰川冻土, 12 (2): 186~188.

1990 Yao Tandong, **Shi Yafeng**. Fluctuations and future trend of climate, glaciers and discharge of Urumqi River in Xinjiang. Science in China, 33B (4): 504~512.

1990 杨大庆, **施雅风**, 康尔泗, 张寅生, 杨新元. 乌鲁木齐河源高山区固态降水对比测量的主要结果. 科学通报, (22): 1734~1737..

1990 张祥松, **施雅风**. 中国冰雪灾害研究. 地球科学进展. 1990. (3): 40~45.

1990 **施雅风**. 国际冰与气候学术讨论会. 中国科学基金. 1990. (2): 72~73.

1990 **施雅风**. 华北地区水资源合理开发利用. //**施雅风**主编. 中国科学院地学部研讨会文集. 北京: 水利电力出版社, 368.

1990 **施雅风**. 学习竺可桢崇高的治学思想和品德. 中国科学院院刊, 5 (1): 80~82.

1990 **施雅风**, 李吉均. 抓住时机把青藏高原研究深入下去. 中国科学报, 1990-05-16.

1990 **Shi Yafeng**. Glacier recession and lake shrinkage indicating a climatic warming and drying trend in Central Asia. Annals of Glaciology, 14: 261~265.

1990 **Shi Yafeng**, Fan Jianhua, Qin Boqiang, Wang Sumin. The causes and trend predicting on shrinkage of Qinghai Lake. Bulletin of Nanjing Institute of Geography and Limnology, Academia Sinica, Special Issue in Celebration of the 50th Anniversary of the Institute (1940~1990), 12~20.

1990 **Shi Yafeng**. Climatic warming, sea level rising and their impacts on droughts and floods in China. Abstract of International Symposium on Geo-Hazards and Their Prediction. Nanjing, China, 21~26 August 1990.

1990 **施雅风**, 任炳辉. 冰川. //中国大百科全书《地理学》编辑委员会. 中国大百科全书: 地理学. 北京: 中国大百科全书出版社, 9~12.

1990 **施雅风**. 冰川学. //中国大百科全书《地理学》编辑委员会. 中国大百科全书: 地理学. 北京: 中国大百科全书出版社, 19~20.

1990 **施雅风**. 竺可桢. //中国大百科全书《地理学》编辑委员会. 中国大百科全书: 地理学. 北京: 中国大百科全书出版社, 520~521.

1990 **施雅风**, 张宗祜. 关于解决华北地区缺水问题的建议. //中国科学院地学部编. 华北地区水资源合理开发利用——中国科学院地学部研讨会文集. 北京: 水利电力出版社, 1990: 1~2.

1990 杨大庆, **施雅风**, 康尔泗, 张寅生. 天山乌鲁木齐河流域降水观测动力损失分析与修正. //中国地理学会冰川冻土分会, 中国科学院兰州冰川冻土研究所编辑. 第四届全国冰川冻土学术会议论文选集 (冰川学). 北京: 科学出版社, 95~102.

1990 **施雅风**, 范建华. 中国气候与海面变化研究的若干进展. //**施雅风**. 王明星, 张丕远, 赵希涛等著. 中国气候与海面变化研究进展 (一). 北京: 海洋出版社, 1~6.

1990 **施雅风**, 范建华, 秦伯强, 王苏民. 青海湖萎缩的原因分析与未来趋势预测. //**施雅风**. 王明星, 张丕远, 赵希涛等著. 中国气候与海面变化研究进展(一). 北京: 海洋出版社, 105~106.

1990 施雅风. 山地冰川与湖泊萎缩指示的亚洲中部气候干暖化趋势与展望. //施雅风. 王明星, 张丕远, 赵希涛等著. 中国气候与海面变化研究进展(一). 北京: 海洋出版社, 107~108.

1990 文启忠, 施雅风. 新疆柴窝堡盆地的第四纪演化. //施雅风, 文启忠, 曲耀光等编著. 新疆柴窝堡盆地第四纪气候环境变迁和水文地质条件. 北京: 海洋出版社, 1~157.

1991 施雅风. 参加气候对环境与社会影响国际会议的报告. 冰川冻土, 1991. 13(3), 267~272.

1991 施雅风, 范建华. 中国气候和海面变化及其趋势和影响的初步研究. 地球科学进展, 1991. 6(4), 18~23.

1991 施雅风, 范建华. 中国中纬度地带气候暖干化对水资源的影响. 水科学进展, 1991, 2(4), 17~223.

1991 施雅风. 喜看冻土学中的重要理论突破. 中国科学报, 1991-08-02, 第二版.

1991 施雅风. 敬祝李春芬教授八十大庆. //华东师范大学地理系. 李春芬教授生平和学术思想. 上海: 华东师范大学地理系编印.

1991 施雅风. 缅怀涂长望教授. 人民日报, 1991-11-07.

1991 E. Derbyshire, **Shi Yafeng**, Li Jijun, Zheng Benxing, Li Shijie, Wang Jingtai. Quaternary glaciation of Tibet: The geological evidence. Quaternary Science Review, 10(6): 485~510.

1991 **Shi Yafeng**. Glaciers and glacial geomorphology in China. ①//Liu Tungsheng ed. Quaternary Geology and Environment in China. Beijing: Science Press, 16~27. ②Zeitschri ft fur Geomorphologie N. F. Suppl. -Bd. , 86: 51~63 (1992). Berlin.

1991 施雅风, 程国栋. 冰冻圈与全球变化. 中国科学院院刊, 15(4): 287~291.

1991 Huang Maohuan, **Shi Yafeng**. Thirty years of progress in the studies on basic features of glaciers in China. Journal of Chinese Geography, 2(1): 92~108.

1991 **Shi Yafeng**. Late Quaternary evolution of the Qinghai Lake basin in northeastern Qinghai-Xizang Plateau. //Abstracts of 8th INQUA, 1991, Beijing, 330.

1991 **Shi Yafeng**, Fan Jianhua. Climatic warming and drying trend and its impact on water resources in Mid-Latitude China. //Proceeding of International Conference on Climatic Impacts on the Environment and Society (CIES), Tsukuba, Japan, 1991. B-21~264.

1991 Yang Daqing, **Shi Yafeng**, Kang Ersi, Zhang Yinsheng and Yang Xinyuan. Results of Solid Precipitation Measurement intercomparision in the Alpine Area of Urumqi River Basin. Chinese Science Bulletin, 36(13), 1105~1109.

1991 Qin Boqiang, **Shi Yafeng**, Wang Sumin. The Relationship between Inland Lakes Evolution and Climatic Fluctuation in Arid Zone. Chinese Geographic Science, 1(4), 316~323.

1991 张祥松, 施雅风. 喀喇昆仑山的第四纪冰期. //张祥松, 周聿超等. 喀喇昆仑山叶尔羌河冰川与环境. 北京: 科学出版社, 68~83.

1992 施雅风, 施少华. 1990年中国气候和海面变化研究项目的进展. //施雅风, 王明星, 张丕远, 赵希涛等著. 中国气候与海面变化研究进展(二). 北京: 海洋出版社, 1~10.

1992 姚檀栋, 施雅风. 祁连山敦德冰岩心中的全新世高温期. //施雅风, 王明星, 张丕远, 赵希涛等著. 中国气候与海面变化研究进展(二). 北京: 海洋出版社, 116~117.

1992 施雅风, 范建华. 中国中纬度地带气候暖干化对水资源的影响. ①//施雅风, 王明星, 张丕远, 赵希涛等著. 中国气候与海面变化研究进展(二). 北京: 海洋出版社, 118~120. ②水科学进展, 2(1): 217~223.

1992 秦伯强, 施雅风. 全新世1万年来亚洲内陆湖泊的变化. //施雅风, 王明星, 张丕远, 赵希涛等著. 中国气候与海面变化研究进展(二). 北京: 海洋出版社, 134~135.

1992 **Shi Yafeng**, Zheng Benxing, Li Shijie. Last glaciation and maximum glaciation in the Qinghai-Xizang（Tibet）Plateau: A controversy to M. Khule's ice sheet hypothesis. ①Z. Geomorph. N. F. Suppl. -Bd, 84: 19～35. ②Chinese Geographical Science, 2（4）: 293～311.

1992 范建华, 施雅风. 气候变化对青海湖水情的影响Ⅰ: 近30年时期的分析. 中国科学, B（5）: 537～542.

1992 范建华, 施雅风. 气候变化对青海湖水情的影响Ⅱ: 历史时期分析和未来情景研究. 中国科学, B（6）: 657～662.

1992 Li Shijie, **Shi Yafeng**. Glacial and lake fluctuations in the area of the West Kunlun Mountains during the Last 45 000 years . Annals of Glaciology, 16: 79～84.

1992 施雅风, 孔昭宸, 王苏民, 唐领余, 王富葆, 姚檀栋, 张丕远, 赵希涛, 施少华. 中国全新世大暖期的气候波动与重要事件. 中国科学, B（12）: 1300～1309.

1992 施雅风. 序. //施雅风主编, 孔昭宸副主编. 中国全新世大暖期气候与环境. 北京: 海洋出版社, 1.

1992 施雅风, 孔昭宸, 王苏民, 唐领余, 王富葆, 姚檀栋, 赵希涛, 张丕远, 施少华. 中国全新世大暖期的气候与环境的基本特征. //施雅风主编, 孔昭宸副主编. 中国全新世大暖期气候与环境. 北京: 海洋出版社, 1～8.

1992 姚檀栋, 施雅风, L. G. Thompson, N. Gundestrup. 祁连山敦德冰心记录的全新世气候变化. //施雅风主编, 孔昭宸副主编. 中国全新世大暖期气候与环境. 北京: 海洋出版社, 206～211.

1992 王苏民, 施雅风. 晚第四纪青海湖演化研究析视与讨论. 湖泊科学, 4（3）: 1～9.

1992 秦伯强, 施雅风. 青海湖水文特征及水位下降原因分析. 地理学报, 47（3）: 267～273.

1992 施雅风, 周克俊, 王云飞, 王洪道, 黄群, 季中淳, 汪佩芳, 张琛, 刘昌明, 傅国斌, 姚檀栋, 伍贻范. 中国地表水体特征、近期变化及其对环境的影响. //叶笃正, 陈泮勤主编. 中国的全球变化预研究. 北京: 地震出版社, 85～158.

1992 **Shi Yafeng**. Global Change and Related Natural Disasters in China（A Preliminary Study）// **Shi Yafeng**, Clifford Embleton, editor-in-chief . Geo-Hazards and Their Mitigation. Proceedings of the Symposium on Geo-hazards and Their Mitigation, August 21～26, 1990, Nanjing, China. Beijing: Science Press, 1～10.

1992 施雅风, 曲耀光, 袁子恭. 流域地区水资源承载力及其合理利用. //乌鲁木齐地区水资源若干问题研究队, 施雅风, 曲耀光等编著. 乌鲁木齐河流域水资源承载力及其合理利用. 北京: 科学出版社, 210～220.

1992 杨大庆, 施雅风, 康尔泗, 张寅生. 天山乌鲁木齐河流域降水观测系统误差分析和修正. //中国科学院兰州冰川冻土研究所天山冰川观测试验站, 新疆维吾尔自治区水利厅水文总站径流实验站, 乌鲁木齐地区水资源若干问题研究队（施雅风等编著）. 乌鲁木齐河山区水资源的形成和估算. 北京: 科学出版社, 14～40.

1993 施雅风. 序一. //曾昭璇. 曾昭璇地貌论文选. 华南师范大学地理系地貌教研室, 热带地貌（增刊）.

1993 施雅风, 孔昭宸, 王苏民, 唐领余, 王富葆, 姚檀栋, 赵希涛, 张丕远, 施少华. 中国全新世大暖期鼎盛阶段的气候与环境. 中国科学, B辑 23（8）: 865～873.

1993 施雅风. 全球变化与地理科学. 铁道师院学报, 11（3）: 1～8.

1993 **Shi Yafeng**, Kong Zhaochen, Wang Sumin, Tang Lingyu, Wang Fubao, Yao Tandong, Zhao Xitao, Zhang Peiyuan, Shi Shaohua. Mid-Holocene climate and environment in China. Global and Planetary Change, 7: 219～233.

1993 Wen Qizhong, **Shi Yafeng**. The Quaternary Climo-Environment Changes in Chaiwopu Basin of Xinjiang Region. Chinese Geographical Science, 3（2）: 147～158.

1993 施雅风. 兰州工作的回顾. 院史资料与研究, (3)（总15期）: 1～43.

1993 施雅风. 第27届国际地理学大会、全球变化研究及美国大学地理系研究生教育. 冰川冻土, 15 (3): 424~430.

1993 施雅风. 海平面上升影响评估中的三个问题. //包浩生主编. 任美锷教授八十华诞地理论文集. 南京: 南京大学出版社, 18~27.

1993 施雅风, 郑本兴, 米德生. 袁复礼教授——天山地质与冰川研究的先驱. //杨遵仪主编, 桃李满天下——纪念袁复礼教授百年诞辰. 北京: 中国地质大学出版社, 73~75.

1993 施雅风, 唐邦兴, 王明业, 许兵, 魏顺民. 云南省禄劝县普福河烂泥沟特大崩塌型滑坡调查研究//中国水土保持学会, 云南省地理研究所, 云南省计委国土办, 中科院成都山地灾害与环境研究所主编. 首届全国泥石流滑坡防治学术会议论文集. 昆明: 云南科学技术出版社, 188~194.

1994 施雅风. 1947~1949年南京科技界部分革命活动回忆. ①樊洪业主编. 中国科学院史资料与研究, (4): 27~50. ②南京党史, (94): 12~17 (2002).

1994 施雅风. 引路的老友//周志成等. 风雨忆故人——吕东明纪念文集. 北京: 北京国际文化出版公司, 358~364.

1994 施雅风. 南京解放前夕科研系统的反搬迁斗争, 江苏统战, (3): 1~16.

1994 **Shi Yafeng**, Kong Zhaochen, Wang Sumin, Tang Lingyu, Wang Fubao, Yao Tandong, Zhao Xitao, Zhang Peiyuan, Shi Shaohua. The climatic fluctuation and important events of Holocene Megathermal in China . Science in China, 37 (3): 353~365.

1994 **Shi Yafeng**, Kong Zhaochen, Wang Sumin, Tang Lingyu, Wang Fubao, Yao Tandong, Zhao Xitao, Zhang Peiyuan, Shi Shaohua. Climates and environments of the Holocene Megathermal Maximum in China. Science in China, 37 (4): 481~493.

1994 施雅风. 我国海岸带灾害的加剧发展及其防御方略. 自然灾害学报, 3 (2): 3~15.

1994 施雅风, 李吉均. 八十年代以来中国冰川学和第四纪冰川研究的新进展. 冰川冻土, 16 (1): 1~14.

1994 施雅风, 杨桂山. 中国海平面上升及其影响评估. //中国科学院地学部编. 海平面上升对中国三角洲地区的影响及对策. 北京: 科学出版社, 163~173.

1994 施雅风. 竺可桢教授开拓了中国气候变迁研究的道路. 地理科学, 14 (2): 172~176.

1994 **Shi Yafeng**. Professor Zhu Kezhen opening up a path for research on climatic change in China. Chinese Geographical Science, 4 (2): 186~192.

1994 李世杰, 施雅风. 中国西部末次盛冰期冰川发育与气候环境的区域分异. //青藏高原研究会. 青藏高原与全球变化研讨会论文集, 北京: 气象出版社, 39~49.

1995 刘春蓁, 施雅风, 张祥松. 气候变化对水资源影响研究的现状与方法. //施雅风主编, 刘春蓁, 张祥松副主编. 气候变化对西北、华北水资源影响研究. 济南: 山东科学技术出版社, 1~13.

1995 施雅风, 张祥松, 白重瑗, 李念杰. 气候变化对西北水资源影响研究. //施雅风主编, 刘春蓁, 张祥松副主编. 气候变化对西北、华北水资源影响研究. 济南: 山东科学技术出版社, 17~34.

1995 姚檀栋, 施雅风. 冰芯中的古气候信息. //施雅风主编, 刘春蓁, 张祥松副主编. 气候变化对西北、华北水资源影响研究. 济南: 山东科学技术出版社, 35~52.

1995 施雅风. 西北、华北未来水资源变化预测. //施雅风主编, 刘春蓁, 张祥松副主编. 气候变化对西北、华北水资源影响研究. 济南: 山东科学技术出版社, 313~344.

1995 施雅风, 刘春蓁, 张祥松. 未来西北、华北水资源变化趋势与可能影响. //施雅风主编, 刘春蓁, 张祥松副主编. 气候变化对西北、华北水资源影响研究. 济南: 山东科学技术出版社, 145~147.

1995 施雅风, 郑本兴, 李世杰, 叶柏生. 青藏高原中东部最大冰期时代高度与气候环境探讨. 冰川冻土, 17 (2): 97~112.

1995 **Shi Yafeng**, Wang Mingxing, et al. New progress on study of climate and sea level change in China. //

Natural and Anthropogenic Changes. Impacts on Global　　Biogeochemical Cycle. Global（IGBP）Change. Book of Abstracts, 39, Stockholm.

1995 Zhang Xinping, **Shi Yafeng**, and Yao Tandong. Relation between $\delta^{18}O$ in atmospheric precipitaion and temperature and precipitation. Chinese Geographical Science. 5（4）: 289～299.

1995 施雅风. 参加十二年科学规划制订工作的回顾. 中国科学院院刊, 10（2）: 149.

1995 施雅风, 张祥松. 气候变化对西北干旱区地表水资源的影响和未来趋势. 中国科学, 25B（9）: 968～977.

1995 **Shi Yafeng**, Zhang Xiangsong. Impact of climate change on surface water resource and tendency in future in the arid zone of Northwestern China. Science in China, 38B（11）: 1395～1408.

1995 施雅风. 冰芯研究任重道远. 冰川冻土所冰芯与寒区环境实验室年报, 1: 1～2.

1995 **Shi Yafeng**, Li Jijun. Progress in glaciology and Quaternary glaciation research in China since 1978. // Cheng Guodong ed. Cryospere I , Science Press, Beijing, 3～16.

1995 杨桂山, **施雅风**. 中国沿岸海平面上升及影响研究的现状与问题. 地球科学进展, 10（5）: 475～482.

1995 **Shi Yafeng**. Exacerbating coastal hazards and defensive countermeasure in China. //Liu Shouquan, Liang Mingsheng eds. Geological Hazards and Environmental Studies of China Offshore Areas. Qingdao Ocean University Press, Qingdao, 1～17.

1995 杨桂山, **施雅风**. 海平面上升对中国沿海重要工程设施与城市发展的可能影响. 地理学报, 50（8）.

1996 姚檀栋, **施雅风**, 杨志红. 中国西部冰芯中的小冰期气候记录. //中国地理学会冰川冻土分会编. 第五届全国冰川冻土学大会论文集（上）. 兰州: 甘肃文化出版社, 99～108.

1996 叶柏生, **施雅风**. 天山区不同规模山谷冰川及其径流对气候变化的响应过程. //中国地理学会冰川冻土分会编. 第五届全国冰川冻土学大会论文集（上）. 兰州: 甘肃文化出版社, 495～514.

1996 **施雅风**, 郑本兴. 青藏高原进入冰冻圈的时代、高度及其对周围地区的影响. //青藏项目专家委员会编, 青藏高原形成演化、环境变迁与生态系统研究学术论文年刊. 北京: 科学出版社, 136～145.

1996 **施雅风**. 全球变暖与中国自然灾害趋势分析（摘要）. //国家气候中心, 全国气候变化学术研讨会论文摘要. 国家气候中心编辑出版, 37～38.

1996 季子修, **施雅风**. 海平面上升、海岸带灾害与海岸防护问题. 自然灾害学报, 5（2）: 56～64.

1996 **施雅风**. 序. //莫永杰, 李平日等. 海平面上升对广西沿海的影响与对策. 北京: 科学出版社.

1996 **施雅风**. 全球和中国变暖特征及未来趋势. 自然灾害学报, 5（2）: 1～10.

1996 张祥松, **施雅风**. 中国的冰雪灾害及其发展趋势. 自然灾害学报, 5（2）: 76～85.

1996 **施雅风**. 全球变暖影响下中国自然灾害的发展趋势. 自然灾害学报, 5（2）: 107～117.

1996 **施雅风**. 黄汲清院士与第四纪冰川研究. 冰川冻土, 18（4）: 289～296.

1996 叶柏生, 陈克恭, **施雅风**. 乌鲁木齐河源冰川的消融强度函数. 冰川冻土, 18（2）: 139～146.

1996 叶柏生, 赖祖铭, **施雅风**. 气候变化对天山伊犁河上游河川径流的影响. 冰川冻土, 1996, 18（1）: 29～36.

1996 沈永平, 刘光秀, **施雅风**, 张平中. 青藏高原新仙女木事件的气候与环境. 冰川冻土, 1996, 18（3）: 219～225.

1996 张祥松, 陈建明, 蔡祥兴, 王宁练, **施雅风**, 王文颖, 杨志强. 国际喀喇昆仑公路沿线巴托拉冰川变化预测的验证. 冰川冻土, 1996, 18（2）: 97～102.

1996 方小敏, 陈富斌, **施雅风**, 李吉均. 甘孜黄土与青藏高原冰冻圈演化. 科学通报, 41（20）: 1865～1867.

1996 施雅风. 深切怀念张祥松同志. //中国科学院兰州冰川冻土研究所编. 一片丹心照冰川——纪念张祥松教授文集. 中国科学院兰州冰川冻土研究所, 3～13.

1996 施雅风. 受益与向往. //程裕淇, 陈梦熊主编. 前地质调查所(1916～1950)的历史回顾. 北京: 地质出版社, 178～181.

1996 **Shi Yafeng**. The timing and height of the Qinghai-Xizang Plateau uplifting into the cryosphere and its impact on the surrounding areas. // 30th IGC Abstrscts, 1, 85.

1996 **Shi Yafeng**. Glaciers and glacial geomorphology in China. Zeitschri ft Fur Geomorphologie N. F., 86(Suppl.)51～63.

1996 Kang Ersi, Shi Yafeng, Atsumu Ohmura, Herbert Lang. Runoff Formation and discharge modelling of a glacierized basin in the Tianshan Mountains. //Jones J. A. A, Liu Changming, Woo Ming-ko, Kung Hsiang-Te. eds. Regional Hydrological Response to Climate Change. The GeoJournal Library, vol 38. Springer, Dordrecht. 241～257.

1997 孙鸿烈, 刘东生, 程国栋, 李吉均, **施雅风**. 对我国青藏高原研究的评述. 中国科学院院刊, (4): 283～285.

1997 **施雅风**, 郑本兴, 姚檀栋. 青藏高原末次冰期最盛时的冰川与环境. 冰川冻土, 19(2): 97～113.

1997 **施雅风**. 2000年记录与全球变化研究, 第四纪研究, (1): 37～40.

1997 叶柏生, 陈克恭, **施雅风**. 冰川及其径流对气候变化响应过程的模拟模型——以乌鲁木齐河源1号冰川为例. 地理科学, 17(1): 32～39.

1997 叶柏生, 赖祖铭, **施雅风**. 伊犁河流域降水和气温的若干特征. 干旱区地理, 46～52.

1997 杨桂山, **施雅风**, 季子修, 阮仁宗. 江苏沿海地区的相对海平面上升及其灾害性影响研究. 自然灾害学报, (1): 88～96.

1997 叶柏生, 李世杰, **施雅风**. 从末次冰盛期冰川规模探讨当时的气候环境——以乌鲁木齐河源区末次冰盛期冰川为例. 冰川冻土. 19(1): 1～9.

1997 姚檀栋, **施雅风**, 秦大河, 焦克勤, 杨志红. 古里雅冰芯中末次间冰期以来气候变化记录研究. 中国科学(D辑 地球科学), 27(5): 447～452.

1997 秦伯强, **施雅风**, 于革. 亚洲内陆湖泊在18kaBP及6kaBP的水位变化及其指示意义. 科学通报, 42(24): 2586～2595.

1997 康尔泗, **施雅风**, 杨大庆, 张寅生, 张国威. 乌鲁木齐河山区流域径流形成的实验研究. 第四纪研究, 17(2): 139～146.

1997 刘光秀, **施雅风**, 沈永平, 洪明. 青藏高原全新世大暖期环境特征之初步研究. 冰川冻土, 19(2): 114～123.

1997 施雅风. 晚新生代青藏高原的隆升与东亚环境变化. //浙江大学科研处编. 浙江大学百年校庆两院院士科学报告会论文集. 杭州: 浙江大学出版社, 69～79.

1997 施雅风. 冰芯记录揭示的气候变化. //丁一汇主编, 中国气候变化与气候影响研究. 北京: 气象出版社, 6～17.

1997 施雅风. 执着追求锲而不舍——热烈祝贺沈玉昌、赵冬学长80华诞. //沈玉昌地貌学文选. 北京: 环境科学出版社, 3～5.

1997 施雅风. 竺可桢与徐霞客. //江苏徐霞客研究会, 江阴市人民政府. 纪念徐霞客诞辰文集. 江苏徐霞客研究会, 江阴市人民政府, 33～34.

1997 Yao Tandong, L. G. Thompson, **Shi Yafeng**, et al. Climate variation since the Last Interglaciation recorded in the Guliya ice core. Science in China, 40D(6): 662～668.

1997 Yao Tandong, **Shi Yafeng**, L. G. Thompson. High resolution record of paleoclimate since the Little Ice Age from the Tibetan ice cores. Quaternary International, 37: 19～23.

1998 施雅风, 汤懋苍, 马玉贞. 青藏高原二期隆升与亚洲季风孕育关泵探讨. 中国科学, 28D(3): 263~271.

1998 施雅风. 地学研究中思维问题的若干经验. //卢嘉锡主编. 院士思维(卷二). 合肥: 安徽教育出版社, 549~563.

1998 施雅风. 第四纪中期青藏高原冰冻圈的演化及其和全球变化的联系. 冰川冻土, 20(3): 197~208.

1998 施雅风. 老领导、老科学家的热情支持与指导. //顾钟炜主编. 冰川冻土科学创业之路. 兰州: 中国科学院冰川冻土研究所, 11~23.

1998 施雅风. 勤恳踏实、克己奉公的好干部周博仁同志. //顾钟炜主编. 冰川冻土科学创业之路. 兰州: 中国科学院冰川冻土研究所, 56~58.

1998 施雅风. 反腐败争民主. //陈忠勇主编. 她捧着一颗心来——纪念庞曾漱文集. 北京: 海潮出版社.

1998 施雅风. 科学工作者应该具备的品德. //卢嘉锡主编, 李真真副主编. 当代中国科学家随感——另一种人生. 上海: 东方出版中心, 329~331.

1998 施雅风. 缅怀李承三教授——重读《嘉陵江流域地理考察报告》上卷. 成都理工学院学报(纪念李承三教授诞辰100周年专辑), 15(2): 119~123.

1998 施雅风. 博学深研、无私育人的典范——庆贺黄秉维院士八十五华诞. 地理学报, 53(1): 10~11.

1998 施雅风. 序. //朱诚. 现代冰缘地貌研究. 南京: 江苏科技出版社.

1998 施雅风, 杨桂山. 现代海平面上升趋势与可能影响. //陈述彭主编, 地球系统科学. 北京: 中国科学技术出版社, 797~799.

1998 施雅风, 李吉均, 李炳元, 潘保田, 方小敏, 姚檀栋, 王苏民, 崔之久, 李世杰. 高原隆升与环境变化. //孙鸿烈, 郑度主编. 青藏高原形成演化与发展. 广州: 广东科技出版社, 73~138.

1998 姚檀栋, 施雅风, 秦大河, 焦克勤. 古里雅冰芯记录. //施雅风, 李吉均, 李炳元主编. 青藏高原晚新生代隆升与环境变化. 广州: 广东科技出版社, 247~298.

1998 张青松, 唐领余, 沈才明, 李炳元, 施雅风. 青藏高原环境演变的主要表征. //施雅风, 李吉均, 李炳元主编. 青藏高原晚新生代隆升与环境变化. 广州: 广东科技出版社, 297~372.

1998 潘保田, 方小敏, 李吉均, 施雅风, 崔之久. 晚新生代青藏高原隆升与环境变化. //施雅风, 李吉均, 李炳元主编. 青藏高原晚新生代隆升与环境变化. 广州: 广东科技出版社, 373~414.

1998 施雅风, 潘保田, 姚檀栋. 15万年来青藏高原气候与环境演变. //施雅风, 李吉均, 李炳元主编. 青藏高原晚新生代隆升与环境变化. 广州: 广东科技出版社, 415~446.

1999 施雅风, 姚檀栋, 杨保. 近2 000a古里雅冰芯10a尺度的气候变化及其与中国东部文献记录的比较. 中国科学(D辑: 地球科学), 29D(增刊): 79~86.

1999 施雅风, 李吉均, 李炳元, 姚檀栋, 王苏民, 李世杰, 崔之久, 王富保, 潘保田, 方小敏, 张青松. 晚新生代青藏高原的隆升与东亚环境变化. 地理学报, 54(1): 10~20.

1999 施雅风, 刘晓东, 李炳元, 姚檀栋. 距今40~30 ka青藏高原特强夏季风事件及其与岁差周期关系. 科学通报, 44(14): 1475~1480.

1999 杨保, 施雅风. 青藏高原冰芯研究进展. 地球科学进展, 14(2): 183~188.

1999 施雅风. 评崔之久教授新著《中天山冰冻圈地貌过程与沉积特征》. 地理学报, 66(5): 470.

1999 **Shi Yafeng**, Tang Maocang, Ma Yuzhen. Linkage between the second uplifting of the Qinghai-Xizang（Tibetan）Plateau and the initiation of the Asian monsoon system. Science in China, 42D(3): 303~312.

1999 **Shi Yafeng**, Yao Tandong, Yang Bao. Decadal climatic variations recorded in Guliya ice core and comparison with the historical documentary data from East China during the last 2 000 years.

Science in China, 42D (Supp.): 91～100.

1999 施雅风. 悼念黄培华教授. 地理学报, 54 (5): 479.

1999 **Shi Yafeng**, Liu Xiaodong, Li Bingyuan, Yao Tandong. A very strong summer monsoon event during 30～40 ka BP in the Qinghai-Xizang (Tibet) Plateau and its relation to precessional cycle. Chinese Science Bulletin, 44 (20): 1851～1859.

1999 **Shi Yafeng**, Li Jijun, Li Bingyuan, Yao Tandong, Wang Sumin, et al. Uplift of the Qinghai-Xizang (Tibetan) Plateau and east asia environmental change during late Cenozoic. Journal of Geographical Science, 66 (1): 10～20.

1999 Wang Ninglian, Yao Tandong, **Shi Yafeng**, L. G. Thompson, et al. On the magnitude of temperature decrease in the equatorial regions during the Last Glacial Maximum. Science in China (Series D: Earth Sciences), 42D (S1), 80～90.

1999 王宁练, 姚檀栋, 施雅风, L. G. Thompson, 等. 末次冰盛期时赤道地区的降温幅度问题. 中国科学 (D辑: 地球科学), 29D (增刊): 70～80.

1999 杨桂山, 施雅风. 西太平洋热带气旋频数的变化及与海表温度的相关研究. 地理学报, 54 (1): 22～29.

1999 杨桂山, 施雅风. 中国海岸地带面临的重大环境变化与灾害及其防御对策. 自然灾害学报, 8 (2): 13～20.

1999 施雅风. 关于冰期演变三个问题的新看法. 冰川冻土, 21 (2): 185～186.

1999 施雅风. 从中国地理研究所到中国科学院地理研究所. //吴传钧, 施雅风主编. 中国地理学90年发展回忆录. 北京: 学苑出版社, 238～252.

1999 施雅风. 筹备与举行解放后中国地理学会第一次会员代表大会. //吴传钧, 施雅风主编. 中国地理学90年发展回忆录. 北京: 学苑出版社, 264～266.

1999 施雅风. 建立冰川冻土研究事业30年. //吴传钧, 施雅风主编. 中国地理学90年发展回忆录. 北京: 学苑出版社, 409～424.

1999 施雅风. 巴托拉冰川考察. //吴传钧, 施雅风主编. 中国地理学90年发展回忆录. 北京: 学苑出版社, 592～598.

1999 施雅风. 青年陈述彭开拓创新二三事. //中国科学院遥感应用研究所编. 同心谱——我与陈述彭院士. 北京: 中国科学技术出版社, 6～11.

1999 施雅风. 悠悠岁月 永恒光亮——深切怀念陈倬云老师. ①海门报, 1997-07-22. ②智慧之光 (南通籍院士风采录). 江苏文史资料116辑, 132～134.

1999 施雅风. 周立三院士在解放前后重建地理所工作中的重大贡献. //中国科学院南京地理与湖泊研究所编. 周立三院士纪念文集. 中国科学院南京地理与湖泊研究所, 41～50.

1999 施雅风, 郭令智, 侯学焘. 哀念王德基教授. //李吉均, 张林源主编. 王德基教授论文与纪念文集. 兰州: 兰州大学出版社.

1999 施雅风. 序. //吴忱, 马永红, 张秀清等. 华北山地地形面地文期与地貌发育史. 石家庄: 河北科技出版社.

1999 施雅风. 青藏高原隆升与季风演变关系探讨. //中国地理学会 (中国台湾). 跨世纪海峡两岸地理学术研讨会论文集 (上). 乙六, 台北, 3～12.

2000 施雅风. 可预见的青藏高原环境大变化. ①科学时报, 2000-05-08, 第二版. ②青藏高原环境大变化. 科学大众, (10). ③可预见的青藏高原环境大变化 (摘录). 盐湖研究, 9 (1): 2～3. ④Roof of World Heats Up. China Daily, July 5, 2000, 9.

2000 刘潮海, 施雅风, 王宗太, 谢自楚. 中国冰川资源及其分布特征——中国冰川目录编制完成. 冰川冻土, 22 (2): 106～112.

2000 苏珍, **施雅风**. 小冰期以来中国季风温冰川对全球变暖的响应. 冰川冻土, 22（3）：223～229.

2000 **施雅风**, 朱季文, 谢志仁, 季子修, 蒋自巽, 杨桂山. 长江三角洲及毗连地区海平面上升影响预测与防治对策. 中国科学, 30D（3）：225～232.

2000 刘东生, **施雅风**等. 以气候变化为标志的中国第四纪地层对比表. 第四纪研究, 20（2）：108～128.

2000 **施雅风**, 刘时银. 中国冰川对21世纪全球变暖响应的预估. 科学通报, 45（4）：434～438.

2000 **Shi Yafeng**, Liu Shiyin . Estimation on the response of glaciers in China to the global warming in the 21st century. Chinese Science Bulletin, 45（7）：668～672.

2000 **Shi Yafeng**, Zhu Jiwen, Xie Zhiren, Ji Zixiu, Jiang Zixun, Yang Guishan . Prediction and prevention of the impacts of sea level rise on the Yangtze River and its adjacent areas. Science in China, 43D（4）：412～422.

2000 吴敬禄, 王苏民, **施雅风**, 吉磊. 若尔盖盆地200ka以来氧同位素记录的古温度定量研究. 中国科学, 30D（1）：73～80.

2000 Wu Jinglu, Wang Sumin, **Shi Yafeng**, Ji lei. Temperature estimation by oxygen-stable record over the past 200 ka in Zoige basin. Science in China（Series D: Earth Sciences）, 43D（6）：577～586.

2000 **施雅风**. 21kaBP青藏高原有远高于现代降水量的可能性吗? 湖泊科学, （2）：165～166.

2000 **施雅风**. 《纪念竺可桢先生诞辰110周年》座谈会在兰州召开. 冰川冻土, 22（2）：152.

2000 杨桂山, **施雅风**, 张琛, 梁海棠. 未来海岸环境变化的易损范围及评估——江苏滨海平原个例研究. 地理学报, （4）：385～394.

2000 贾玉连, **施雅风**, 范云崎. 四万年以来青海湖的三期高湖面及其降水量研究. 湖泊科学, （3）：211～218.

2000 杨保, 康兴成, **施雅风**. 近2000年都兰树轮10年尺度的气候变化及其与中国其它地区温度代用资料的比较. 地理科学, （5）：397～402.

2000 **施雅风**. 史学精神与地学研究——诚挚怀念张晓峰师长. //张其昀先生百年诞辰纪念文集编委会. 张其昀先生百年诞辰纪念文集. 台北中国文化大学, 273～283.

2000 **施雅风**. 序. //傅容珊, 梁任又. 搏击者之路——黄培华教授著作选. 北京: 地震出版社, 2000.

2000 **施雅风**. 序. //周幼吾, 郭东信, 邱国庆, 程国栋等著. 中国冻土. 北京: 科学出版社.

2000 **施雅风**. 序. //刘瑛心, 黄兆华. 植物治沙和草原治理. 兰州: 甘肃文化出版社.

2000 **施雅风**, 沈文雄. 竺可桢和西部地区开发——纪念竺可桢诞辰110周年. ①浙大校友. ②科学时报, 2000-05-15.

2000 **施雅风**. 序二. //黄镇国等著. 广东海平面变化及其影响与对策. 广州: 广东科技出版社.

2000 **施雅风**. 序. //李江风等. 树木年轮水文学研究与应用. 北京: 科学出版社.

2000 **施雅风**. 序. //中国科学院水利部成都山地灾害与环境研究所. 中国泥石流. 北京: 商务印书馆.

2000 **Shi Yafeng**. Discussion on monsoon evolution in relation to uplift of the Qinghai-Xizang（Tibet）Plateau. //Zheng Du, et al. eds. Formation and Evolution, Environmental Changes and Sustainable Development on the Tibetan Plateau. Beijing : Academy Press, 149～165.

2000 **施雅风**, 郑本兴, 苏珍. 第四纪冰川、冰期间冰期旋回与环境变化. //**施雅风**主编, 黄茂桓, 姚檀栋, 邓养鑫副主编. 中国冰川与环境——现在、过去和未来. 北京: 科学出版社, 320～355.

2000 **施雅风**, 刘时银, 李培基, 康尔泗, 叶柏生, 曾群柱. 冰川、积雪及有关水资源和灾害的未来变化趋势. //**施雅风**主编, 黄茂桓, 姚檀栋, 邓养鑫副主编. 中国冰川与环境——现在、过去和未来. 北京: 科学出版社, 356～375.

2001 **Shi Yafeng**, Yu Ge, Liu Xiaodong, Li Bingyuan, Yao Tandong. Reconstruction of the 30～40 ka BP enhanced Indian monsoon climate based on geological records from the Tibetan Plateau. Palaeogeography, Palaeoclimatology, Palaeoecology. 169: 69～83.

2001 施雅风. 可预见的青藏高原环境大变化(摘录). 盐湖研究, (1): 2~3.

2001 施雅风. 距今40—30ka青藏高原高温大降水事件与东部高海面事件的联系及成因讨论. //中国地理学会. 海峡两岸地理学术研讨会暨2001年学术年会论文摘要集, 23.

2001 贾玉连, 施雅风, 曹建廷, 范云崎. 40~30kaBP期间高湖面稳定存在时青藏高原西南部封闭流域的古降水量研究. 地球科学进展, (3): 346~351.

2001 贾玉连, 施雅风, 范云崎. 水能联合方程恢复流域古降水量时参数的确定方法及其应用——以青海湖全新世大暖期古降水量推算为例. 水科学进展, 12(3): 324~330.

2001 施雅风. 记台湾杰出的环境地貌学家——王鑫教授和他的启示. 山地学报, 19(2): 189~192.

2001 施雅风. 2050年前气候变暖冰川萎缩对水资源影响情景预估. 冰川冻土, 23(4): 333~341.

2001 Jia Yulian, **Shi Yafeng**, Wang Sumin, Jiang Xuezhong, Li Shijie. Lake-expanding events in the Tibetan Plateau since 40 ka BP. Science in China, 44D(Suppl 1): 301~315.

2001 杨保, 施雅风. 近2000年古里雅冰心积累量与中国其它地区降水代用资料的比较. 海洋地质与第四纪地质, (3): 61~66.

2001 吴敬禄, 王苏民, 李世杰, 夏威岚, 施雅风. 青藏高原东部兴措湖近0.2ka来的气候定量复原. 中国科学(D辑: 地球科学), 31(12): 1024~1030.

2001 贾玉连, 施雅风, 王苏民, 蒋雪中, 李世杰. 40ka以来青藏高原的4次湖涨期及其形成机制初探. 中国科学(D辑: 地球科学), 31(Suppl 1): 241~251.

2001 施雅风. 台湾的环境保育与水土保持——访台观感. ①中国科学院院士建议, (3)(总83). ②//孙枢, 安芷生, 陈颙等编. 地学与社会. 济南: 山东教育出版社, 363~367 (2005).

2002 施雅风, 姚檀栋. 中低纬度MIS 3b (54~44 ka BP)冷期与冰川前进. 冰川冻土, 24(1): 1~9.

2002 陈家其, 施雅风. 长江三角洲千年冬温系列与古里雅冰芯的比较. 冰川冻土, 24(1): 32~40.

2002 施雅风. 对青藏高原末次冰期冰盛期降温值、平衡线下降值与模拟结果的讨论. 第四纪研究, 22(4): 312~322.

2002 施雅风. 参考古气候 预测全球变暖. 中国气象报, 2002-04-18.

2002 施雅风. 新疆气候由暖干向暖湿转型, 干旱区地理, 25(3): 193.

2002 施雅风, 沈永平, 胡汝骥. 西北气候由暖干向暖湿转型的信号、影响和前景初步探讨. 冰川冻土, 24(3): 219~226.

2002 杨桂山, 施雅风, 季子修. 江苏淤泥质潮滩对海平面变化的形态响应. 地理学报, 57(3): 325~332.

2002 杨保, 施雅风, 李恒鹏. 过去2ka气候变化研究进展. 地球科学进展, 17(1): 110~117.

2002 施雅风, 贾玉连, 于革, 杨达源, 范云崎, 李世杰, 王云飞. 40~30 ka BP青藏高原及邻近高温大降水事件的特征、影响及原因探讨. 湖泊科学, 14(1): 1~11.

2002 施雅风. 全球变暖和长江水灾. 地理教育, (6): 1.

2002 施雅风. 中国第四纪冰期划分改进建议. 冰川冻土, 24(6): 687~691.

2002 施雅风. 施雅风谈"冰臼"与"壶穴". 热带地理, 22 (1): 1~2.

2002 **Shi Yafeng**. Characteristics of Late Quaternary monsoonal glaciation on the Tibetan Plateau and in East Asia. Quaternary International, 97~98: 79~91.

2002 Su Zhen, **Shi Yafeng**. Response of monsoonal temperate glaciers to global warming since the Little Ice Age. Quaternary International, 97~98: 123~132.

2002 杨保, 施雅风. 过去2 ka气候变化研究进展. 地球科学进展, 17 (1): 110~117.

2002 苏珍, 施雅风, 郑本兴. 贡嘎山第四纪冰川遗迹及冰期划分. 地球科学进展, 17(5): 639~647.

2002 施雅风. 序. //李平日. 珠江口地区风暴潮沉积研究. 广州: 广东科技出版社.

2002 施雅风. 序. //中国科学院成都山地灾害与环境研究所, 台湾中兴大学水土保持系. 海峡两岸山地灾害与环境保育研究(第三集).

2002 施雅风. 冰川. //秦大河总主编, 王绍武, 董光荣主编. 中国西部环境演变评估(第一卷), 中国西部环境特征及其演变. 北京: 科学出版社, 71～76.

2002 施雅风. 气候变暖、冰川退缩对水资源的影响. //秦大河总主编, 丁一汇主编. 中国西部环境演变评估(第二卷), 中国西部环境变化的预测. 北京: 科学出版社, 66～73.

2003 施雅风. 中国西北部气候由暖干向暖湿转型的特征和趋势探讨(摘要). 求是, (30).

2003 施雅风. 对崔之久、张威《末次冰期冰川规模与冰川"异时""同时"问题的讨论》一文的商榷. 冰川冻土, 25(5): 517.

2003 施雅风, 于革. 40～30 ka B.P.中国暖湿气候和海侵的特征与成因探讨. 第四纪研究, 23 (1): 1～11.

2003 于革, 赖格英, 刘健, 施雅风. MIS3晚期典型阶段气候模拟的初步研究. 第四纪研究, 23 (1): 12～24.

2003 杨保, 施雅风. 40～30 ka BP中国西北地区暖湿气候的地质记录及成因探讨. 第四纪研究, 23(1): 60～68.

2003 施雅风, 沈永平, 李栋梁, 张国威, 丁永建, 胡汝骥, 康尔泗. 中国西北气候由暖干向暖湿转型的特征和趋势探讨. 第四纪研究, 23(2): 152～164.

2003 施雅风. 冰雪写就科学人生. 中国新闻出版报, 2003-04-03.

2003 施雅风. 摸着石头过河的创新研究——记喀喇昆仑山巴托拉冰川考察与中巴公路修复通过方案. 冰川冻土, 25(4): 479～481.

2003 施雅风. 鞠躬尽瘁毕生奉献于冻土科学的邱国庆研究员. 冰川冻土, 25(4): 482.

2003 张强, 姜彤, 施雅风, 苏布达. 6000aBP以来长江下游地区古洪水与气候变化关系初步研究. 冰川冻土, 25(4): 368～374.

2003 姜彤, 施雅风. 全球变暖、长江水灾与可能损失. 地球科学进展, 18(2): 277～284.

2003 施雅风. 杰出的冰川与寒区水文学家——杨针娘研究员. 冰川冻土, 25(1): 112～113.

2003 施雅风, 姜彤, 王俊, 张强, 苏布达, 秦年秀. 全球变暖对长江洪水的可能影响及其前录预测. 湖泊科学, 15(增刊): 1～15.

2003 Yang Bao, Achim Bräuning, Shi Yafeng. Late Holocene temperature fluctuations on the Tibetan Plateau. Quaternary Science Reviews, 22(21-22): 2335-2344.

2003 马晓波, 施雅风, 沈永平, 杨保. 西北地区近代及历史时期气候变化趋势分析. 冰川冻土, 25(6): 672～675.

2003 施雅风. 缅怀秉维恩师. //《纪念黄秉维先生诞辰90周年文集》编辑组. 高山仰止 风范长存——纪念黄秉维先生诞辰90周年文集. 北京: 商务印书馆, 8～19.

2003 施雅风. 序. //张立生, 王求学主编. 奋斗的人生 辉煌的事业——祝贺谢学锦院士80寿辰暨中国勘查地球化学50周年. 北京: 地质出版社, 1～2.

2004 施雅风. 冰川学开拓与气候环境变化研究的回顾. ①冰川冻土, 26(1): 66～72. ②//中国科学院院士工作局. 科学的道路(下), 12 51～1557. ③//谢觉民主编. 史地文集. 杭州: 浙江大学出版社, 57～73(2007).

2004 施雅风, 张强, 姜彤, 王俊. 长江中游武汉——九江河段河道卡口及其阻洪可能效应探讨. 地球科学进展, 19(4): 500～505.

2004 施雅风. 一部研究青藏高原形成环境与发展的专著. 中国图书评论, (6): 57.

2004 施雅风. 序. //竺可桢全集. 上海: 上海科学教育出版社, 15～18. [本文另名: 竺可桢教授与中国地理科学, 地理教育, (5): 3～5. 重庆.]

2004 施雅风. 序. //吴正. 风沙地貌研究论文选集. 北京: 海洋出版社.

2004 **施雅风**. 青藏高原大冰盖假说的提出与扬弃. 第四纪研究, 24(1): 10~18.

2004 Yang Bao, **Shi Yafeng**, Achim Braeuning, Wang Jianxun. Evidence for a warm-humid climate in arid northwestern China during 40~30 ka BP . Quaternary Science　Reviews, 23: 2537~2548.

2004 **Shi Yafeng**. Yangtze floods-Observations and scenarios. //T. Jiang, L. King, M. Gemmer et al. eds. Climate Change and Yangtze Floods. Beijing: Science Press, 182~203.

2004 **施雅风**, 姜彤, 苏布达, 陈家其, 秦年秀. 1840年以来长江大洪水演变与气候变化关系初探. 湖泊科学, 16(4): 289~297.

2004 **Shi Yafeng**, Shen Yongping, Li Dongliang, Ding Yongjian, Kang Ersi, Zhang Guowei, Hu Ruji . The impact and prospect of climatic pattern transition from warm-dry to warm-wet in Northwest China. Climate Change Newsletter, 2003/2004: 25~26.

2004 贾玉连, **施雅风**, 马春梅, 申洪源, 吴敬禄. 40kaBP来亚非季风演化趋势及青藏高原泛湖期. 地理学报, 59(6): 829~840.

2004 张强, 杨达源, **施雅风**, 葛兆帅, 姜彤. 川江中坝遗址5000年来洪水事件研究. 地理科学, (6): 715~720.

2004 **施雅风**. 激励学者报国、创新、前进的动力[《竺可桢全集(第一卷)》书评]. 科学时报, 2004-09-16.

2004 **施雅风**. 序. //吴立宗, 李新等编, 中国冰川信息系统. 北京: 海洋出版社.

2005 **施雅风**. 中国历史气象记录之大成(书评). 光明日报, 2005-03-28.

2005 **施雅风**, 张强, 陈中原, 姜彤, 吴敬禄. 长江中游田家镇深槽的特征及其泄洪影响. 地理学报, 60(3): 425~432.

2005 侯依玲, 李栋梁, **施雅风**, 沈永平. 50a来我国东北及邻近地区年降水量的年代际异常变化. 冰川冻土, 27(6): 838~845.

2005 姜彤, 苏布达, 王艳君, 张强, 秦年秀, **施雅风**. 四十年来长江流域气温、降水与径流变化趋势. 气候变化研究进展, 1(2): 65~68.

2005 王艳君, 姜彤, 许崇育, **施雅风**. 长江流域1961~2000年蒸发量变化趋势研究. 气候变化研究进展, 1(3): 99~105.

2005 王艳君, 姜彤, **施雅风**. 长江上游流域1961~2000年气候及径流变化趋势. 冰川冻土, 27(5): 709~714.

2005 **施雅风**, 刘时银, 上官冬辉, 李栋梁. 青藏高原气候环境变化中两种特殊现象. //青藏高原研究会. 2005年青藏高原环境与变化研讨会论文摘要汇编. 12~17.

2005 **施雅风**. 全球变暖背景下中国西部冰川变化及其对水资源的影响(摘要). 全球华人地理大会分组会报告, 北京大学, 2005-08.

2005 **施雅风**. 祝愿《中国国家地理》再次跨越创新发展. //李志华主编. 地理记述:《中国国家地理》1950—2004总目录. 北京: 中国林业出版社.

2005 **施雅风**. 叶良辅教授指导我地貌学原始创新研究, 浙大校友, 2005年下.

2006 **施雅风**, 郑本兴, 苏珍. 第四纪冰川, 冰期间冰期旋回与环境变化. //**施雅风**主编, 崔之久, 苏珍副主编. 中国第四纪冰川与环境变化. 石家庄: 河北科学技术出版社, 65~102.

2006 **施雅风**. 小冰期以来的冰川变化及其对水资源与灾害的影响. //**施雅风**主编, 崔之久, 苏珍副编. 中国第四纪冰川与环境变化. 石家庄: 河北科学技术出版社, 148~172.

2006 郑本兴, **施雅风**. 喜马拉雅山系第四纪冰川. //**施雅风**主编, 崔之久, 苏珍副主编. 中国第四纪冰川与环境变化. 石家庄: 河北科学技术出版社, 173~140.

2006 **施雅风**. 青藏高原大冰盖假说的提出与扬弃. //**施雅风**主编, 崔之久, 苏珍副主编. 中国第四纪冰川与环境变化. 石家庄: 河北科学技术出版社, 442~453.

2006 苏珍, **施雅风**. 天山山系第四纪冰川. //**施雅风**主编, 崔之久, 苏珍副主编. 中国第四纪冰川与环境变化. 石家庄: 河北科学技术出版社, 454～502.

2006 **施雅风**. 序. //楼桐茂. 楼桐茂地理文集. 香港: 银河出版社.

2006 **施雅风**. 序. //李吉均, 青藏高原隆升与亚洲环境演变——李吉均院士论文选集. 北京: 科学出版社.

2006 **施雅风**. 抗日战争前中学生活回忆. //傅国涌编. 过去的中学. 武汉: 长江文艺出版社.

2006 **Shi Yafeng**, Shen Yongping, Kang Ersi, Li Dongliang, Ding Yongjian, Zhang Guowei, Hu Ruji. Recent and future climate change in northwest China. Climatic Change, 80(3～4): 379～393.

2006 **Shi Yafeng**, Zhang Qiang, Chen Zhongyuan, Jiang Tong, Wu Jinglu . Channel morphology and its impact on flood passage, the Tianjiazhen reaches of the middle Yangtze River. Geomophology, 85(3～4): 176～184.

2006 **Shi Yafeng**, Liu Shiyin, Shangguan Donghui, Li Dongliang, Ye Baisheng. Peculiar phenomena regarding climatic and glacial variation on the Tibetan plateau. Annals of Glaciology, 43(1): 106～110(5).

2006 **施雅风**, 刘时银, 上官冬辉, 李栋梁, 叶柏生, 沈永平. 近30a青藏高原气候与冰川变化中的两种特殊现象. 气候变化研究进展, 2(4): 154～160.

2006 **施雅风**, 苏布达, 姜彤. 长江中游西部地区洪水灾害的历史演变——人文因素与当前趋势. 自然灾害学报, 15(4): 1～9.

2006 苏布达, **施雅风**, 姜彤, 郭业友. 长江荆江分蓄洪区历史演变、前景和风险管理. 自然灾害学报, 15(5): 19～27.

2006 陈家其, **施雅风**, 张强, 张增信. 从长江上游近500年历史气候看1860、1870年大洪水气候变化背景. 湖泊科学, 18(5): 476～483.

2006 侯依玲, 李栋梁, **施雅风**, 沈永平. 我国东北及邻近地区年平均气温异常及其对北半球气候变暖和欧亚雪盖面积的响应. 冰川冻土, 28(6): 900～908.

2006 **施雅风**. 缅怀杰出的自然地理学家周廷儒院士. //北京师范大学地理学与遥感科学学院. 山高水长:周廷儒院士纪念文集. 北京: 北京师范大学出版社, 2～10.

2006 **施雅风**. 学习涂长望教授为民主与科学和为中国气象事业的献身奋斗精神. //秦大河主编. 百年长望——纪念涂长望同志百年诞辰. 北京: 气象出版社, 20～23. 另载中国气象报, 2006-05-16.

2007 **施雅风**. 超地理学的帅才 科学工作者的楷模——我记忆中的周立三院士. 科学新闻, (1): 43～45.

2007 **施雅风**. 缅怀杰出的土壤学家马溶之教授. //中国科学院南京土壤研究所. 马溶之与中国土壤科学——纪念马溶之诞辰一百周年. 南京: 江苏科技出版社.

2007 **施雅风**. 热诚祝贺刘东生院士九十华诞——六十年相交与钦敬. 第四纪研究, 27(6): 901～904.

2007 谢志清, 杜银, 曾燕, **施雅风**, 武金岗. 长江三角洲城市带扩展对区域温度变化的影响. 地理学报, 62(7): 717～727.

2007 Du Yin, Xie Zhiqing, Zeng Yan, **Shi Yafeng**, Wu Jingang. Impact of urban expansion on regional temperature change in the Yangtze River Delta. Journal of Geographical Sciences, 17(4): 387～398.

2007 王哲, 陈中原, **施雅风**, 李茂田, 张强, 韦桃源. 长江中下游(武汉-河口段)底床沙波型态及其动力机制. 中国科学(D辑: 地球科学), 37(9): 1223～1234.

2007 张强, **施雅风**, 姜彤, 李茂田. 长江中游马口—田家镇河段40年来河道演变. 地理学报, 62(1): 62～70.

2007 Yu Ge, Gui Feng, **Shi Yafeng**, Zheng Yiqun. Late marine isotope stage 3 palaeoclimate for East Asia: A data–model comparison. Palaeogeography, Palaeoclimatology, Palaeoecology. 250(1～4):

278

167～183.

2008 傅家谟, **施雅风**, 安芷生等. 加强我国电子废弃物高污染区健康风险与调控研究. ①科学新闻, 2008, 4: 9～10. ②新华文摘, 2009, 5期: 143～144.

2008 李世杰, 张宏亮, **施雅风**, 朱照宇. 青藏高原甜水海盆地MIS3阶段湖泊沉积与环境变化. 第四纪研究, 28(1): 122～131.

2008 **Shi Yafeng**, Introduction. //**Shi Yafeng**, editor-in-chief, Huang Maohuan, Yao Tandong, He Yuanqing editors-associated. Glaciers and Related Environments in China. Beijing: Science Press and Elsevier, 1～15.

2008 Liu Chaohai, **Shi Yafeng**, Huang Maohuan, Mi Desheng. Glaciers and their distribution in China. // **Shi Yafeng**, editor-in-chief, Huang Maohuan, Yao Tandong, He Yuanqing editors-associated. Glaciers and Related Environments in China. Beijing: Science Press and Elsevier, 16～94.

2008 Zeng Qunzhu, Deng Yangxin, Wang Yalong, **Shi Yafeng**, Huang Maohuan. Snow and ice hazards and their control measures. // **Shi Yafeng**, editor-in-chief, Huang Maohuan, Yao Tandong, He Yuanqing editors-associated. Glaciers and Related Environments in China. Beijing: Science Press and Elsevier, 1317～1385.

2008 Yao Tandong, Wang Ninglian, **Shi Yafeng**, Li Zhen. Climate and environment changes derived ice core records. // **Shi Yafeng**, editor-in-chief, Huang Maohuan, Yao Tandong, He Yuanqing editors-associated. Glaciers and Related Environments in China. Beijing: Science Press and Elsevier, 386～435.

2008 **Shi Yafeng**, Zheng Bengxing, Su Zheng. Quaternary glaciations, glacial and interglacial cycles and environmental changes. //**Shi Yafeng**, editor-in-chief, Huang Maohuan, Yao Tandong, He Yuanqing editors-associated. Glaciers and Related Environments in China. Beijing: Science Press and Elsevier, 436～506.

2008 **Shi Yafeng**, Liu Shiyin, Yao Tandong, He Yuanqing, Pu Jianchen. Impact of Global warming on glaciers and related water resources in China. // **Shi Yafeng**, editor-in-chief, Huang Maohuan, Yao Tandong, He Yuanqing editors-associated. Glaciers and Related Environments in China. Beijing: Science Press and Elsevier, 507～528.

2008 施雅风. 共同努力发展地理科学. //《吴传钧先生九十华诞祝贺文集》编辑组编. 吴传钧先生90华诞纪念文集. 北京: 商务印书馆, 1～3.

2008 施雅风. 自序. //施雅风. 地理环境与冰川研究 续集. 北京: 气象出版社.

2008 **Shi Yafeng**. Author's Preface of the Monogragh. // **Shi Yafeng**. Collectanea of the Studies on Glaciology, Climate and Environmental Changes in China, China Meteorological Press.

2008 施雅风. 在南京地理所举办的庆贺施雅风院士九十华诞座谈会上的讲话. 湖泊科学, 20(3): 396～402.

2008 施雅风. 曾昭璇教授——华南地理学界的巨擘. //《曾昭璇教授纪念文集》编委会组编. 曾昭璇教授纪念文集. 北京: 科学出版社.

2009 王艳君, 吕宏军, **施雅风**, 姜彤. 城市化流域的土地利用变化对水文过程的影响——以秦淮河流域为例. 自然资源学报, 124(1): 30～36.

2009 施雅风, 赵井东. 40～30kaBP中国特殊暖湿气候与环境的发现与研究过程的回顾. 冰川冻土, 31(1): 1～8.

2009 Zhang Qiang, **Shi Yafeng**, Xiong Ming. Geometric properties of river cross sections and associated hydrodynamic implications in Wuhan–Jiujiang river reach, the Yangtze River. Journal of Geographical Sciences, 19(1): 58～66.

2009 施雅风. 深深悼念挚友刘东生院士. //中国第四纪科学研究会. 纪念刘东生院士. 北京: 商务印书馆. 2009.

2009 施雅风. 评介: 刘东生主编《黄土与干旱环境》. 第四纪研究, 29(4): 845.

2009 施雅风. 庐山的困境——CNG创刊人施雅风院士的呼吁——关于庐山第四纪是否存在冰川的争论. http://www.docin.com/p-130713494.html. 2018-11-05.

2009 施雅风. 冰川学与地理环境研究的开拓创新. //中国科学院寒区旱区环境与工程研究所主编. 求实创新 伟业卓著——恭贺施雅风院士九十华诞文集. 兰州: 甘肃科技出版社, 1~24.

2009 施雅风. 中国第四纪冰川与环境研究的回顾与展望. //中国科学院寒区旱区环境与工程研究所编. 中国科学院寒区旱区环境与工程科学50年. 北京: 科学出版社, 77~89.

2009 施雅风. 自序. //中国科学院寒区旱区环境与工程研究所编. 庆祝施雅风90华诞照片集. 中国科学院寒区旱区环境与工程研究所50周年.

2009 **Shi Yafeng**. Make a comprehensive and cautious judgment on climate change. Bulletin of Chinese Academy of Sciences 23(4): 212~214.

2010 施雅风. 论李四光教授的庐山第四纪冰川是对泥石流的误读. 地质论评, 56(5): 683~692.

2010 施雅风. 韩同林的"冰臼论"是对花岗岩类岩石"负球状风化"的误解. 地质论评, 56(3): 351~356.

2010 施雅风. 考虑气候变化的复杂性 应全面掌握情况 谨慎推断结果. 中国科学院院刊. 25(2): 161~162.

2010 施雅风. 民主精神与科学创新——纪念竺可桢诞辰120周年. 中国科学院院刊. 25(4): 454~460.

2010 施雅风. 回顾"泥石流"科学研究的开创与科学普及. 冰川冻土 32(6): 1286~1288.

2010 施雅风. 开拓创新, 紧密结合国家建设的大科学家——祝贺陈吉余教授九十华诞//华东师范大学河口海岸重点实验室主编. 心系河口海岸: 恭贺陈吉余院士九十华诞文集. 海洋出版社, 2010.

2010 施雅风. 呼唤科学自由民主的大家许良英教授. //《求是儿女怀念文集》编辑组, 钱永红执行主编. 寄情求是魂——求是儿女怀念文集. 杭州: 浙江大学出版社, 208~211.

2010 施雅风. 序. //黄志良. 中国近代垦牧第一滩——张謇的实践研究. 南京: 河海大学出版社.

2010 施雅风. 序. //吴忱. 华北地貌演化与岩穴的形成. 北京: 科学出版社.

2010 施雅风. 深切怀念杨怀仁学长. //南京大学地理与海洋科学学院编. 纪念杨怀仁先生教授. 南京: 南京大学出版社.

2010 施雅风. 深深怀念前地学部主任涂光炽院士. //徐冠华主编. 从热血青年到地学大师——纪念涂光炽院士九十诞辰文集. 北京: 科学出版社.

2011 赵井东, **施雅风**, 王杰. 中国第四纪冰川演化序列与MIS对比研究的新进展. 地理学报, 66(7): 867~884.

2011 施雅风. 中国东部中低山地有无发育第四纪冰川的可能性? 地质论评, 57(1): 44~49.

2011 赵井东, **施雅风**, 李忠勤. 天山乌鲁木齐河流域冰川地貌与冰期研究的回顾与展望. 冰川冻土, 33(1): 110~125.

2011 施雅风. 绪论. //施雅风主编, 赵井东, 王杰副主编. 中国第四纪冰川新论. 上海: 科学普及出版社, 1~4.

2011 施雅风. 第四纪冰川研究的若干典型范例, 一. 东天山乌鲁木齐河源区. //**施雅风**主编, 赵井东, 王杰副主编. 中国第四纪冰川新论. 上海: 上海科学普及出版社, 45~54.

2011 施雅风, 易朝路. 第四纪冰川研究的若干典型范例, 三. 喜马拉雅山. //**施雅风**主编, 赵井东, 王杰副主编. 中国第四纪冰川新论. 上海: 上海科学普及出版社, 68~75.

2011 苏珍, **施雅风**. 第四纪冰川研究的若干典型范例, 四. 贡嘎山. //**施雅风**主编, 赵井东, 王杰副主编. 中国第四纪冰川新论. 上海: 上海科学普及出版社, 76~84.

2011 **施雅风**, 赵井东. 第四纪冰川研究的若干典型范例, 九. 西昆仑山古里雅冰芯记录与昆仑冰期. // **施雅风**主编, 赵井东, 王杰副主编. 中国第四纪冰川新论. 上海: 上海科学普及出版社, 105～109.

2011 **施雅风**. 第四纪冰川研究的若干典型范例, 十一. 阿尔泰山. // **施雅风**主编, 赵井东, 王杰副主编. 中国第四纪冰川新论. 上海: 上海科学普及出版社, 114～119.

2011 **施雅风**, 张威. 第四纪冰川研究的若干典型范例, 十三. 台湾雪山和南湖大山. // **施雅风**主编, 赵井东, 王杰副主编. 中国第四纪冰川新论. 上海: 上海科学普及出版社, 125～128.

2011 **施雅风**. 2006年专著若干观点的修订及新认知. // **施雅风**主编, 赵井东, 王杰副主编. 中国第四纪冰川新论. 上海: 上海科学普及出版社, 129～134.

2011 **施雅风**, 赵井东, 王杰. 逐步改进且可与MIS相比较的中国冰期与间冰期序列. // **施雅风**主编, 赵井东, 王杰副主编. 中国第四纪冰川新论. 上海: 上海科学普及出版社, 134～144.

2011 **施雅风**, 赵井东, 王杰. 中国第四纪冰川发育的成因探讨. // **施雅风**主编, 赵井东, 王杰副主编. 中国第四纪冰川新论. 上海: 上海科学普及出版社, 144～147.

2011 **施雅风**, 郑本兴. "冰臼说"与"早更新世泛冰盖论"简介. // **施雅风**主编, 赵井东, 王杰副主编. 中国第四纪冰川新论. 上海: 上海科学普及出版社, 165～166.

2011 **施雅风**, 郑本兴. "冰臼"的成因探讨及"泛冰盖概论"错误所在. // **施雅风**主编, 赵井东, 王杰副主编. 中国第四纪冰川新论. 上海: 上海科学普及出版社, 167～174.

2011 郑本兴, **施雅风**. 青藏高原大冰盖有无之争. // **施雅风**主编, 赵井东, 王杰副主编. 中国第四纪冰川新论. 上海: 174～178.

2012 **施雅风**. 悼念爱妻沈健. // 中国科学院寒区旱区环境与工程研究所编. 上善若水厚德载物——**施雅风**先生纪念文集. 兰州: 甘肃科学技术出版社, 41～46.

2012 **施雅风**. 发扬五四精神, 加快政治改革——在浙大江苏校友会纪念五四运动90周年座谈会的发言// 中国科学院寒区旱区环境与工程研究所编. 上善若水 厚德载物——**施雅风**先生纪念文集. 兰州: 甘肃科学技术出版社, 28～35.

2012 **施雅风**. 周立三院士百年诞辰铜像揭幕与地理研究所成立70年所庆致词// 中国科学院寒区旱区环境与工程研究所编. 上善若水厚德载物——**施雅风**先生纪念文集. 兰州: 甘肃科学技术出版社, 18～19.

2013 苏珍. **施雅风**. 冰川地貌. // 尤联元, 杨景春主编. 中国地貌. 北京: 科学出版社, 217～317.

2016 **施雅风**. 序一. // 中国科学院地理科学与资源研究所所志系列编写小组. 中国科学院地理研究所所志 (1940～1999). 北京: 科学出版社.

二、专著

1959 中国科学院高山冰雪利用研究队 (**施雅风**主编). 祁连山现代冰川考察报告. 北京: 科学出版社, 1～291.

1965 中国科学院地理研究所冰川冻土研究室 (**施雅风**主编). 天山乌鲁木齐河冰川与水文研究. 北京: 科学出版社, 1～136.

1965 中国科学院地理研究所冰川冻土研究室 (**施雅风**主编). 青藏公路沿线冻土考察. 北京: 科学出版社, 1～108.

1976 中国科学院西藏科学考察队 (**施雅风**主编). 珠穆朗玛峰地区科学考察报告 (1966～1968): 现代冰川与地貌. 北京: 科学出版社, 1～201. (本书为1987年第三届国家自然科学奖一等奖的基础成果之一).

1976 中华人民共和国喀喇昆仑公路筑路指挥部巴托拉冰川考察组 (**施雅风**主编). 巴基斯坦伊斯兰共和国喀喇昆仑山巴托拉冰川考察报告 (1974～1975). 提交给巴基斯坦政府 (中英文版), 1～123.

1980 中国科学院兰州冰川冻土研究所(**施雅风**主编). 喀喇昆仑山巴托拉冰川考察与研究. 北京: 科学出版社. 1～217(本书获第二届国家自然科学奖三等奖).

1982 中国希夏邦马峰登山队科学考察队(**施雅风**, 刘东生主编). 希夏邦马峰地区科学考察报告. 北京: 科学出版社. 1～476.

1988 中国科学院兰州冰川冻土所(**施雅风**, 黄茂桓, 任炳辉等编著). 中国冰川概论. 北京: 科学出版社, 1～231.

1988 中国科学院兰州冰川冻土所(**施雅风**, 米德生). 中国雪冰冻土图. 附: 中国雪冰冻土图简要说明. 北京: 中国地图出版社.

1988 **Shi Yafeng**, Mi desheng. 1: 4 000 000 Map of Snow, Ice and Frozon Ground in China, Explanation. Sinomaps Press, Beijing, 1～32.

1989 **施雅风**, 崔之久, 李吉均等编著. 中国东部第四纪冰川与环境问题. 北京: 科学出版社, 1～462.

1989 乌鲁木齐地区水资源若干问题研究队, **施雅风**, 曲耀光等编著. 柴窝堡—达坂城地区水资源与环境. 北京: 科学出版社, 1～192.

1990 **施雅风**, 王明星, 张丕远, 赵希涛等著. 中国气候与海面变化研究进展(一). 北京: 海洋出版社, 1～146.

1990 乌鲁木齐地区水资源若干问题研究队, **施雅风**, 文启忠, 曲耀光等编著. 新疆柴窝堡盆地第四纪气候环境变迁和水文地质条件. 北京: 海洋出版社, 1～157.

1992 **Shi Yafeng**, Clifford Embleton, editor-in-chief . Geo-Hazards and Their Mitigation. Proceedings of the Symposium on Geo-hazards and Their Mitigation, August 21～26, 1990, Nanjing, China. Beijing: Science Press, 1～225.

1992 **施雅风**, 王明星, 张丕远, 赵希涛等著. 中国气候与海面变化研究进展(二). 北京: 海洋出版社, 1～146.

1992 中国科学院兰州冰川冻土研究所天山冰川观测试验站, 新疆维吾尔自治区水利厅水文总站径流实验站, 乌鲁木齐地区水资源若干问题研究队(**施雅风**等编著). 乌鲁木齐河山区水资源形成和估算. 北京: 科学出版社, 1～189.

1992 乌鲁木齐地区水资源若干问题研究队, **施雅风**, 曲耀光等编著. 乌鲁木齐河流域水资源承载力及其合理利用. 北京: 科学出版社, 1～220.

1992 **施雅风**主编, 孔昭宸副主编. 中国全新世大暖期的气候与环境. 北京: 海洋出版社, 1～212.

1995 **施雅风**总主编. 本卷主编**施雅风**, 本卷副主编刘春蓁, 张祥松. 中国气候与海面变化及其趋势和影响丛书(4), 气候变化对西北、华北水资源影响研究. 济南: 山东科技出版社, 1～369.

1995 **施雅风**, 吴士嘉. 中国冰川学的成长. 北京: 科学技术文献出版社, 1～92.

1996 **施雅风**总主编. 本卷主编张丕远. 中国气候与海面变化及其趋势和影响丛书(1), 中国历史气候变化. 济南: 山东科技出版社, 1～633.

1996 **施雅风**总主编. 本卷主编赵希涛. 中国气候与海面变化及其趋势和影响丛书(2), 中国海面变化. 济南: 山东科技出版社, 1～464.

1996 **施雅风**总主编. 本卷主编王明星. 中国气候与海面变化及其趋势和影响丛书(3), 全球气候变暖. 济南: 山东科技出版社, 1～480.

1998 **施雅风**, 吴士嘉. 冰川的召唤. 长沙: 湖南少年儿童出版社, 1～188.

1998 **施雅风**. 地理环境与冰川研究. 北京: 科学出版社, 1～742.

1998 **施雅风**, 李吉均, 李炳元主编. 青藏高原晚新生代隆升与环境变化. 广州: 广东科技出版社, 1～463.

1999 吴传均, **施雅风**主编. 中国地理学90年发展回忆录. 北京: 学苑出版社, 1～826.

2000 **施雅风**主编, 黄茂桓, 姚檀栋, 邓养鑫副主编. 中国冰川与环境——现在、过去和未来. 北京: 科学出版社, 1～410.

2003　**施雅风**主编, 沈永平, 李栋梁, 张国威, 丁永建, 康尔泗, 胡汝骥副主编. 中国西北气候由暖干向暖湿转型问题评估. 北京: 气象出版社, 1～124.

2005　**施雅风**主编, 刘潮海, 王宗太, 刘时银, 叶柏生副主编. 简明中国冰川目录. 上海: 上海科学普及出版社, 1～194.

2006　**施雅风**主编, 崔之久, 苏珍副主编. 中国第四纪冰川与环境变化. 石家庄: 河北科学技术出版社, 1～618.

2008　**Shi Yafeng** editor-in-chief, Huang Maohuan, Yao Tandong, He Yuanqing editors-associated. Glaciers and Related Environments in China. Beijing: Science Press and Elsevier. 1～539.

2008　**Shi Yafeng**. editor-in-chief, Liu Shiyin, Ye Baisheng, Liu Chaohai, Wang Zongtai, editors-associated. Concise Glacier Inventory of China. Shanghai: Shanghai Popular Science Press, 1～205.

2008　**施雅风**. 地理环境与冰川研究 续集. 北京: 气象出版社, 1～475.

2008　**Shi Yafeng**. Collectanea on the Studies of Glaciology, Climate and Environmental Changes in China. Beijing : China Meteorological Press, 1～850.

2009　**施雅风**, 张九辰. 施雅风口述自传. 长沙: 湖南教育出版社, 1～399.

2011　**施雅风**主编, 赵井东, 王杰副主编. 中国第四纪冰川新论. 上海: 上海科学普及出版社, 1～213.

编　后　记

施雅风先生是我国杰出的地理学家、冰川学家，中国共产党优秀共产党员，中国科学院院士，中国现代冰川科学事业的创始人，也是我国冻土和泥石流研究的开拓者和奠基人。施雅风先生 1919 年 3 月 21 日出生于江苏海门，2019 年 3 月 21 日为 100 周年诞辰。为了纪念施雅风先生诞辰 100 周年暨原中国科学院兰州冰川冻土研究所成立 60 周年，于 2018 年年初成立了以秦大河院士为主任的筹备工作组织委员会。筹备工作内容，包括学术研讨会、纪念专刊和纪念图书的编写等。

2018 年 3 月 16 日上午，中国科学院西北生态环境资源研究院院办主任张景光与冰冻圈科学国家重点实验室主任康世昌二人主持对编辑纪念施雅风院士诞辰 100 周年《纪念专刊》和纪念图书《施雅风年谱》、《施雅风手迹》进行了分工。我等荣幸被提名编辑《施雅风年谱》一书。会后从建立的"施雅风先生百年诞辰会议筹备组"微信群上得知，施雅风先生的三个子女（女儿施建生、施建平，儿子施建成）对编辑纪念图书抱有极大的热情和积极性，他们三人均为筹备小组成员，施建成还是筹备组负责人之一。施建平对整理她父亲"年谱"早有计划，并且已经完成了 1919 ～ 1949 年的初稿，还准备完成 1949 ～ 1957 年部分，要我们完成施雅风先生在兰州工作（1958 ～ 1987 年）部分，并一起完成先生在南京工作（1988 年以后）部分。她还建议 1988 年以后在南京地理与湖泊所阶段的"年谱"编写，可邀请顾人和先生参加一起协助整理。我们感到此建议比较合理，以后"年谱"的整理编辑工作基本按此方案进行。

这次"年谱"的整理和编辑，主要依据施雅风先生大量的日记、野外考察记录和学习笔记。尽管有些笔记本在"文革"和几次搬迁中丢失，但现在仍有近百本笔记保存完好。另一个重要参考资料是原中国科学院兰州冰川冻土研究所大事记、各种会议记录和档案，与该所在建所四十周年所出版的《冰川冻土科学创业之路》，以及中国科学院寒区旱区环境与工程研究所、中国科学院地理科学与资源研究所和中国科学院南京地理与湖泊研究所"所志"及有关会议记录和中国科学院及学部有关重要事件活动记录等。在编写过程中，还参考了《竺可桢日记》《刘东生年谱》《程裕淇年谱》，中国科学院寒区旱区环境与工程研究所编辑出版的《求实创新伟业卓著——恭祝施雅风院士九十华诞文集》《上善若水　厚德载物——施雅风先生纪念文集》等书中的有关记录。通过年谱的整理和编辑，使我们看到了施雅风先生的伟大人格魅力和对科学事业的执着，以及对真理的坚持，受益匪浅！编辑出版的这本"年谱"，可以真实的反映施雅风先生一生平易近人、勤奋努力、博学多闻、远见卓识、开拓创新、著作等身、团结合作、没有私心、坚持真理、诚而有信、助人为乐、用科学和智慧报效国家，是科学界的楷模。

在"年谱"整理和编写中，大家对这一工作非常关心和支持。筹备组的康世昌、施建成、任贾文、李传金等几位负责人，多次主持开会了解纪念图书编写情况，并及时解决在编写过程中遇到的各种问题和困难，使纪念图书的编写工作进展顺利。顾人和先生原为施雅风先生在南京的秘书，他搜集过大量施雅风先生早期的资料，合作编写了1958年以前和1988年以后的年谱，同时对全书进行了多次文字勘校。黄茂恒先生曾与施雅风先生合作编过多本专著，这次也是提名编辑"年谱"的人选之一，因随女儿居住在加拿大，未能直接参加"年谱"的整理和编写工作，但对这一工作给予很大的支持，对我们所编写的初稿进行了认真审阅，并提了不少改正意见。王苏民、沈道奇对初稿中涉及南京工作部分提出了修改建议，全文经任贾文、李世杰、周尚哲审定修改。施建生女士，是施雅风先生的大女儿，她协助收集施雅风先生生前各时期的照片及人才培养方面的信息，由于单位多次调整，人才培养方面的信息保留不多，她逐个打电话、发微信落实硕士、博士培养的时间等，还对"年谱"初稿提了补充意见等。对以上领导和人员我们表示深深的感谢。

在"年谱"整理和编辑工作中，还得到中国科学院地学部、中国科学院院士工作局、中国地理学学会、中国冰冻圈科学研究会（筹）、中国青藏高原研究会、中国科学院第四纪研究会、中国科学院西北生态环境资源研究院（筹）、中国科学院青藏高原研究所、中国科学院南京地理与湖泊研究所、中国科学院地理科学与资源研究所及冰冻圈科学国家重点实验室领导和各部门同志的关心和大力支持，对此，我们深表谢意。此外，我们感谢筹备组的姚檀栋、张景光、郑本兴、刘潮海、蒲健辰、王宁练、沈永平、效存德、徐柏青等同志在微信群中给我们的支持和帮助。另外，还得到朱国才、王进东、杜文涛、宋瑶、苏婷婷、赵井东、杨晓辉等同志的帮助和支持，也表示感谢！

年谱中照片大多选自中国科学院寒区旱区环境与工程研究所编《庆祝中国冰川学奠基人施雅风先生九十华诞照片集》，少数源自出版物、网络、西北生态环境资源研究院档案室和友人提供。很多照片拍摄（提供）者已难以查考，未能标注，敬请谅解。因时间和能力限制，错误和疏漏之处在所难免，恳请读者指正。

苏 珍

2018年9月25日